Finnische Socken stricken

FÜR JEDE JAHRESZEIT

First published in 2018 by Otava Publishing Company Ltd.
with the Finnish title *Villasukkien vuosi*.
Published in the German language by arrangement with
Otava Publishing Company Ltd. Helsinki.

Anleitungen und Strickschriften: Niina Laitinen
Fotos, Styling, grafisches Design: Viola Minerva Virtamo

Bibliografische Information der Deutschen Nationalbibliothek:
Die Deutsche Nationalbibliothek verzeichnet diese Publikation in der Deutschen Nationalbibliografie; detaillierte bibliografische Daten sind im Internet über http://dnb.de abrufbar.

2., durchgesehene Neuauflage 2021

Stiebner Verlag GmbH
Hirtenweg 8 b
D-82031 Grünwald

Übersetzung aus dem Finnischen:
Andrea Hauss-Honkanen
Satz und Redaktion der deutschen Ausgabe:
Karin Leonhart für bookwise GmbH, München

ISBN 978-3-8307-2069-0

Printed in the EU

Wir produzieren unsere Bücher mit großer Sorgfalt und Genauigkeit. Trotzdem lässt es sich nicht ausschließen, dass uns in Einzelfällen Fehler passieren. Unter www.stiebner.com/errata/2069-0.html finden Sie eventuelle Hinweise und Korrekturen zu diesem Titel. Möglicherweise sind die Korrekturen in Ihrer Ausgabe bereits ausgeführt, da wir vor jeder neuen Auflage bekannte Fehler korrigieren. Sollten Sie in diesem Buch einen Fehler finden, so bitten wir um einen Hinweis an verlag@stiebner.com. Für solche Hinweise sind wir sehr dankbar, denn sie helfen uns, unsere Bücher zu verbessern.

www.stiebner.com

Niina Laitinen

Finnische Socken stricken

FÜR JEDE JAHRESZEIT

stiebner

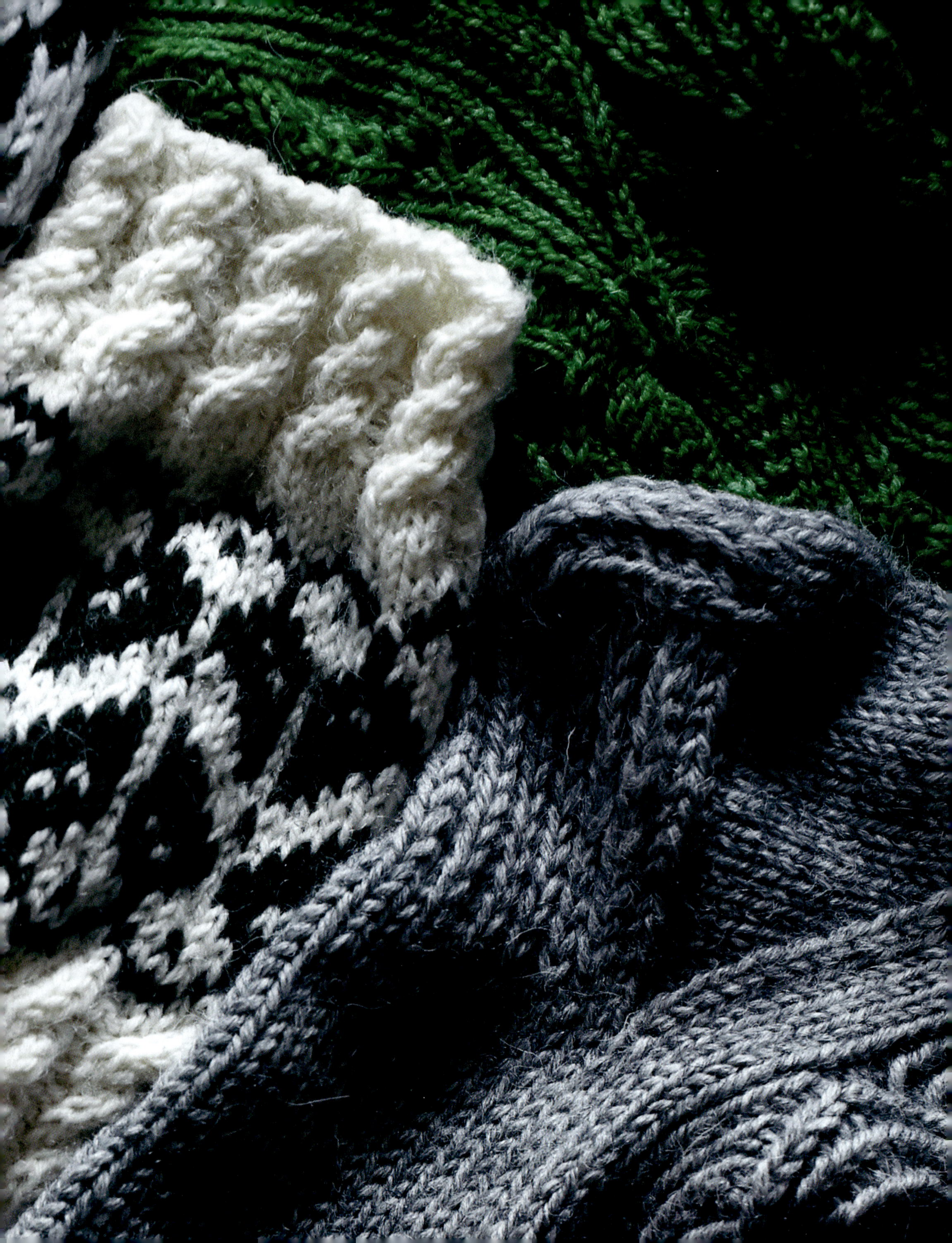

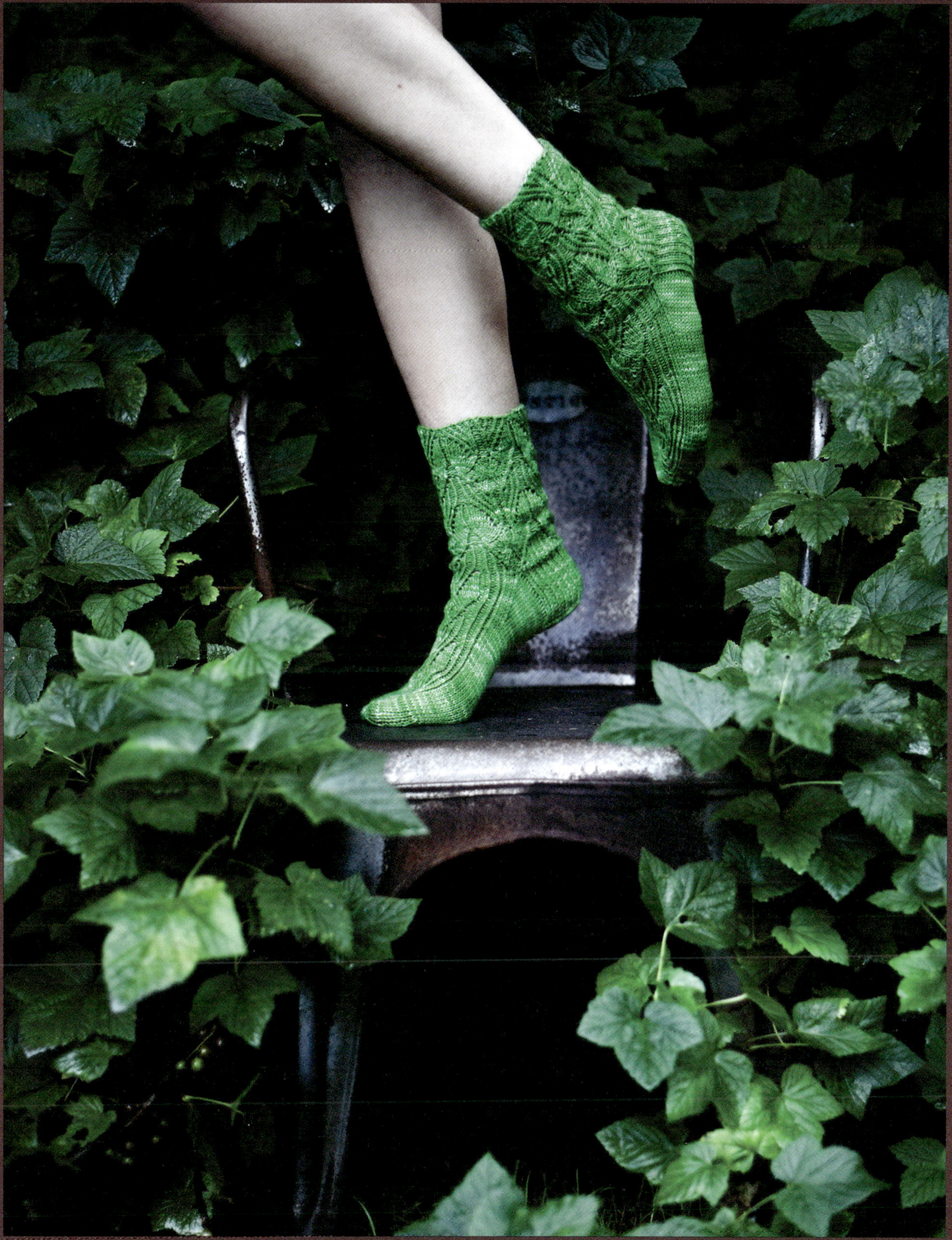

Inhalt

Vorwort

Sie halten mein erstes Strickbuch in den Händen. Die Modelle in diesem Buch sind inspiriert von den vier Jahreszeiten und durch Anregungen aus der Natur und deren wunderbare Erscheinungen entstanden.

Ich habe mich bemüht, die Anleitungen einfach und leicht verständlich zu formulieren. Das Buch enthält Socken mit Loch-, Zopf- und Einstrickmustern sowie Kombinationen daraus. Die Farben der Modelle sowie die Stärke des jeweiligen Garns sind entsprechend den Jahreszeiten gewählt.

Folgen Sie mir mutig auf einen Ausflug in das Sockenstrickjahr. Die meisten Anleitungen eignen sich für Einsteiger, nur einige wenige Modelle sind anspruchsvoller. Auf Facebook können Sie sich über die Modelle in diesem Buch beraten lassen. Sie finden mich auf der Seite Niina Laitinen designs und in der Strickgruppe Taimitarha.

Mein herzlicher Dank geht an alle, die beim Entstehen dieses Buches mitgeholfen haben.

Niina

www.niinalaitinendesigns.com

Abkürzungen und Stricktipps

IN DEN ANLEITUNGEN WERDEN ABKÜRZUNGEN VERWENDET, DAMIT DER TEXT NICHT ZU LANG WIRD. MANCHE ABKÜRZUNGEN KOMMEN IN JEDER ANLEITUNG VOR, ANDERE WIEDERUM NUR IN EINIGEN. DIE ERKLÄRUNGEN DER ZEICHEN IN DEN EINZELNEN STRICKSCHRIFTEN FINDEN SIE BEI DER JEWEILIGEN STRICKSCHRIFT.

1 M abheben, ohne sie zu stricken	Wird nicht angegeben, ob die Masche rechts oder links abgehoben wird, wird sie rechts abgehoben. Bei der verstärkten Ferse können Sie die Masche, die abgehoben werden soll, einfach, ohne sie zu stricken, auf die rechte Nadel legen, anstatt sie rechts abzuheben, damit die Maschen sauberer aussehen.
1 M li abheben, ohne sie zu stricken	Die Masche auf die rechte Nadel heben, der Faden liegt vor der Arbeit.
2 M li zus	2 Maschen links zusammenstricken.
2 M re zus	2 Maschen rechts zusammenstricken.
Ändern der Größe	Sie können die Größe der Socken leicht ändern, indem Sie Nadeln anderer Stärke verwenden. Mit dickeren Nadeln erhalten Sie größere Socken und mit dünneren Nadeln kleinere. Einige Modelle haben fertige Anleitungen für unterschiedliche Größen oder Tipps zum Ändern der Größe.
Einstrickmuster	Bei Einstrickmustern sollten die langen Fäden alle paar Maschen verkreuzt werden. Nach jeder gestrickten Nadel sollten Sie die Maschen etwas dehnen und dabei sicherstellen, dass das Gestrick elastisch ist.
Fersen-R	Zu den Gesamtreihen der Fersen werden nur die verstärkt gestrickten Reihen gezählt, wenn nicht anders angegeben.
glatt re in Reihen	In der Hinreihe rechte Maschen, in der Rückreihe linke Maschen stricken.
glatt re in Runden	Rechte Maschen stricken.
Hin-R	Hinreihe(n)
kraus re in Reihen	In allen Reihen rechte Maschen stricken.
Leserichtung der Strickschriften	Die Strickschriften werden von rechts nach links und von unten nach oben gelesen, wenn nicht anders angegeben.

li	links, linke
M	Masche(n)
Maschenprobe	Die Maschenprobe ist für jedes Modell angegeben. Wenn Sie Ihre Maschenprobe für ein bestimmtes Garn nicht wissen, empfehle ich, ein Probestück zu stricken und die Maschen zu zählen. Wenn Ihre Maschenprobe größer ausfällt, als in der Anleitung angegeben, werden die Socken kleiner, und umgekehrt.
Nummerierung der Nd	Mit der 1. und 4. Nadel wird die rückwärtige Sockenseite, mit der 2. und 3. Nadel die vordere Sockenseite gestrickt, wenn nicht anders angegeben.
R, Rd	Reihe(n), Runde(n)
re	rechts, rechte
Rück-R	Rückreihe(n)
ssk	slip, slip, knit: abheben, abheben, stricken: 2 M einzeln rechts abheben, beide M wieder auf die linke Nadel setzen und von hinten zusammenstricken. Die ssk-Abnahme kann durch den Überzug ersetzt werden.
U	Umschlag. Der Faden wird von hinten um die Nadel gelegt.
Übz	Überzug: 1 M rechts abheben, 1 M rechts stricken, die abgehobene M über die gestrickte ziehen. Der Überzug kann durch die ssk-Abnahme ersetzt werden.
Umschlag von vorn	Der Faden wird von vorn um die Nadel gelegt. In einigen Modellen wird dieser Umschlag verwendet, damit die rechte Masche in der folgenden Runde/Reihe sich in die gewünschte Richtung neigt.
Verteilung der Nd	Bei fast allen Modellen ist die Maschenaufteilung angegeben. Falls nicht, hat das keine Bedeutung. Gelegentlich unterscheidet sich die Maschenzahl auf einer Nadel durch Abnahmen und Zunahmen von der einer anderen Nadel. Deshalb sollten Sie stets auf die richtige Gesamtzahl der Maschen achten.
Zunahme von Maschen	Bei einigen Modellen werden für die Ferse eine oder mehrere Maschen zugenommen. Nehmen Sie dazu den Querfaden zwischen 2 M der Vorreihe auf und stricken Sie ihn rechts bzw. links verschränkt ab.
_	Die Anleitung zwischen den Zeichen wiederholen.

Verwendete Garne und Alternativen dazu

DÜNNE SOCKENGARNE

LL 400–420 m = 100 g, empfohlene Nadelstärke 2,5

Novita Venla
Louhittaren Luola Väinämöinen
Kaupunkilanka Keskustori
Drops Fabel
Opal 4ply
Austermann Step
Alize
Regia 4ply

MITTELDICKE SOCKENGARNE

LL 250–270 m = 100 g, empfohlene Nadelstärke 3

Novita Nalle
Kaupunkilanka Rotvalli
Gjestal Maija
Teetee Pallas
Vuorelma Veto
Opal 6ply
Austermann Step 6
Regia 6ply

DICKE SOCKENGARNE

LL 200 m = 100 g, empfohlene Nadelstärke 3,5

Novita 7 veljestä
Kaupunkilanka Kivijalka
Gjestal Janne
Teetee Salla
Adlibris Socki

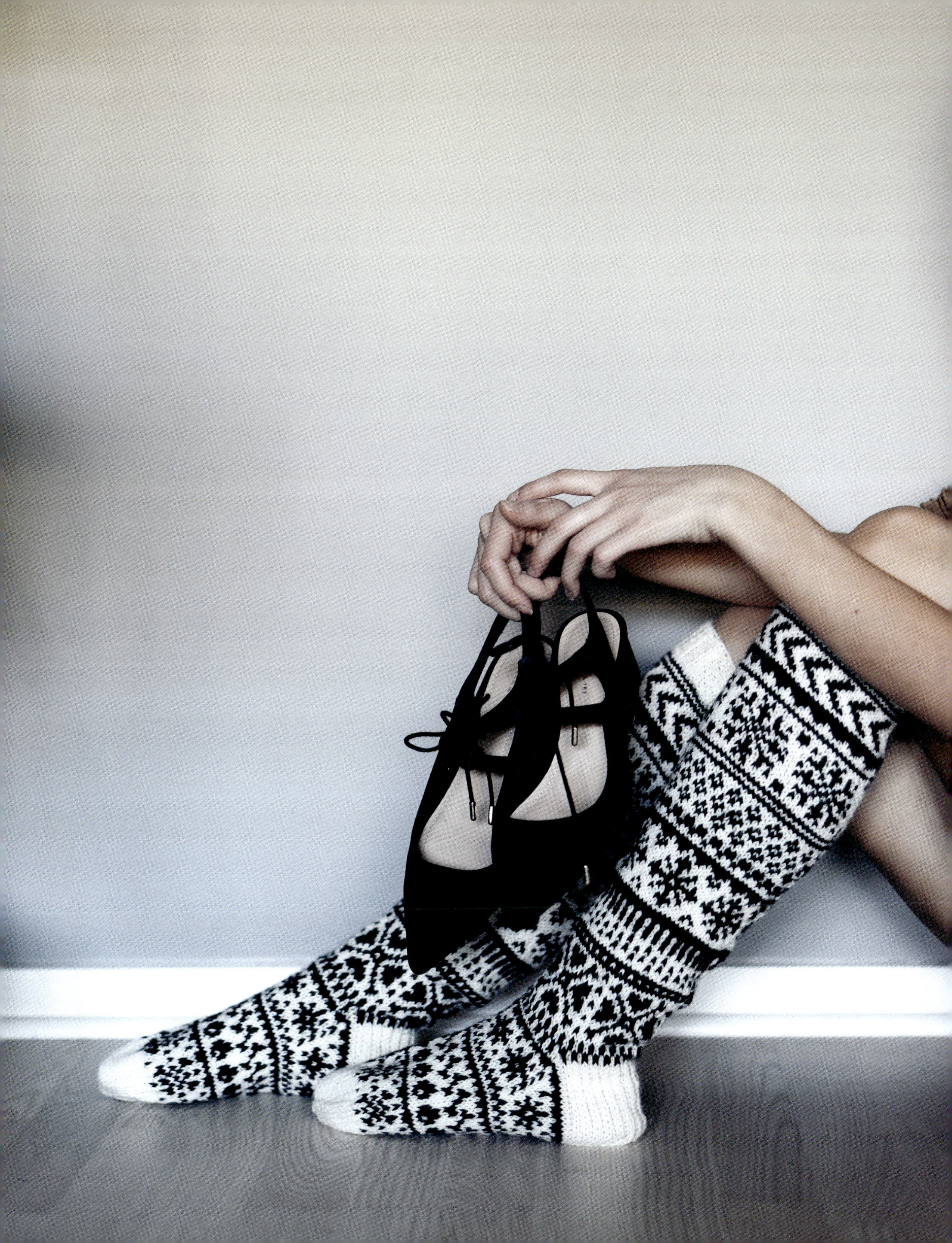

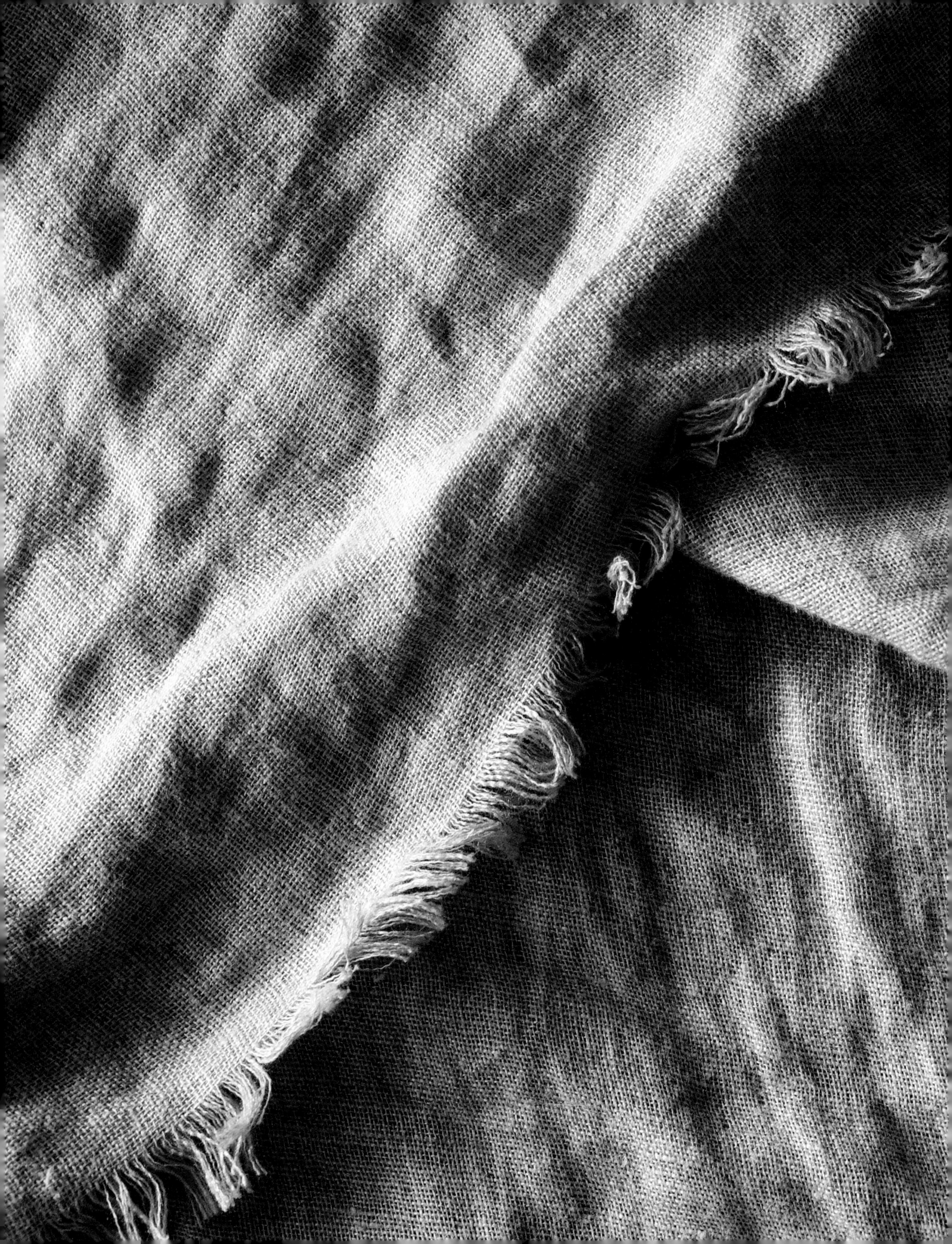

Frühling

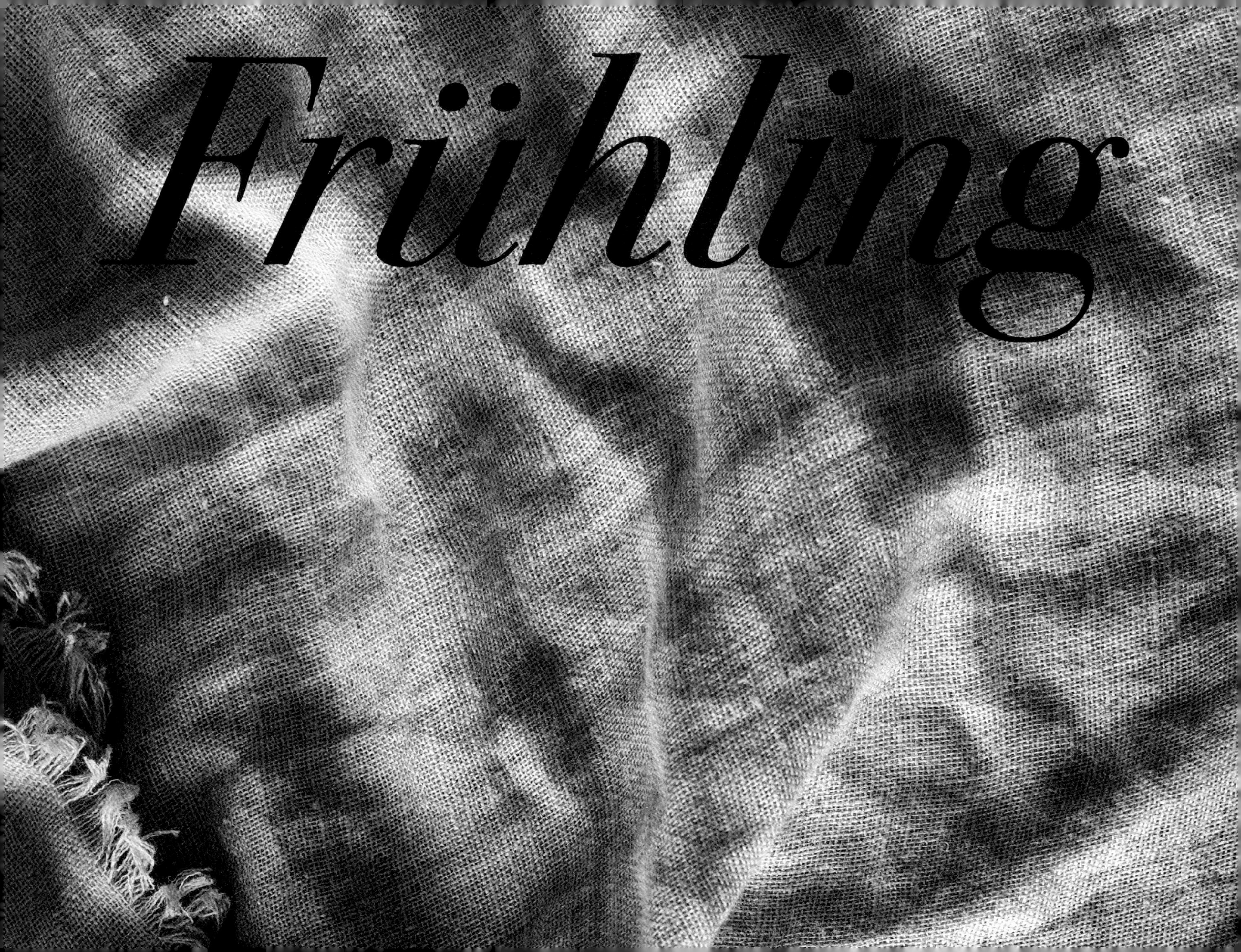

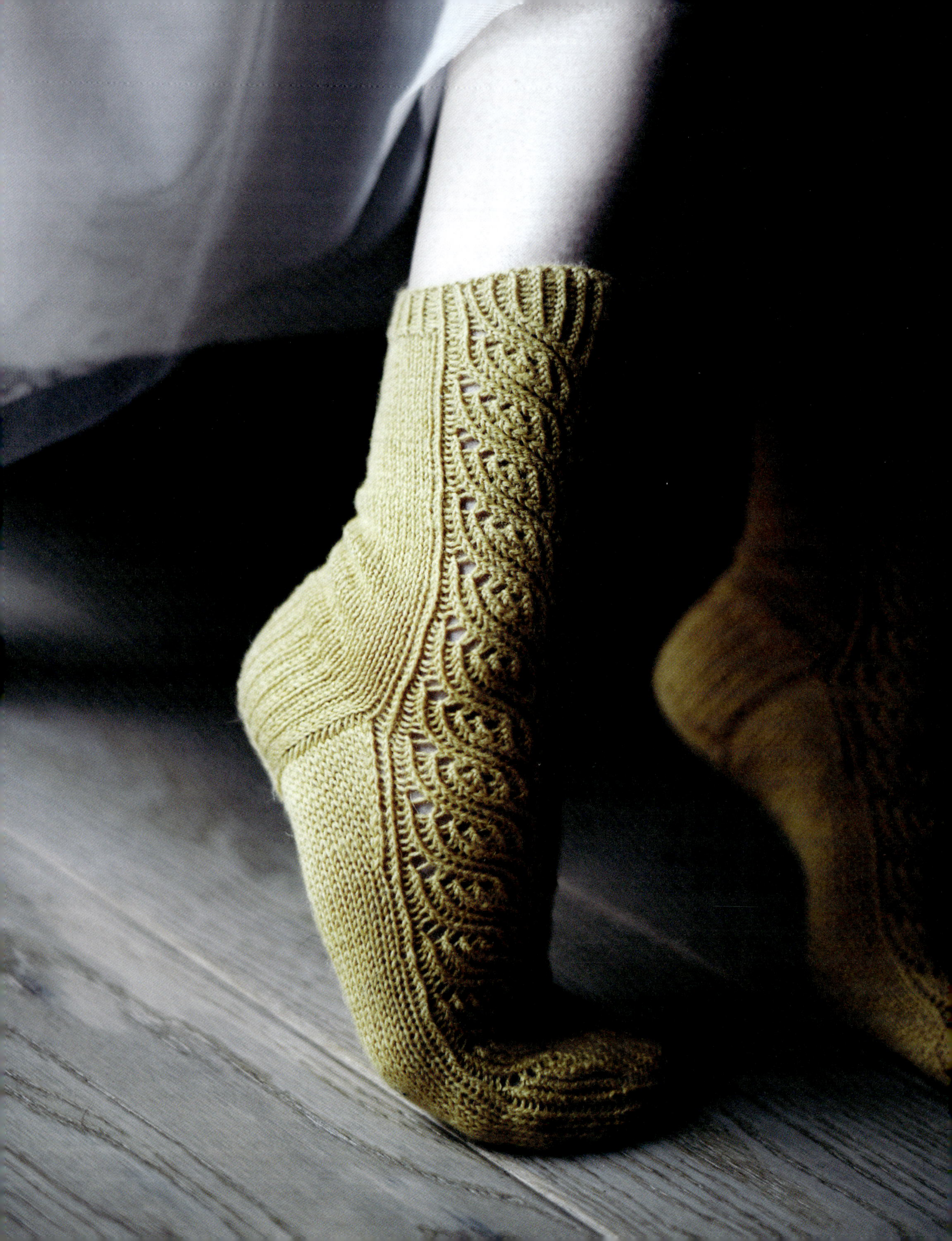

Die Unruhigen – das sind die Vorboten der ersten warmen Frühlingstage, wenn die Natur nach dem Winter allmählich zu erwachen beginnt und erste Gedanken an den bevorstehenden Sommer aufkommen. Das schöne Lochmuster stellt die ersten Sonnenstrahlen dar, die die Sinne beleben und das Gesicht erwärmen. Wenn Sie diese Socken tragen, müssen Sie einfach lächeln.

Die Unruhigen

Größe: 38/39
Garn: Novita Venla, Safrangelb (Fb. 285)
Nadelspiel: Nr. 2,5
Garnverbrauch: 60 g
Maschenprobe: 28 M und 36 Rd = 10 cm × 10 cm

BEVOR SIE BEGINNEN

Das Modell hat für die rechte und die linke Socke, die gegengleich gestrickt werden, jeweils eine eigene Strickschrift. Verwenden Sie die Strickschriften A rechts und B rechts für die rechte Socke und A links und B links für die linke Socke. Ansonsten ist die Anleitung für beide Socken gleich.

SCHAFT

63 M anschlagen. Die M auf den Nd verteilen: 16-16-16-15.
Zunächst 8 Rd im Bundmuster wie folgt arbeiten:
1. Nd: *1 M re verschr, 1 M li*, ab * 7x wdh.
2. und 3. Nd: Rd 1–8 der Strickschrift A.
4. Nd: *1 M li, 1 M re verschr*, ab * 6x wdh., 1 M li.

Nach dem Bündchen die M der 1. und 4. Nd re stricken und mit der 2. und 3. Nd mit dem Muster ab Rd 9 der Strickschrift beginnen. Rd 9–16 wdh.

FERSE

Wenn für den Schaft inkl. Bündchen 64 Rd und zuletzt Rd 16 der Strickschrift gestrickt sind, für die Fersenwand die M der 1. Nd re auf die 4. Nd stricken (insg. 31 M). Die restlichen M bleiben ungestrickt. Die Arbeit wenden, die 1. M li abheben, ohne sie zu stricken, die restlichen M li stricken. Gleichzeitig 1 M zunehmen, sodass die Ferse nun insg. 32 M hat.

1. R (Hin-R): Die Arbeit wenden, *1 M abheben, ohne sie zu stricken, 1 M re*, ab * bis R-Ende wdh.
2. R (Rück-R): Die Arbeit wenden, die 1. M li abheben, ohne sie zu stricken, die restlichen M li stricken.

Diese 2 R wdh., bis für die Fersenwand 32 R gestrickt und zuletzt 1 Rück-R gestrickt wurde.

Mit den Käppchenabnahmen beginnen, dabei weiterhin verstärkt stricken. Auf der rechten Seite der Arbeit beginnen, bis noch 11 M auf der Nd sind. 1 Übz stricken und die Arbeit wenden. Auf der anderen Nd sind 9 M. 1 M li abheben, ohne sie zu stricken, und li M stricken, bis 11 M übrig sind. 2 M li zusammenstricken und die Arbeit wenden. 1 M abheben, ohne sie zu stricken, und verstärkt stricken, bis noch 10 M auf der Nd sind. 1 Übz stricken und die Arbeit wenden. 1 M li abheben, ohne sie zu stricken, und linke M stricken, bis 10 M übrig sind. 2 M li zusammenstricken und die Arbeit wenden.
Auf diese Weise fortfahren, dabei werden die äußeren M in jeder R reduziert, die mittleren M bleiben gleich (12 M). Wenn die äußeren M aufgebraucht sind, die M der Fersenwand auf 2 Nd verteilen (6-6). 6 M re stricken, damit der Faden zwischen der 1. und 4. Nd liegt.

FUSSTEIL

Aus dem linken Fersenrand mit der freien Nd 18 M auffassen und die 6 M der 1. Nd stricken, dann die 18 aufgefassten M re verschränkt stricken. Mit der 2. und 3. Nd das Muster laut Strickschrift A stricken, ab der 9. R fortfahren und R 9–16 wdh. Aus dem rechten Fersenrand 18 M auffassen und re verschränkt stricken, auf dieselbe Nd noch die 6 M der 4. Nd stricken. Die Arbeit hat jetzt 80 M.

Mit den Zwickelabnahmen beginnen: Am Ende der 1. Nd 2 M re zusammenstricken, am Anfang der 4. Nd in jeder 2. Rd 1 Übz stricken. Mit der 2. und 3. Nd weiter im Muster stricken. Mit den Zwickelabnahmen fortfahren, bis noch 64 M = 16 M je Nd übrig sind. Mit der 1. und 4. Nd weiter re M und mit der 2. und 3. Nd weiter im Muster stricken. Wenn nach der Fersenwand 55 Rd und zuletzt die Rd 15 laut Strickschrift gestrickt wurden, mit den Abnahmen für die Spitze beginnen:

1. Rd:
1. Nd: 16 M re
2. und 3. Nd: Strickschrift B, Rd 1
4. Nd: 16 M re

2. Rd:

1. Nd: 13 M re, 2 M re zus, 1 M re.
2. und 3. Nd: Strickschrift B, Rd 2.
4. Nd: 1 M re, Übz, 13 M re.

3. Rd:

1. Nd: 15 M re.
2. und 3. Nd: Strickschrift B, Rd 3.
4. Nd: 15 M re.

4. Rd:

1. Nd: 12 M re, 2 M re zus, 1 M re.
2. und 3. Nd: Strickschrift B, Rd 4.
4. Nd: 1 M re, Übz, 12 M re.

5. Rd:

1. Nd: 14 M re.
2. und 3. Nd: Strickschrift B, Rd 5.
4. Nd: 14 M re.

6. Rd:

1. Nd: 11 M re, 2 M re zus, 1 M re.
2. und 3. Nd: Strickschrift B, Rd 6.
4. Nd: 1 M re, Übz, 11 M re.

7. Rd:

1. Nd: 13 M re.
2. und 3. Nd: Strickschrift B, Rd 7.
4. Nd: 13 M re.

8. Rd:

1. Nd: 10 M re, 2 M re zus, 1 M re.
2. und 3. Nd: Strickschrift B, Rd 8.
4. Nd: 1 M re, Übz, 10 M re.

9. Rd:

1. Nd: 9 M re, 2 M re zus, 1 M re.
2. und 3. Nd: Strickschrift B, Rd 9.
4. Nd: 1 M re, Übz, 9 M re.

10. Rd:

1. Nd: 8 M re, 2 M re zus, 1 M re.
2. und 3. Nd: Strickschrift B, Rd 10.
4. Nd: 1 M re, Übz, 8 M re.

11. Rd:

1. Nd: 7 M re, 2 M re zus, 1 M re.
2. und 3. Nd: Strickschrift B, Rd 11.
4. Nd: 1 M re, Übz, 7 M re.

12. Rd:

1. Nd: 6 M re, 2 M re zus, 1 M re.
2. und 3. Nd: Strickschrift B, Rd 12.
4. Nd: 1 M re, Übz, 6 M re.

13. Rd:

1. Nd: 5 M re, 2 M re zus, 1 M re.
2. und 3. Nd: Strickschrift B, Rd 13.
4. Nd: 1 M re, Übz, 5 M re.

14. Rd:

1. Nd: 4 M re, 2 M re zus, 1 M re.
2. und 3. Nd: Strickschrift B, Rd 14.
4. Nd: 1 M re, Übz, 4 M re.

15. Rd:

1. Nd: 3 M re, 2 M re zus, 1 M re.
2. und 3. Nd: Strickschrift B, Rd 15.
4. Nd: 1 M re, Übz, 3 M re.

16. Rd:

1. Nd: 2 M re zus, 2 M re zus, 1 M re.
2. und 3. Nd: Strickschrift B, Rd 16.
4. Nd: 1 M re, Übz, Übz.

Es sind 11 M übrig. Den Faden abschneiden und durch die restlichen M ziehen.
Die Fadenenden vernähen und die Socken leicht dämpfen.

STRICKSCHRIFT A, RECHTS

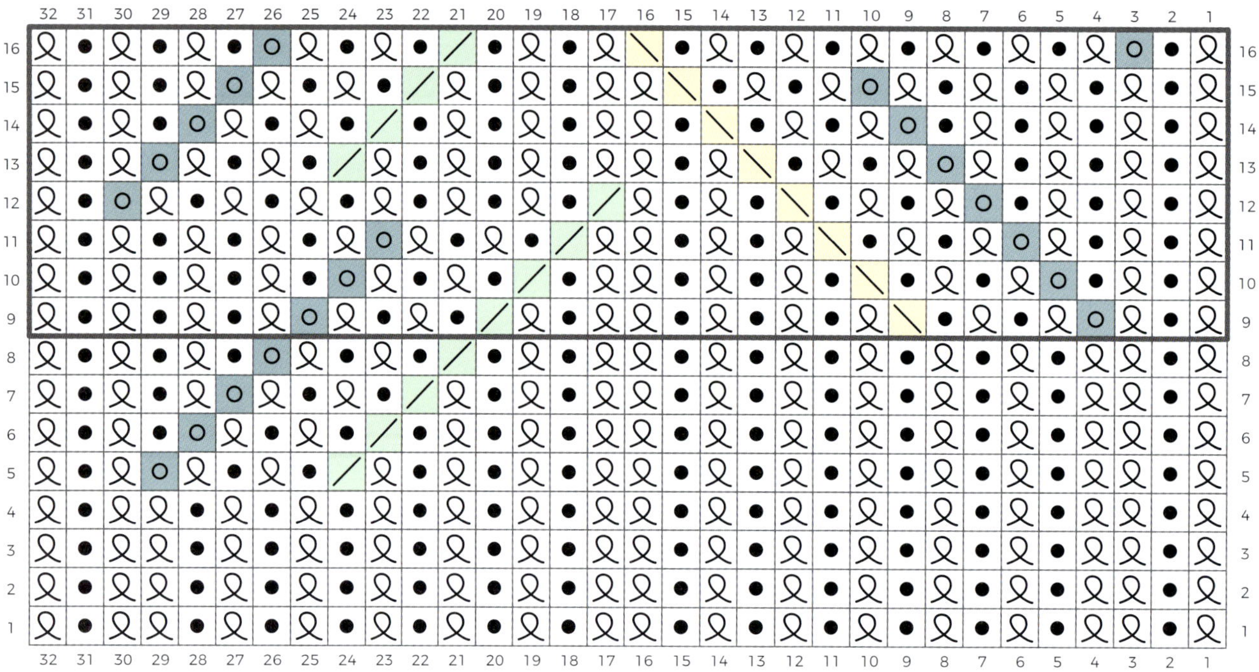

STRICKSCHRIFT A, LINKS

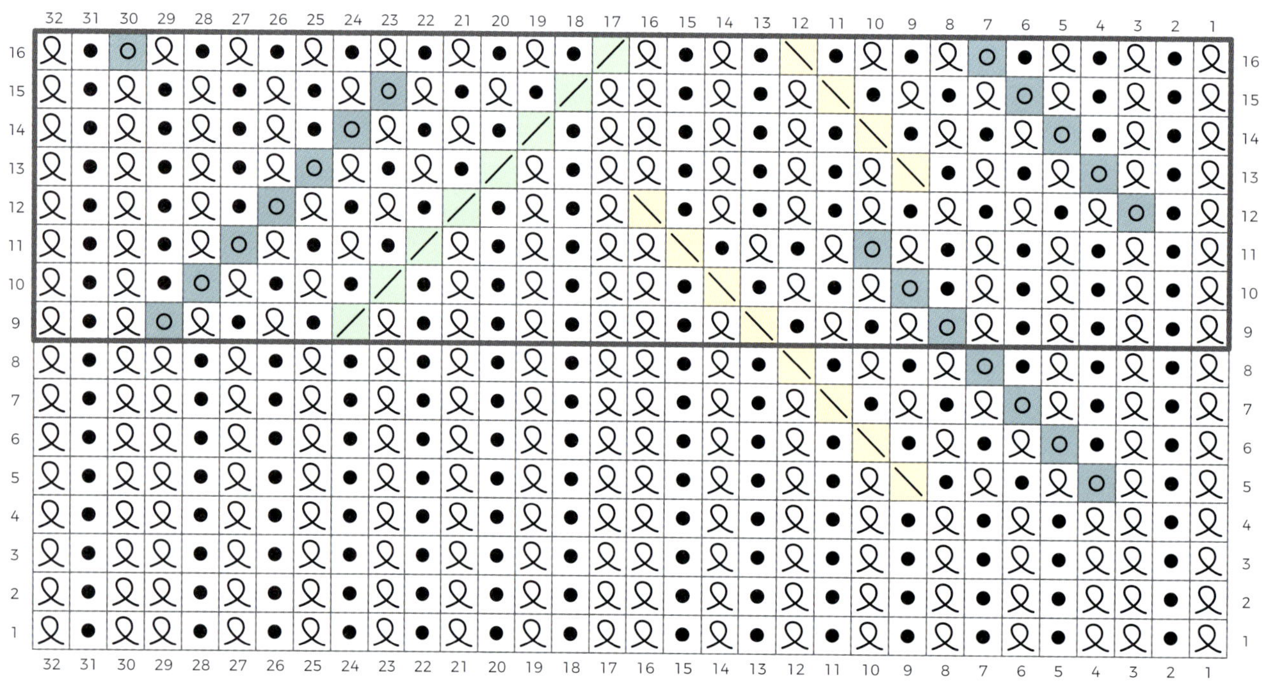

STRICKSCHRIFT B, RECHTS, SPITZENABNAHMEN

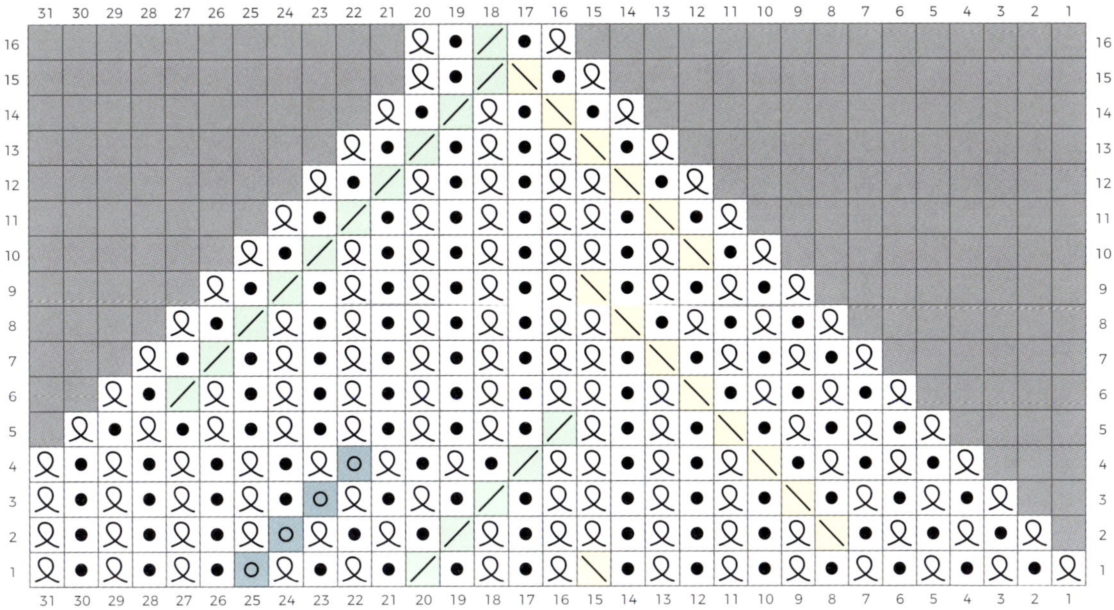

STRICKSCHRIFT B, LINKS, SPITZENABNAHMEN

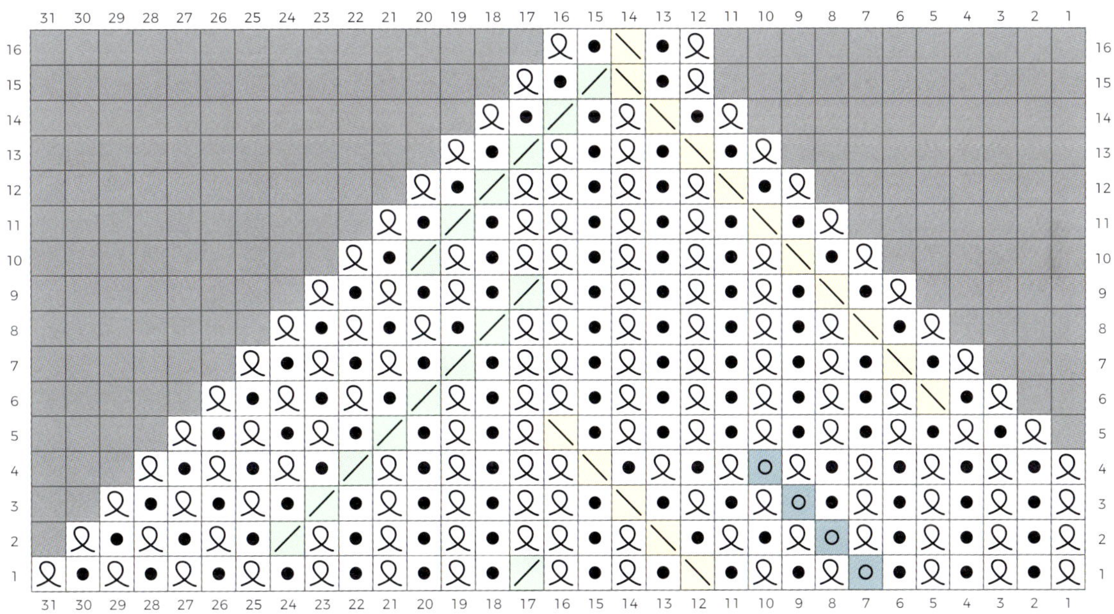

- keine Masche
- ● li
- ○ Umschlag
- ╲ 2 M einzeln wie zum Rechtsstricken auf die rechte Nd heben, zurück auf die linke Nd legen und von hinten 2 M re zusammenstricken
- ╱ 2 M re zusammenstricken
- re verschränkt

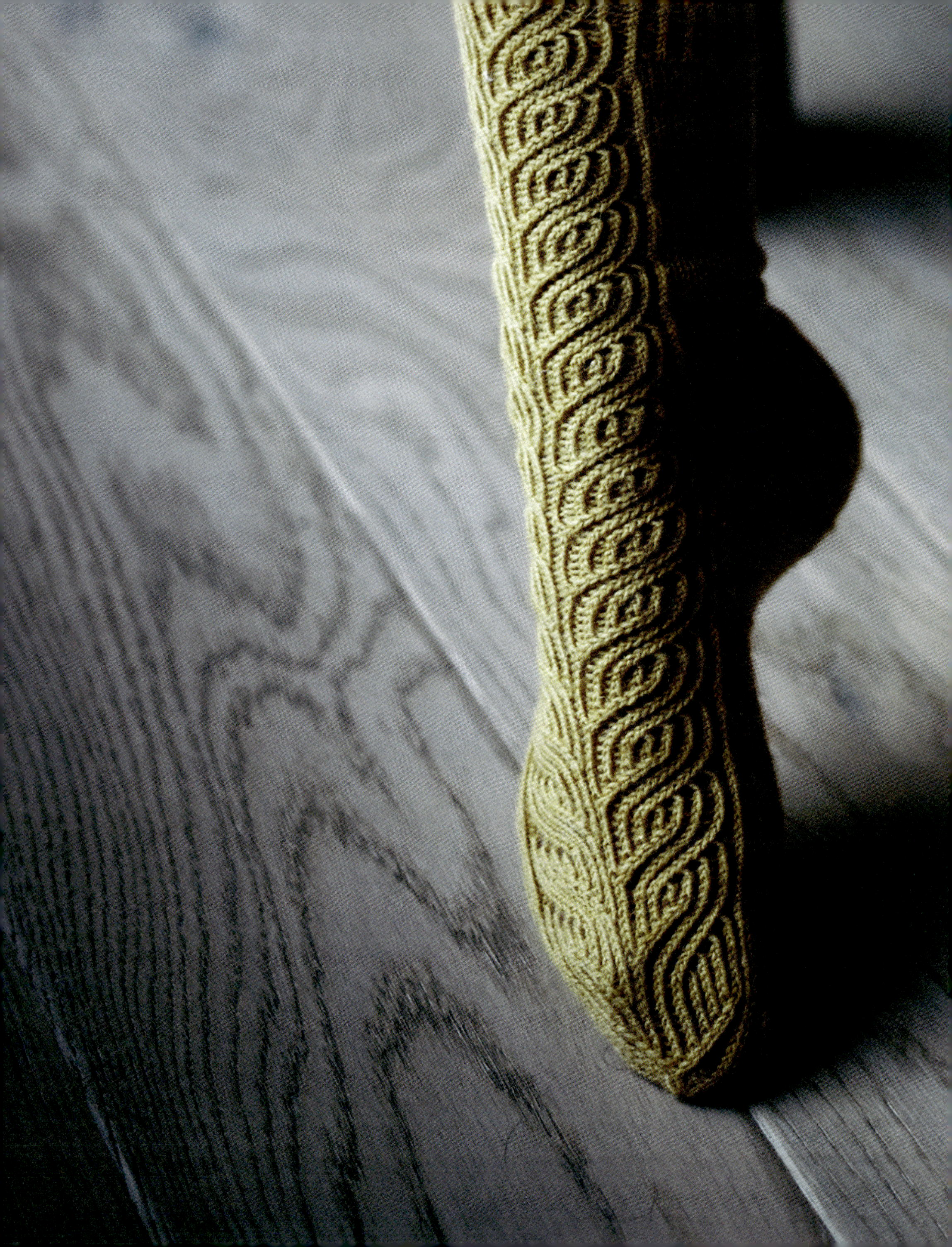

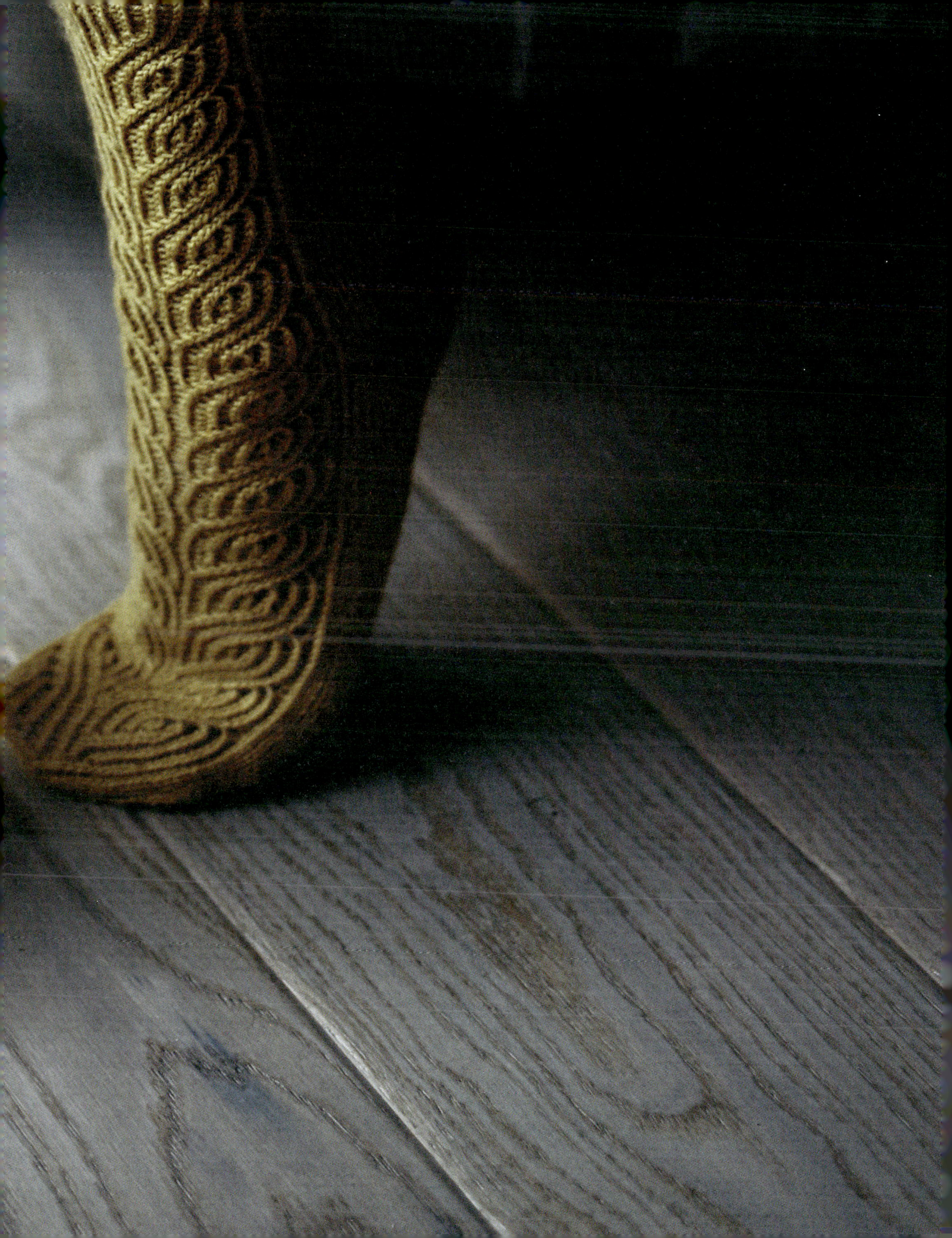

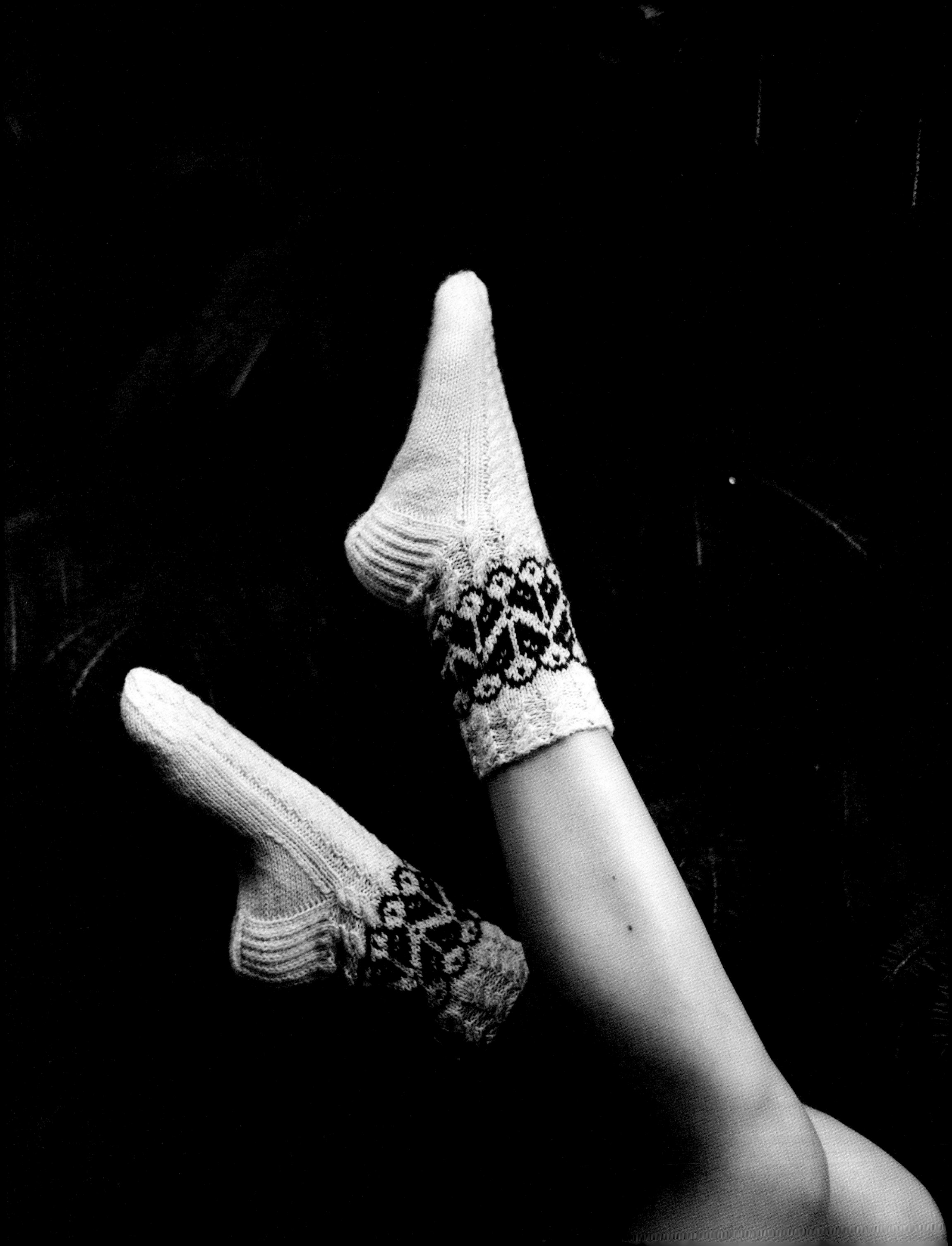

Dieses Modell ist inspiriert von Kainuus karger und wunderschöner Natur, von der Hütte der Großmutter und dem angrenzenden Wald in Mainua, der auch als Namensgeber diente. In den hängenden Zweigen des Einstrickmusters sind Herzen verborgen, um lieb gewonnene Kindheitserinnerungen zu beschreiben. Die Zöpfe verleihen den Socken Gemütlichkeit und Freude, Sorglosigkeit und ein Carpe-diem-Gefühl.

Die aus Mainua

Größe: 38/39
Garn: Novita Nalle, Naturweiß (Fb. 010) und Waldgrün (Fb. 389)
Nadelspiel: Nr. 3, 1 Hilfsnadel für das Zopfmuster
Garnverbrauch: 80 g Naturweiß, 10 g Waldgrün
Maschenprobe: 24 M und 32 Rd = 10 cm × 10 cm

BEVOR SIE BEGINNEN

Das Modell lässt sich leicht an unterschiedliche Größen anpassen. Das Zopfmuster über dem Fußrücken ist sehr elastisch. Für eine kleinere Größe beginnen Sie mit den Spitzenabnahmen vier Runden eher. Entsprechend können Sie, wenn Sie größere Socken wünschen, vor den Spitzenabnahmen noch vier Runden mehr stricken.

SCHAFT

60 M in Naturweiß anschlagen. Die M auf den Nd verteilen: 13-17-17-13.
Den Schaft laut Strickschrift A beginnen und die Rd 1–52 stricken. Bevor die Ferse gestrickt wird, die M gleichmäßig auf den Nd verteilen (15 M je Nd).

FERSE

Verstärkte Fersenwand: Die M der 1. Nd re auf die 4. Nd stricken (insg. 30 M). Die restlichen M bleiben ungestrickt. Die Arbeit wenden, die 1. M li abheben, ohne sie zu stricken, die restlichen M li stricken.

1. R (Hin-R): Die Arbeit wenden, *1 M abheben, ohne sie zu stricken, 1 M re*, ab * bis R-Ende wdh.
2. R (Rück-R): Die Arbeit wenden, 1 M abheben, ohne sie zu stricken, die restlichen M li stricken.

Diese beiden R wdh., bis für die Fersenwand 30 R gestrickt und zuletzt 1 Rück-R gestrickt sind.

Mit den Käppchenabnahmen beginnen, dabei weiterhin verstärkt stricken. Auf der rechten Seite der Arbeit beginnen, bis noch 11 M auf der Nd sind. 1 Übz stricken, die Arbeit wenden. Auf der anderen Nd sind 9 M. 1 M li abheben, ohne sie zu stricken, und linke M stricken, bis noch 11 M übrig sind. 2 M li zusammenstricken, die Arbeit wenden. 1 M abheben, ohne sie zu stricken, und verstärkt stricken, bis noch 10 M auf der Nd sind. 1 Übz stricken, die Arbeit wenden. 1 M li abheben, ohne sie zu stricken, linke M stricken, bis 10 M übrig sind. 2 M li zusammenstricken, die Arbeit wenden. So fortfahren, dabei werden die äußeren M in jeder R reduziert, die mittleren M bleiben gleich (10 M). Wenn die äußeren M aufgebraucht sind, die M der Fersenwand auf 2 Nd verteilen (5-5). 5 M re stricken. Der Faden liegt zwischen der 1. und 4. Nd.

FUSSTEIL

Aus dem linken Fersenrand mit der freien Nd 17 M auffassen. 5 M der 1. Nd stricken, dann die 17 aufgefassten M re verschränkt stricken. Mit der 2. und 3. Nd das Muster laut Strickschrift B stricken, mit der 1. R beginnen und R 1–4 wdh. Aus dem rechten Fersenrand 17 M auffassen und re verschränkt stricken, auf dieselbe Nd noch die 5 M der 4. Nd stricken. Die Arbeit hat jetzt 74 M.

Mit den Zwickelabnahmen beginnen: Am Ende der 1. Nd 2 M re zusammenstricken, am Anfang der 4. Nd in jeder 2. Rd 1 Übz stricken. Mit der 2. und 3. Nd im Zopfmuster laut Strickschrift B stricken. Mit den Zwickelabnahmen fortfahren, bis noch 56 M (13-15-15-13) übrig sind. Mit der 1. und 4. Nd weiter rechte M, mit der 2. und 3. Nd weiter im Zopfmuster stricken. Wenn nach der Fersenwand 47 Rd gestrickt sind, die M auf den Nd wie folgt verteilen: 14-14-14-14.

Mit den Abnahmen für die Spitze beginnen:
1. Nd: Re stricken, bis noch 3 M übrig sind, 2 M re zusammenstricken 1 M re.
2. Nd: 1 M re, Übz, die restlichen M im Muster stricken.
3. Nd: Im Muster stricken, bis noch 3 M übrig sind, 2 M re zusammenstricken, 1 M re.
4. Nd: 1 M re, Übz, die restlichen M re stricken.

Die Abnahmen zunächst in jeder 2. Rd stricken. Wenn noch 32 M übrig sind, das Zopfmuster auf der 2. und 3. Nd beenden, jedoch entsprechend der vorigen Runden weiter re bzw. li stricken. Die restlichen Spitzenabnahmen in jeder Rd stricken.

Wenn noch 8 M übrig sind, den Faden abschneiden und durch die restlichen M ziehen. Die Fadenenden vernähen und die Socken leicht dämpfen.

STRICKSCHRIFT B, FUSSTEIL

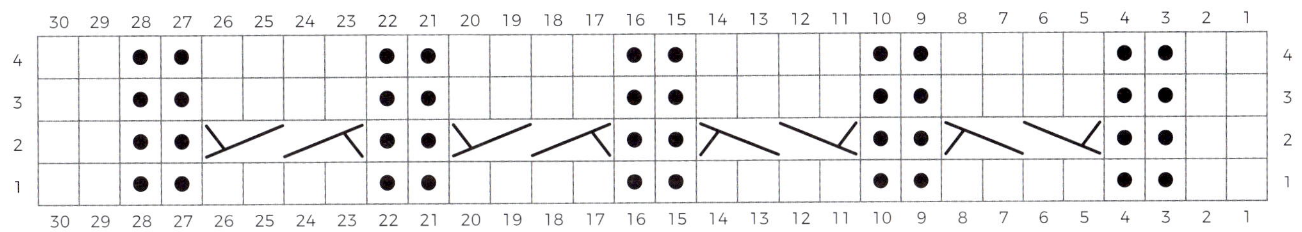

re in Waldgrün

re in Naturweiß

li

2 M auf eine Hilfsnadel vor die Arbeit legen, 2 M re, die 2 M der Hilfsnadel re

2 M auf eine Hilfsnadel hinter die Arbeit legen, 2 M re, die 2 M der Hilfsnadel re

Nadelverteilung

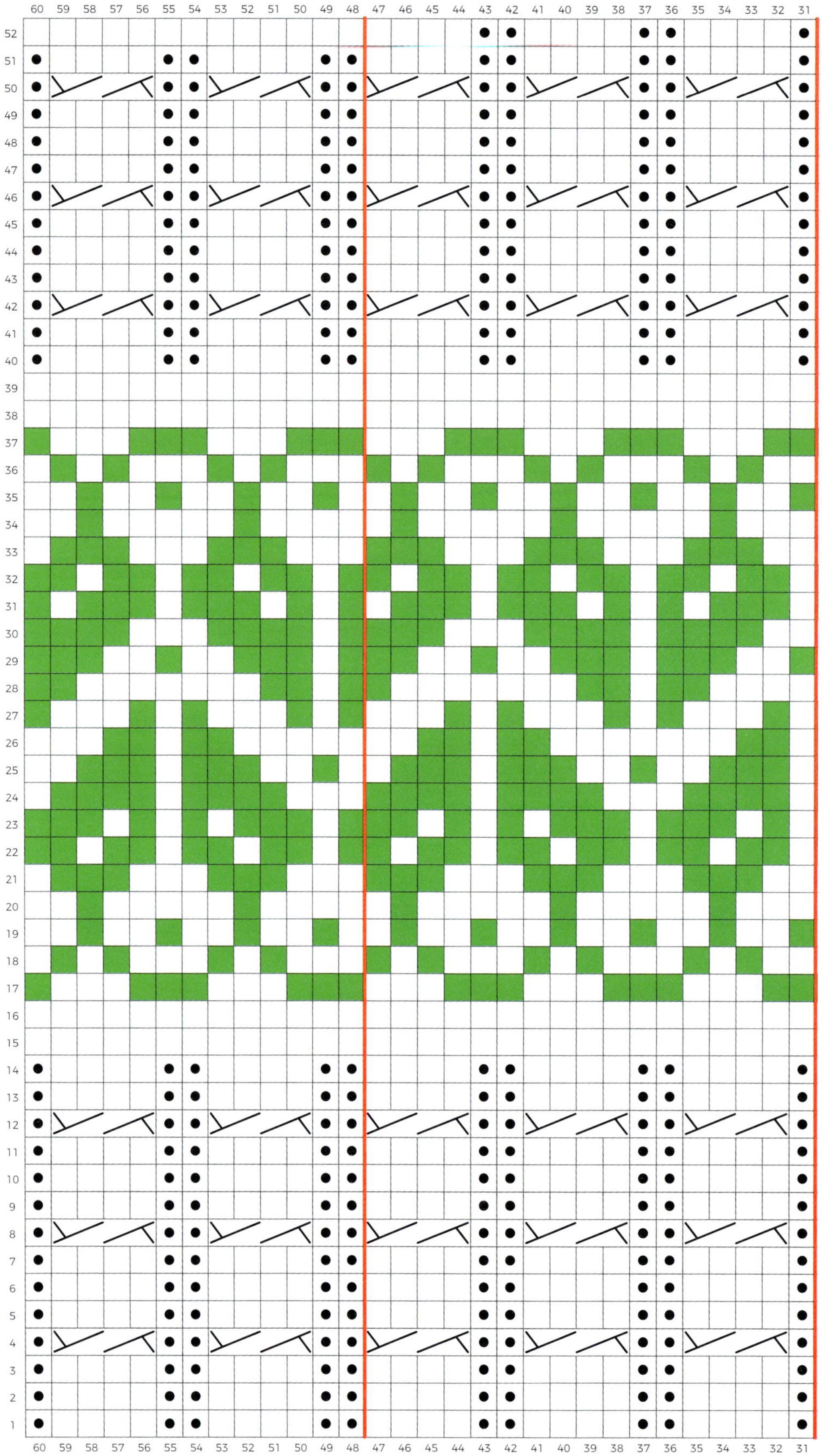

STRICKSCHRIFT A. SCHAFT

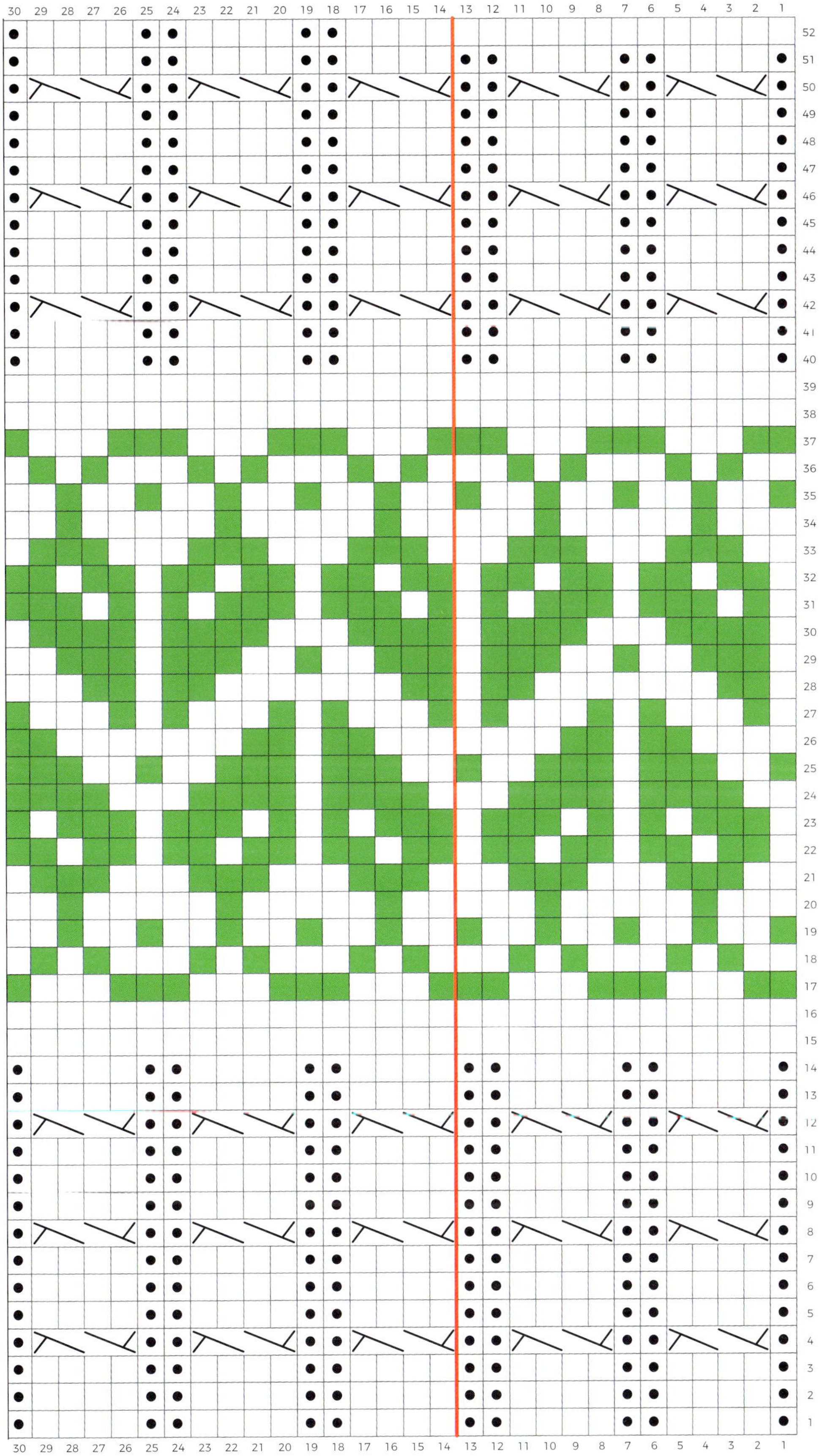

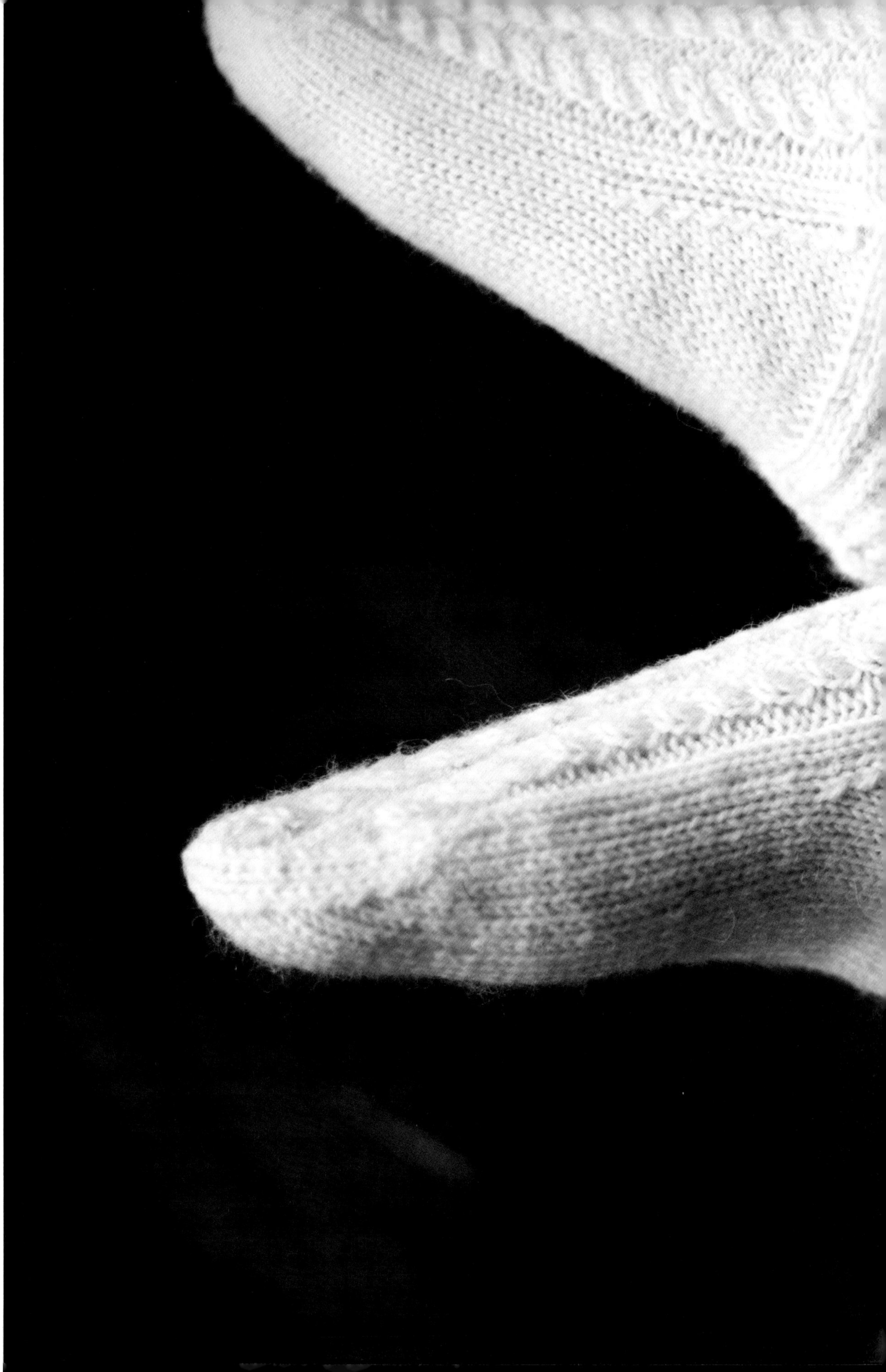

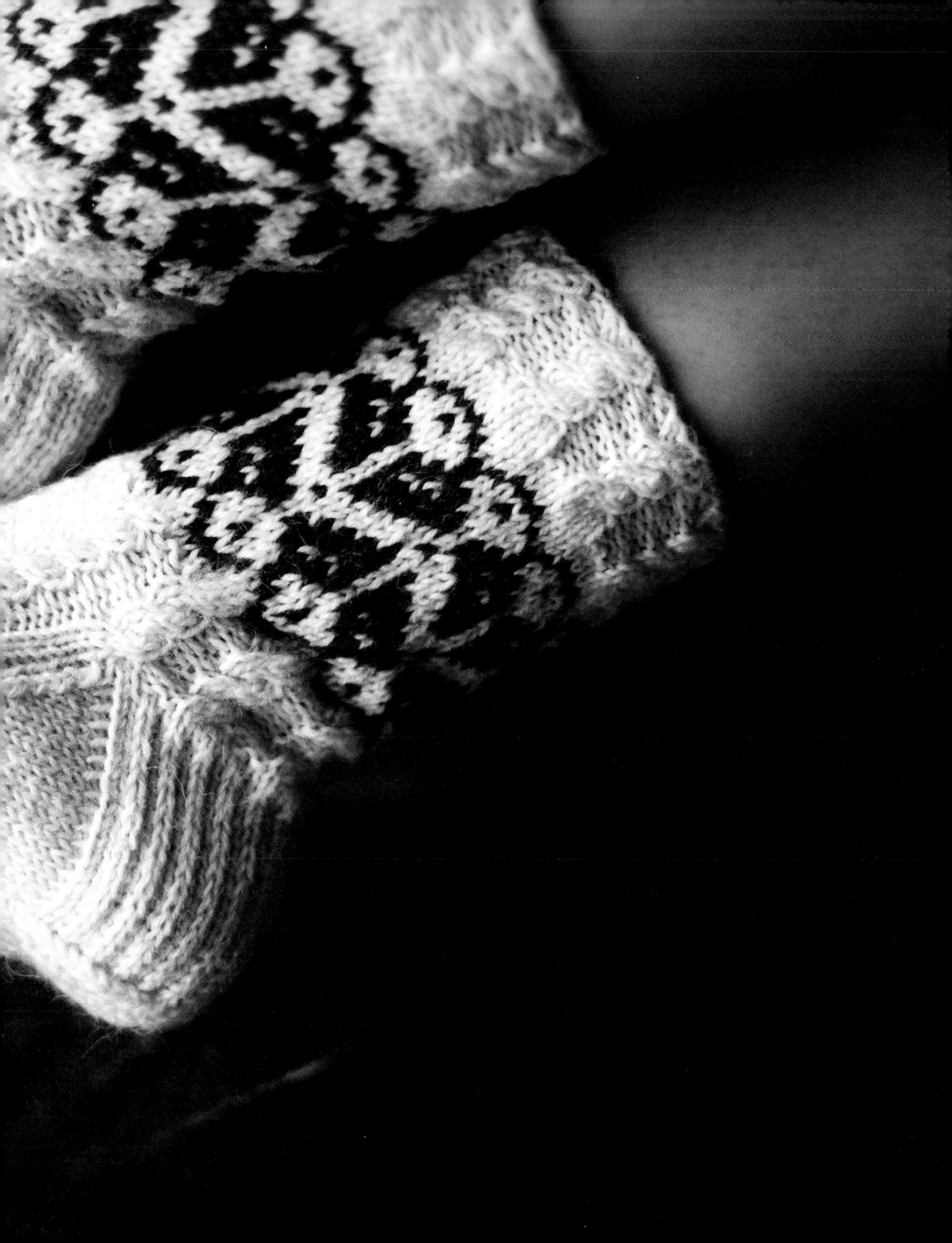

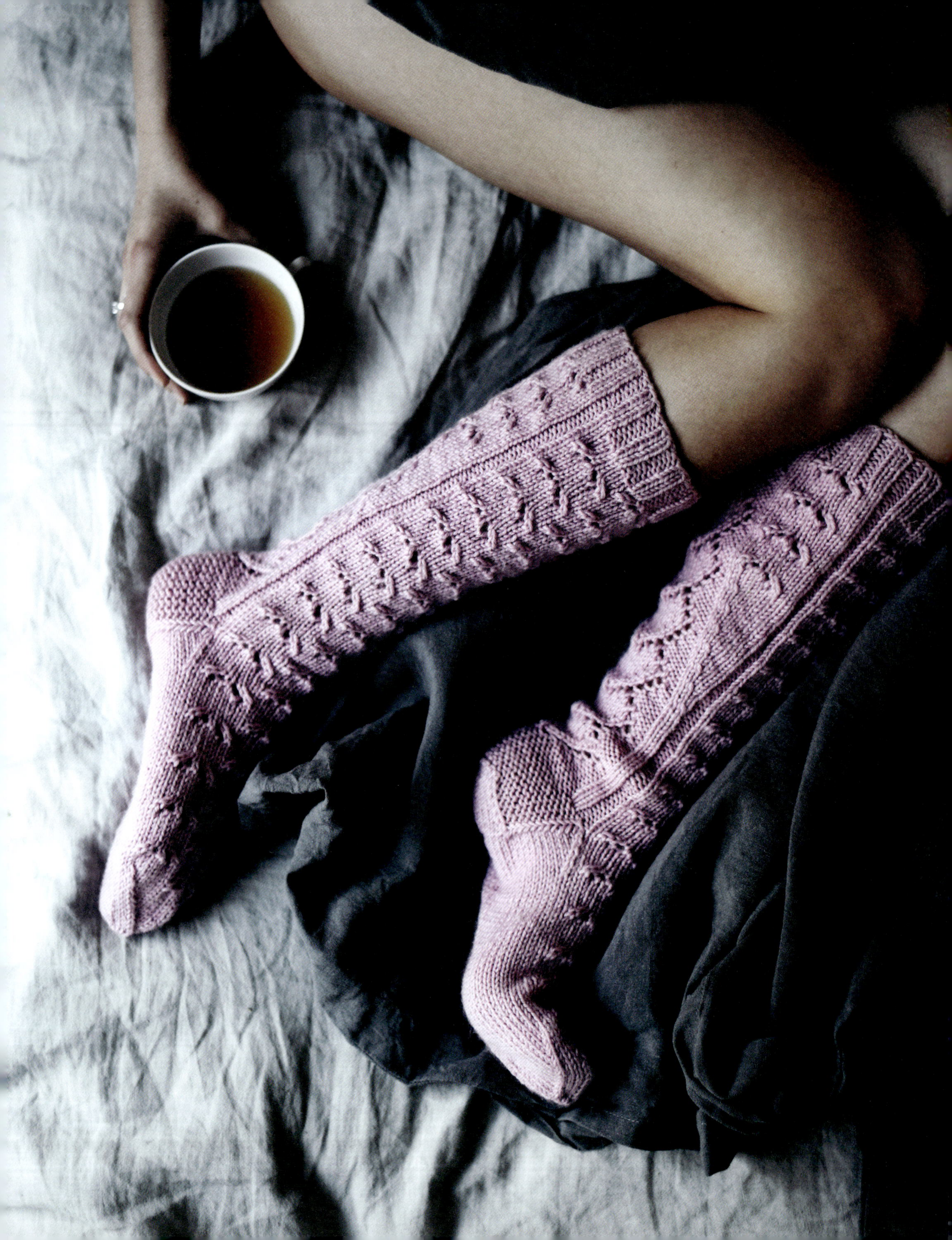

Könnte es ein schöneres Geschenk zum Muttertag, Geburtstag oder Namenstag geben als lange, weiche Wollsocken? Raffinierte Details bei diesem Modell sind das zarte Lochmuster in Herzform auf der rückwärtigen Sockenseite und die kraus rechts gestrickte Ferse.

Die Wunderbaren

Größe: 37 (39)
Wadenumfang: 33–38 cm
Garn: Novita 7 veljestä, Pink (Fb. 522)
Nadelspiel: Nr. 3,5
Garnverbrauch: 160 g (170 g)
Maschenprobe: 21 M und 26 Rd = 10 cm × 10 cm

BEVOR SIE BEGINNEN

In der Strickschrift für den Schaft bilden Nadel 1 und 2 den hinteren Sockenteil und Nadel 3 und 4 den vorderen Sockenteil. Nach der Ferse ändert sich die Nadelverteilung, sodass die Fußsohle mit den Nd 1 und 4 und der vordere Sockenteil mit den Nd 2 und 3 gestrickt wird.

Das Modell ist für zwei Größen angegeben, die beide derselben Anleitung folgen. Die einzige Abweichung besteht in der Anzahl der Runden nach der Fersenwand.

SCHAFT

66 M anschlagen. Die M auf den Nd verteilen: 14-18-19-15. Den Schaft laut Strickschrift A am rechten unteren Rand mit der 1. Rd beginnen.
Für die Waden in den in der Strickschrift markierten Rd abnehmen (31, 39, 43, 47, 51, 55, 59, 63 und 67).
In Rd 30 die Maschenverteilung ändern: 22-21-12-11.

Wenn alle 99 Rd für den Schaft gestrickt sind, die M auf den Nd wie folgt verteilen: 13-12-12-11.

FERSE

Fersenwand kraus re: Die M der 1. und 2. Nd re auf eine Nd stricken (insg. 25 M). Die restlichen M bleiben ungestrickt. Die Arbeit wenden, die 1. M li abheben, ohne sie zu stricken, dann 1 M re, 2 M re zusammenstricken, 17 M re, 2 M re zusammenstricken, 1 M re, 1 M li. Die Fersenwand hat jetzt 23 M.

1. R (Hin-R): Die Arbeit wenden, 1 M abheben, ohne sie zu stricken, 22 M re.
2. R (Rück-R): Die Arbeit wenden,1 M li abheben, ohne sie zu stricken, 21 M re, 1 M li.

Diese beiden R wdh., bis für die Fersenwand 22 R gestrickt und zuletzt 1 Rück-R gestrickt sind.

Die Käppchenabnahmen auf der re Seite der Arbeit beginnen: glatt re, bis noch 8 M auf der Nd sind. 1 Übz stricken, wenden. 1 M li abheben, ohne sie zu stricken, linke M stricken, bis 8 M übrig sind. 2 M li zusammenstricken, wenden. 1 M abheben, ohne sie zu stricken, rechte M stricken, bis noch 7 M auf der Nd sind. 1 Übz stricken, wenden. 1 M li abheben, ohne sie zu stricken, linke M stricken, bis 7 M übrig sind. 2 M li zusammenstricken, wenden.

So fortfahren, dabei werden die äußeren M in jeder R reduziert, die mittleren M bleiben gleich (9 M). Wenn die äußeren M aufgebraucht sind, die M der Fersenwand auf 2 Nd verteilen (5-4). 3 M re, 2 M re zusammenstricken, damit der Faden zwischen den Nd liegt.

FUSSTEIL

Aus dem linken Fersenrand mit der freien Nd 12 M auffassen und 4 M der 1. Nd stricken, dann die 12 aufgefassten M re verschränkt stricken. Mit der 2. und 3. Nd das Muster laut Strickschrift B stricken, mit der 1. R beginnen, R 1–8 wdh. Aus dem rechten Fersenrand 12 M auffassen, re verschränkt stricken, auf dieselbe Nd noch die 4 M der 4. Nd stricken. Die Arbeit hat jetzt 55 M.

Mit den Zwickelabnahmen beginnen: Am Ende der 1. Nd 2 M re zusammenstricken, am Anfang der 4. Nd in jeder 2. Rd 1 Übz stricken. Mit der 1. und 4. Nd rechte M, mit der 2. und 3. Nd im Muster stricken. Mit den Zwickelabnahmen fortfahren, bis noch 47 M (12-12-11-12) übrig sind.

Weiter kraus re und im Muster stricken. Wenn nach der Fersenwand 42 Rd (für Größe 39 46 Rd) und zuletzt die 2. Rd (6. Rd) im Muster gestrickt sind, die Socken bis zum Ende re stricken, eine breite Bandspitze arbeiten: am Ende der 1. und 3. Nd 2 M re zusammenstricken, 1 M re. Am Anfang der 2. und 4. Nd 1 M re, 1 Übz stricken.

Die Abnahmen in jeder 2. Rd wdh. Wenn auf jeder Nd noch 8 M übrig sind, in jeder Rd abnehmen. In der letzten Abnahmerunde auf der 3. Nd nicht abnehmen.

Wenn noch 8 M übrig sind, den Faden abschneiden und durch die restlichen M ziehen. Die Fadenenden vernähen und die Socken leicht dämpfen.

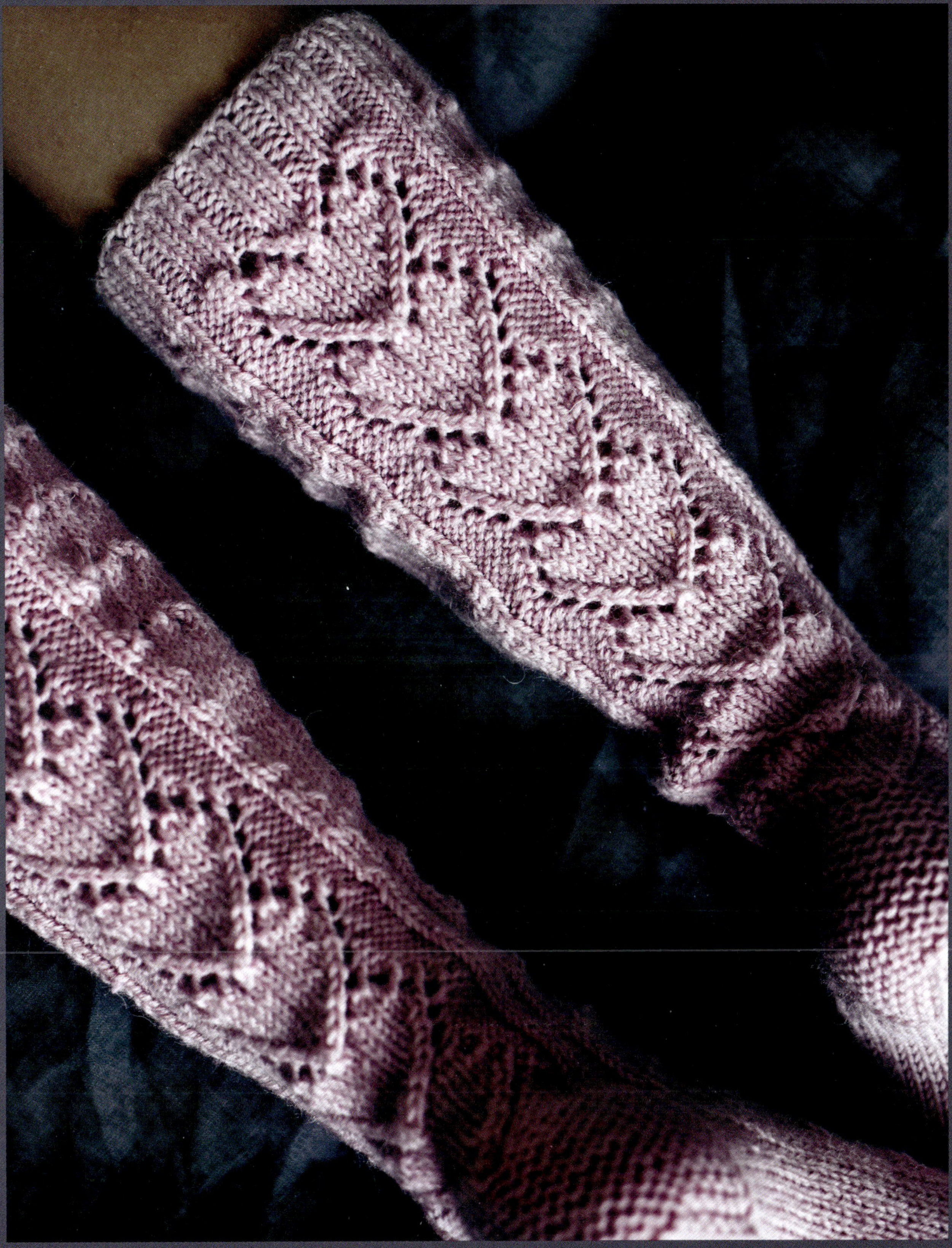

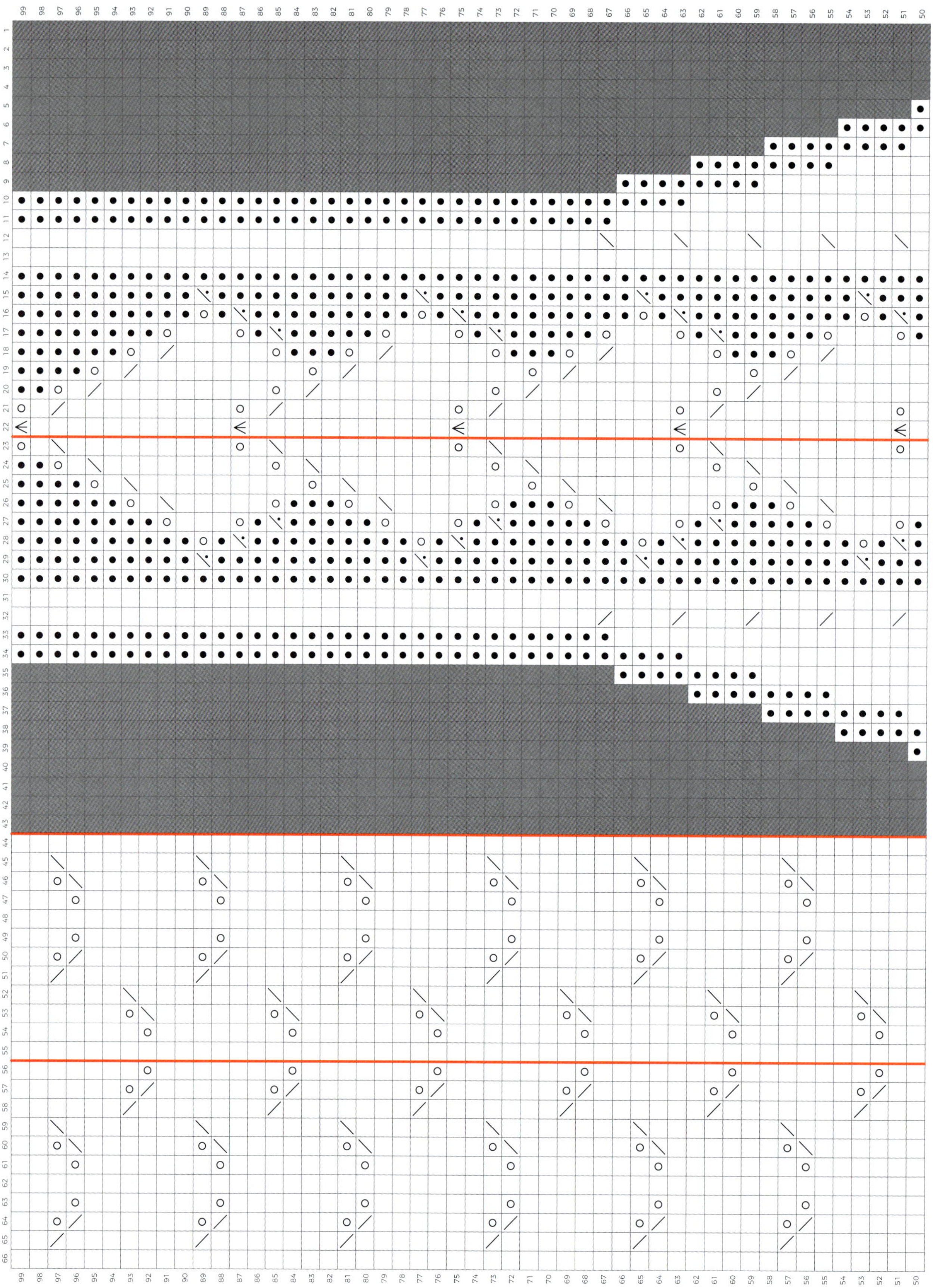

STRICKSCHRIFT A, SCHAFT

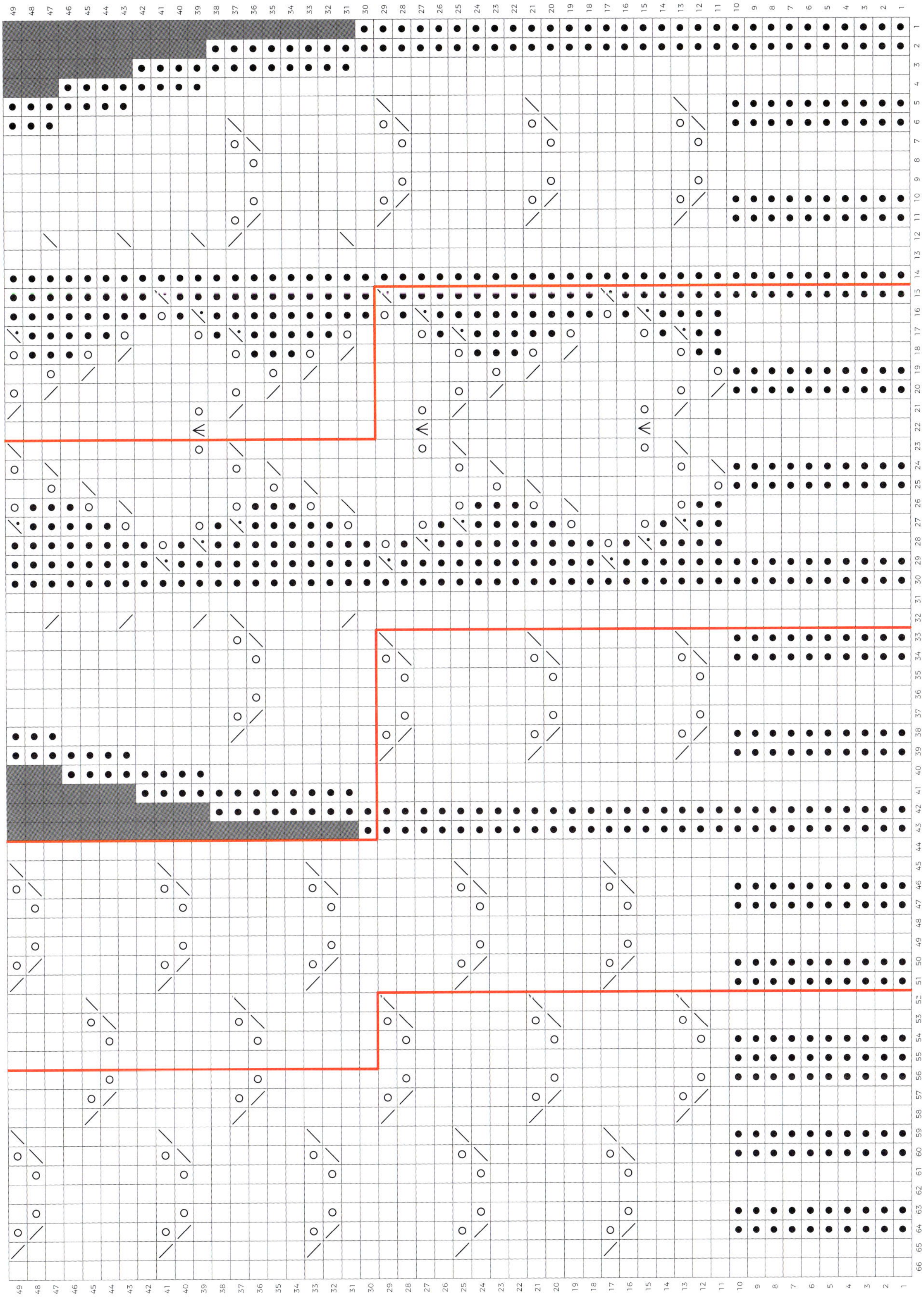

STRICKSCHRIFT B, FUSSTEIL

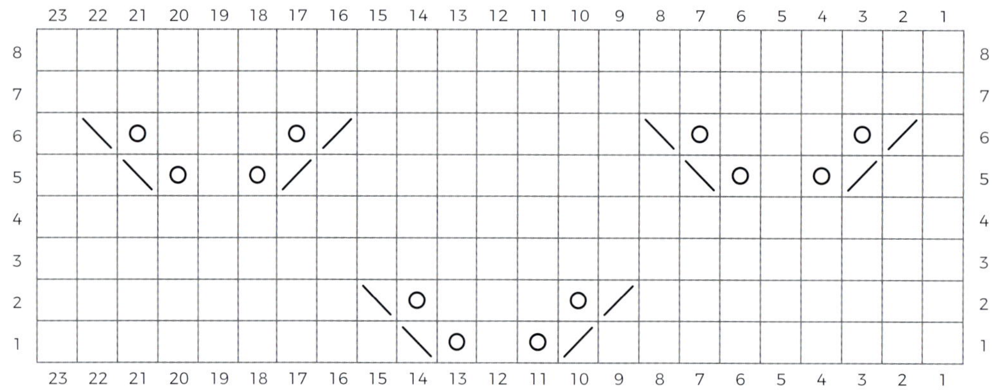

- keine Masche
- re
- li
- Umschlag
- 2 M einzeln wie zum Rechtsstricken auf die rechte Nd heben, zurück auf die linke Nd legen und von hinten zusammenstricken
- 2 M re zusammenstricken
- 2 M li zusammenstricken
- 2 M wie zum re Zusammenstricken abheben, 1 M re, die abgehobenen M über die gestrickte M ziehen
- Nadelverteilung

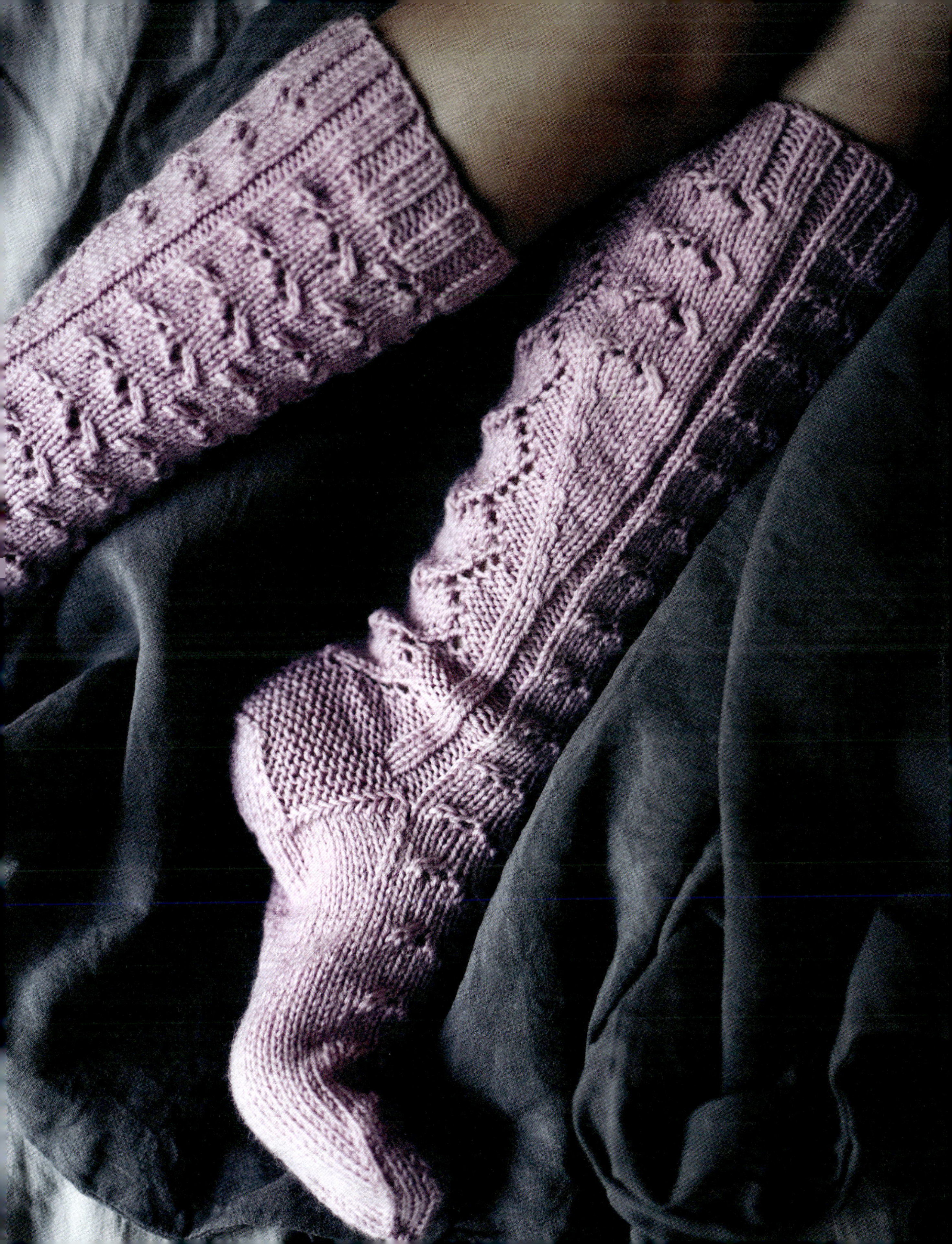

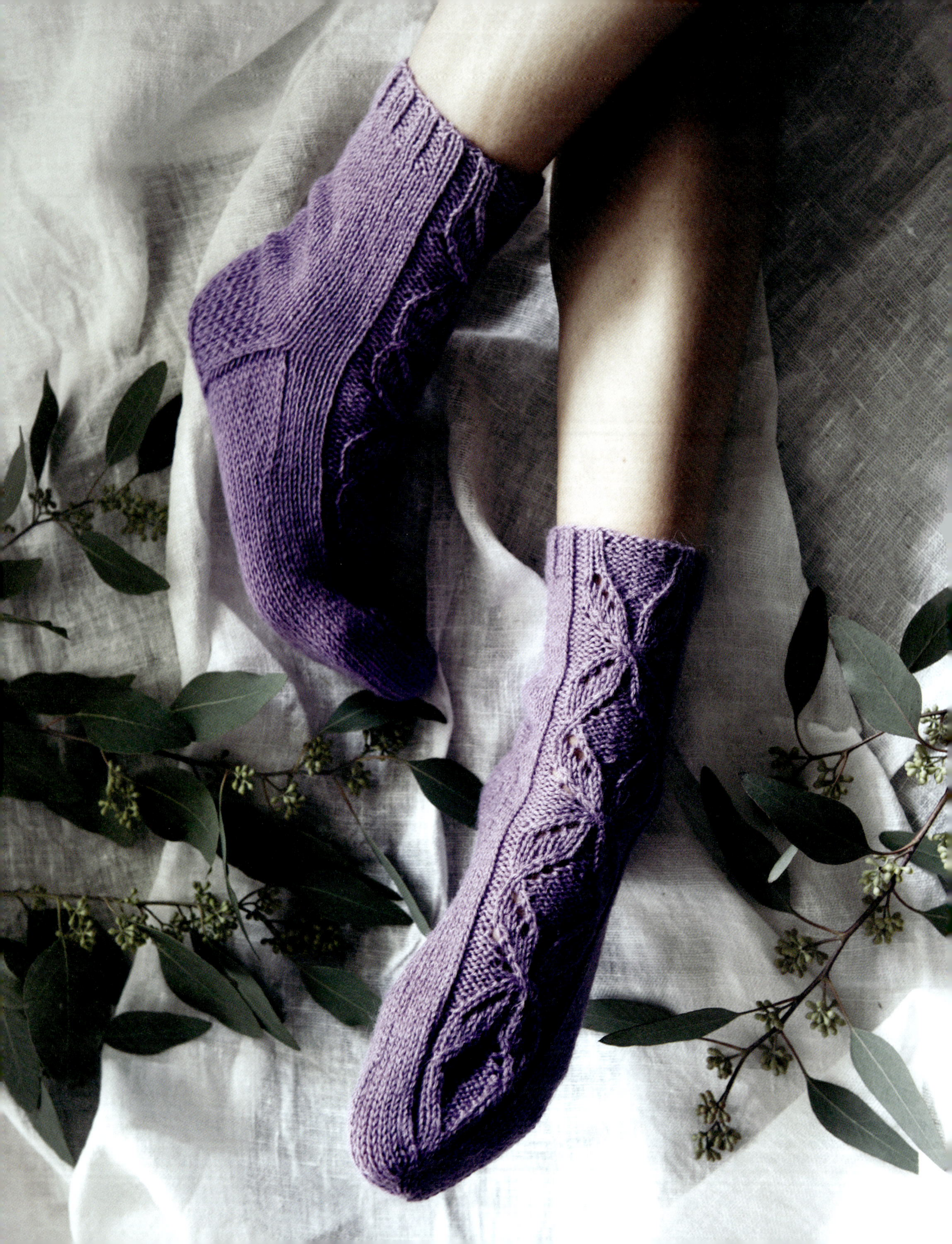

Mit diesen Socken können Sie immer wieder das aufregende Gefühl nachspüren, wenn die ersten Anemonen blühen. Das zarte Spitzenmuster ist ein Abbild der schönsten Blume des Fruhlings.

Anemone

Größe: 37 (39)
Garn: Novita Nalle, Flieder (Fb. 742)
Nadelspiel: Nr. 3, 2 Hilfsnadeln
Garnverbrauch: 80 g (90 g)
Maschenprobe: 24 M und 32 Rd = 10 cm × 10 cm

BEVOR SIE BEGINNEN

Die Anleitung ist für zwei Größen angegeben, die beide nach derselben Anleitung gestrickt werden. Die Abweichungen für die größere Größe sind grau markiert.

SCHAFT

54 M anschlagen und die M auf den Nd verteilen: 1. Nd 14 M, 2. und 3. Nd insgesamt 26 M, 4. Nd 14 M.

8 Rd im Bündchenmuster stricken:
1. Nd: 1 M li, 2 M re, 2 M li, 2 M re, 2 M li, 2 M re, 2 M li, 1 M re.
2. und 3. Nd: 1 M re, 2 M li, 2 M re, 2 M li, 2 M re, 8 M li, 2 M re, 2 M li, 2 M re, 2 M li, 1 M re.
4. Nd: 1 M re, 2 M li, 2 M re, 2 M li, 2 M re, 2 M li, 2 M re, 1 M li.

Nach dem Bündchen mit der 1. und 4. Nd rechte M stricken und mit der 2. und 3. Nd das Muster laut Strickschrift beginnen. Mit Rd 1 beginnen und Rd 1–28 wdh.

FERSE

Wenn für den Schaft inkl. Bündchen 50 Rd (46 Rd) und zuletzt Rd 14 (10) der Strickschrift gestrickt sind, mit der versetzt verstärkten Fersenwand beginnen, dazu die M der 1. Nd re auf die 4. Nd stricken (insg. 28 M).
Die restlichen M bleiben ungestrickt. Die Arbeit wenden, die 1. M li abheben, ohne sie zu stricken, die übrigen M li stricken.

1. R (Hin-R): Die Arbeit wenden; *1 M abheben, 1 M re*, ab * wdh.
2. R (Rück-R): Die Arbeit wenden, 1 M li abheben, ohne sie zu stricken, die übrigen M li stricken.
3. R (Hin-R): Die Arbeit wenden, 1 M abheben, 1 M re, *1 M re, 1 M abheben*, ab * wdh., bis noch 2 M übrig sind, 2 M re.
4. R (Rück-R): Die Arbeit wenden, 1 M li abheben, ohne sie zu stricken, die übrigen M li stricken.
Diese 4 R wdh., bis für die Fersenwand 28 R gestrickt und zuletzt 1 Rück-R gestrickt sind.

Für die Käppchenabnahmen weiter verstärkt stricken. Auf der rechten Seite der Arbeit beginnen, bis noch 9 M auf der Nd sind. 1 Übz stricken, die Arbeit wenden. Auf der anderen Nd sind 7 M. 1 M li abheben, ohne sie zu stricken, linke M stricken, bis 9 M übrig sind. 2 M li zusammenstricken, die Arbeit wenden. 1 M abheben, ohne sie zu stricken, verstärkt stricken, bis noch 8 M auf der Nd sind. 1 Übz stricken, die Arbeit wenden. 1 M li abheben, ohne sie zu stricken, linke M stricken, bis 8 M übrig sind. 2 M li zusammenstricken, die Arbeit wenden. So fortfahren, dabei werden die äußeren M in jeder R reduziert, die mittleren M bleiben gleich (12 M). Wenn die äußeren M aufgebraucht sind, die M der Fersenwand auf 2 Nd verteilen (6-6). 6 M re stricken, damit der Faden zwischen der 1. und 4. Nd liegt.

FUSSTEIL

Aus dem linken Fersenrand mit der freien Nd 16 M auffassen und 6 M der 1. Nd stricken, dann die 16 aufgefassten M re verschränkt stricken. Mit der 2. und 3. Nd das Muster laut Strickschrift stricken, mit R 15 (11) fortfahren. Aus dem rechten Fersenrand 16 M auffassen und re verschränkt stricken, auf dieselbe Nd noch die 6 M der 4. Nd stricken. Die Arbeit hat jetzt 70 M.
Mit den Zwickelabnahmen beginnen: Am Ende der 1. Nd 2 M re zusammenstricken, am Anfang der 4. Nd in jeder 2. Rd 1 Übz stricken. Mit der 2. und 3. Nd weiter im Muster stricken. Mit den Zwickelabnahmen fortfahren, bis noch 54 M (14-26-14) übrig sind. Mit der 1. und 4. Nd weiterhin re, mit der 2. und 3. Nd im Muster stricken.
Wenn nach der Fersenwand 42 Rd (46 Rd) und zuletzt Rd 28 der Strickschrift gestrickt sind, die M auf den Nd wie folgt verteilen: 14-13-13-14.

1. Rd:

1. Nd: 11 M re, 2 M re zus, 1 M re.
2. Nd: 5 M re, 2 M li, 1 M re, Übz, 3 M li.
3. Nd: 3 M li, 2 M re zus, 1 M re, 2 M li, 5 M re.
4. Nd: 1 M re, Übz, 11 M re.

2. Rd:

1. Nd: 13 M re.
2. Nd: 5 M re, 2 M li, 2 M re, 3 M li.
3. Nd: 3 M li, 2 M re, 2 M li, 5 M re.
4. Nd: 13 M re.

3. Rd:

1. Nd: 10 M re, 2 M re zus, 1 M re.
2. Nd: 5 M re, 2 M li, 1 M re, Übz, 2 M li.
3. Nd: 2 M li, 2 M re zus, 1 M re, 2 M li, 5 M re.
4. Nd: 1 M re, Übz, 10 M re.

4. Rd:

1. Nd: 12 M re.
2. Nd: 5 M re, 2 M li, 2 M re, 2 M li.
3. Nd: 2 M li, 2 M re, 2 M li, 5 M re.
4. Nd: 12 M re.

5. Rd:

1. Nd: 9 M re, 2 M re zus, 1 M re.
2. Nd: 5 M re, 2 M li, 1 M re, Übz, 1 M li.3. Nd: 1 M li, 2 M re zus, 1 M re, 2 M li, 5 M re.
4. Nd: 1 M re, Übz, 9 M re.

6. Rd:

1. Nd: 11 M re.
2. Nd: 5 M re, 2 M li, 2 M re, 1 M li.
3. Nd: 1 M li, 2 M re, 2 M li, 5 M re.
4. Nd: 11 M re.

7. Rd:

1. Nd: 8 M re, 2 M re zus, 1 M re.
2. Nd: 5 M re, 2 M li, 1 M re, Übz.
3. Nd: 2 M re zus, 1 M re, 2 M li, 5 M re.
4. Nd: 1 M re, Übz, 8 M re.

8. Rd:

1. Nd: 10 M re.
2. Nd: 5 M re, 2 M li, 2 M re.
3. Nd: 2 M re, 2 M li, 5 M re.
4. Nd: 10 M re.

9. Rd:

1. Nd: 7 M re, 2 M re zus, 1 M re.
2. Nd: 4 M re, Übz, 1 M li, 2 M re.
3. Nd: 2 M re, 1 M li, 2 M re zus, 4 M re.
4. Nd: 1 M re, Übz, 7 M re.

10. Rd:

1. Nd: 6 M re, 2 M re zus, 1 M re.
2. Nd: 4 M re, Übz, 2 M re.
3. Nd: 2 M re, 2 M re zus, 4 M re.
4. Nd: 1 M re, Übz, 6 M re.

11. Rd:

1. Nd: 5 M re, 2 M re zus, 1 M re.
2. Nd: 4 M re, Übz, 1 M re.
3. Nd: 1 M re, 2 M re zus, 4 M re.
4. Nd: 1 M re, Übz, 5 M re.

12. Rd:

1. Nd: 4 M re, 2 M re zus, 1 M re.
2. Nd: 4 M re, Übz.
3. Nd: 2 M re zus, 4 M re.
4. Nd: 1 M re, Übz, 4 M re.

13. Rd:

1. Nd: 3 M re, 2 M re zus, 1 M re.
2. Nd: 2 M re, Übz, 1 M re.
3. Nd: 1 M re, 2 M re zus, 2 M re.
4. Nd: 1 M re, Übz, 3 M re.

14. Rd:

1. Nd: 2 M re, 2 M re zus, 1 M re.
2. Nd: 1 M re, Übz, 1 M re.
3. Nd: 1 M re, 2 M re zus, 1 M re.
4. Nd: 1 M re, Übz, 2 M re.

15. Rd:

1. Nd: 1 M re, 2 M re zus, 1 M re.
2. Nd: Übz, 1 M re.
3. Nd: 1 M re, 2 M re zus.
4. Nd: 1 M re, Übz, 1 M re.

Es sind 10 M übrig. Den Faden abschneiden und durch die restlichen M ziehen. Die Fadenenden vernähen und die Socken leicht dämpfen.

STRICKSCHRIFT

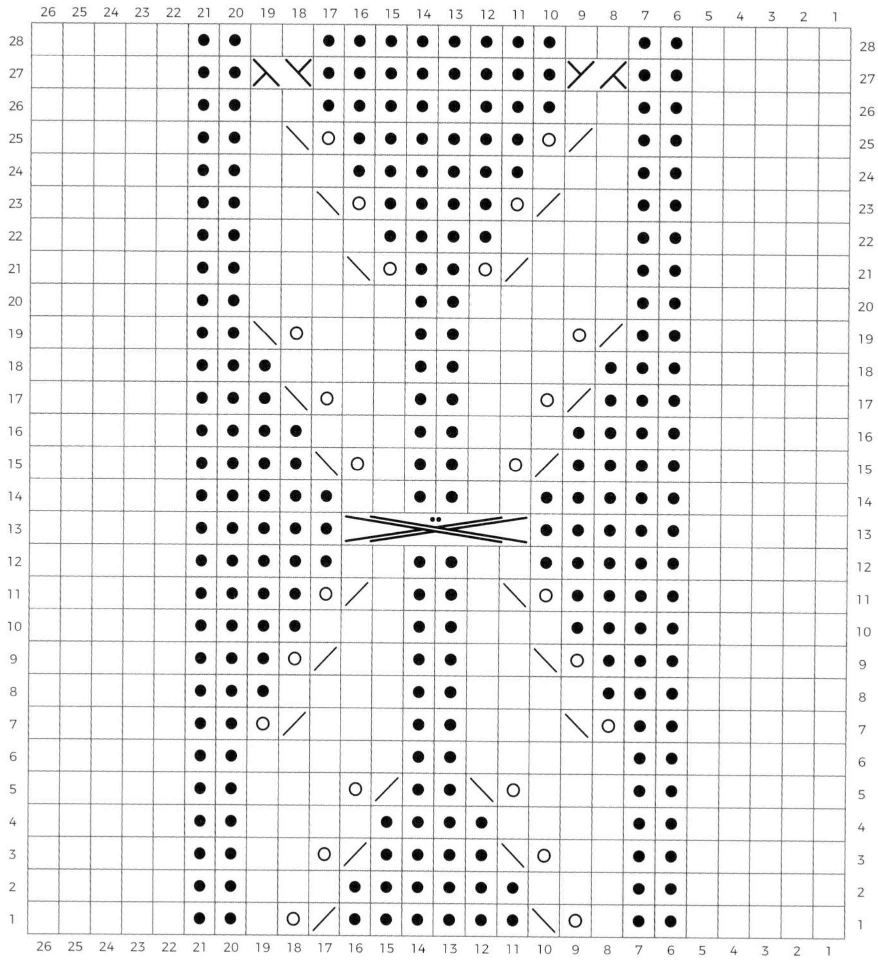

 re

 li

 Umschlag

 2 M einzeln wie zum Restricken abheben, zurück auf die linke Nd legen und von hinten zusammenstricken

 2 M re zusammenstricken

 2 M auf eine Hilfsnadel vor die Arbeit legen, 2 M auf eine Hilfsnadel hinter die Arbeit legen, 2 M re, die 2 M auf der Hilfsnadel hinter der Arbeit li und die 2 M auf der Hilfsnadel vor der Arbeit re stricken

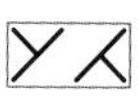 1 M auf eine Hilfsnadel hinter die Arbeit legen, 1 M re und die M von der Hilfsnadel re stricken

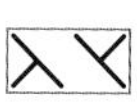 1 M auf eine Hilfsnadel vor die Arbeit legen, 1 M re und die M von der Hilfsnadel re stricken

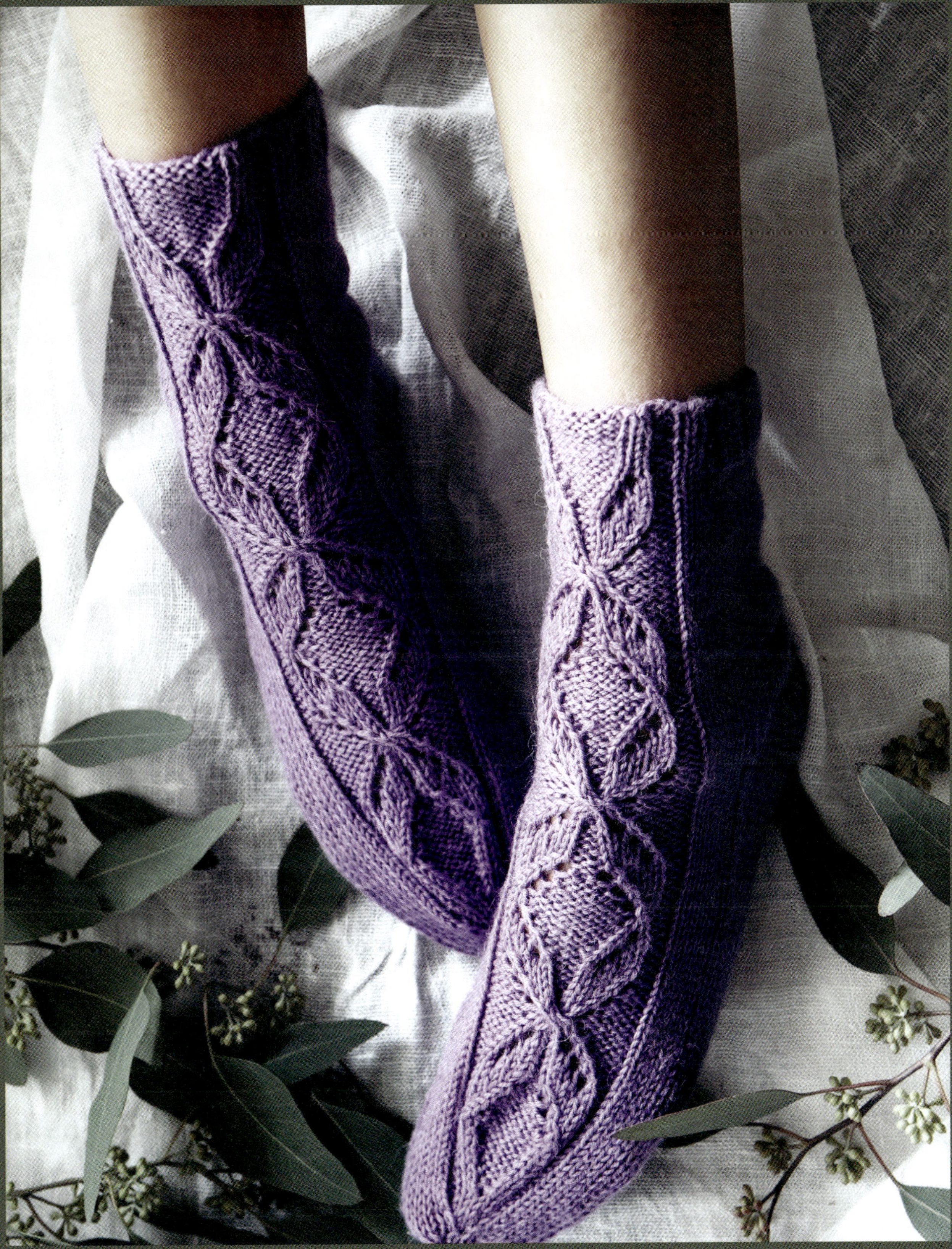

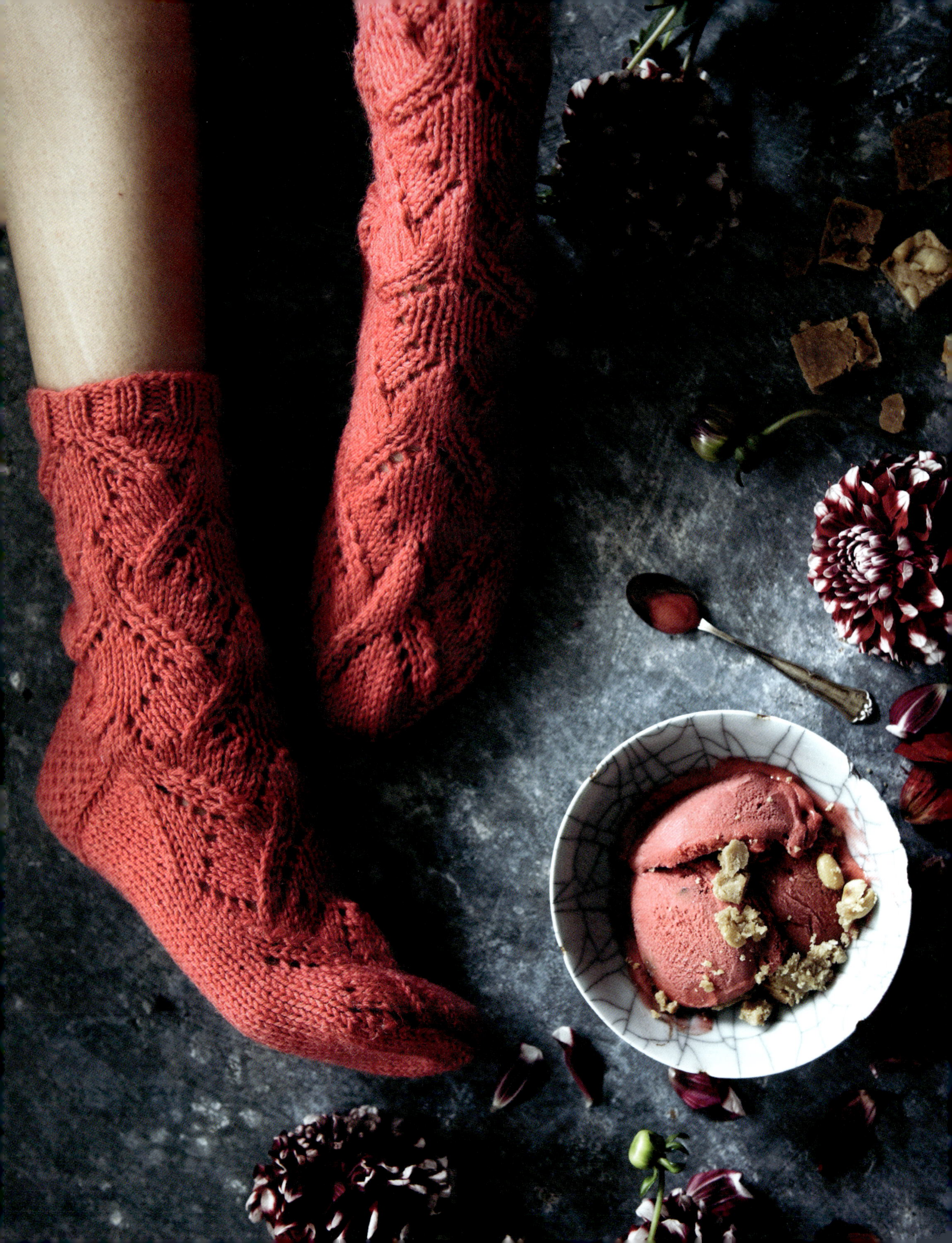

Diese Socken sind auf geheimnisvolle Weise entstanden. So wie der Frühling in einer Nacht zum Sommer wird – plötzlich ist alles grün, und rote Blumen blühen in den Rabatten.

Die Geheimnis-vollen

Größe: 37 (39)
Garn: Novita 7 veljestä, Himbeere (Fb. 530)
Nadelspiel: Nr. 3,5
Garnverbrauch: 100 g (110 g)
Maschenprobe: 21 M und 26 Rd = 10 cm × 10 cm

BEVOR SIE BEGINNEN

Beide Größen werden bis zum Ende der Zwickelabnahmen nach derselben Anleitung gestrickt. Danach sind die Abweichungen für Größe 39 grau markiert.

SCHAFT

44 M anschlagen und die M auf den Nd verteilen: 12-10-12-10.
Am rechten unteren Rand der Strickschrift A mit der 1. Rd beginnen, die 1.–6. Rd im Bündchenmuster stricken. Danach ab der 7. Rd der Strickschrift A im Muster weiterstricken. Wenn alle 51 Rd der Strickschrift gestrickt sind, die M gleichmäßig auf den Nd verteilen (= 11 M je Nd).

FERSE

Mit der versetzt verstärkten Fersenwand beginnen, dazu die M der 1. Nd re auf die 4. Nd stricken (insg. 22 M). Die restlichen M bleiben ungestrickt.
Die Arbeit wenden, die 1. M li abheben, ohne sie zu stricken, die übrigen M li stricken. Gleichzeitig 2 M zunehmen, damit die Fersenwand insgesamt 24 M hat.

1. R (Hin-R): Die Arbeit wenden, *1 M abheben, 1 M re*, ab * wdh.
2. R (Rück-R): Die Arbeit wenden, 1 M li abheben, ohne sie zu stricken, die übrigen M li stricken.
3. R (Hin-R): Die Arbeit wenden, 1 M abheben, 1 M re, *1 M re, 1 M abheben*, ab * wdh., bis noch 2 M übrig sind, 2 M re.
4. R (Rück-R): Die Arbeit wenden, 1 M li abheben, ohne sie zu stricken, die übrigen M li stricken.

Diese 4 R wdh., bis für die Fersenwand 24 R gestrickt und zuletzt 1 Rück-R gestrickt sind.

Für die Käppchenabnahmen weiter verstärkt stricken. Auf der rechten Seite der Arbeit beginnen, bis noch 9 M auf der Nd sind. 1 Übz stricken, die Arbeit wenden. Auf der anderen Nd sind 7 M. 1 M li abheben, ohne sie zu stricken, linke M stricken, bis 9 M übrig sind. 2 M li zusammenstricken, die Arbeit wenden. 1 M abheben, ohne sie zu stricken, verstärkt stricken, bis noch 8 M auf der Nd sind. 1 Übz stricken, die Arbeit wenden. 1 M li abheben, ohne sie zu stricken, linke M stricken, bis 8 M übrig sind. 2 M li zusammenstricken, die Arbeit wenden. Auf diese Weise fortfahren, dabei werden die äußeren M in jeder R reduziert, die mittleren M bleiben gleich (8 M). Wenn die äußeren M aufgebraucht sind, die M der Fersenwand auf 2 Nd verteilen (4-4). Die 4 M der 4. Nd re stricken, sodass der Faden zwischen den Nd liegt.

FUSSTEIL

Aus dem linken Fersenrand mit der freien Nd 14 M auffassen, die 4 M der 1. Nd stricken, dann die 14 aufgefassten M re verschränkt stricken. Mit der 2. und 3. Nd das Muster laut Strickschrift B stricken, mit der 1. R beginnen, die 1. bis 24. R wdh., dabei gleichzeitig auf der 3. Nd 1 M zunehmen. Aus dem rechten Fersenrand 14 M auffassen, re verschränkt stricken, auf dieselbe Nd noch die 4 M der 4. Nd stricken. Die Arbeit hat 59 M.

Mit den Zwickelabnahmen beginnen: Am Ende der 1. Nd 2 M re zusammenstricken, am Anfang der 4. Nd in jeder 2. Rd 1 Übz stricken. Mit der 2. und 3. Nd weiter im Muster stricken. Wenn noch 45 M (47 M) übrig sind, mit den Zwickelabnahmen enden, mit der 1. und 4. Nd weiterhin re, mit der 2. und 3. Nd im Muster stricken.

Wenn nach der Fersenwand 41 Rd (45 Rd) und zuletzt die 17. (21.) Rd der Strickschrift gestrickt sind, mit den Abnahmen für die Spitze beginnen.

Bitte beachten!
Abkürzung **sssk**: 3 M einzeln nacheinander wie zum Rechtsstricken auf die rechte Nd heben, zurück auf die linke Nd legen und von hinten zusammenstricken.
Größe 37 Spitzenabnahmen
Die M auf den Nd verteilen: 11-11-12-11.

1. Rd:
1. Nd: 8 M re, 2 M re zus, 1 M re.
2. Nd: 1 M re, Übz, 8 M re.
3. Nd: 9 M re, 2 M re zus, 1 M re.
4. Nd: 1 M re, Übz, 8 M re.

2. Rd:
1. Nd: 10 M re.
2. Nd: 5 M re, 3 M re zus, 1 M re, U, 1 M re.
3. Nd: 2 M re, U, 1 M re, sssk, 5 M re.
4. Nd: 10 M re.

3. Rd:
1. Nd: 7 M re, 2 M re zus, 1 M re.
2. Nd: 9 M re.
3. Nd: 10 M re.
4. Nd: 1 M re, Übz, 7 M re.

4. Rd:
1. Nd: 9 M re.
2. Nd: 3 M re, 3 M re zus, 1 M re, U, 2 M re.
3. Nd: 3 M re, U, 1 M re, sssk, 3 M re.
4. Nd: 9 M re.

5. Rd:
1. Nd: 6 M re, 2 M re zus, 1 M re.
2. Nd: 8 M re.
3. Nd: 9 M re.
4. Nd: 1 M re, Übz, 6 M re.

6. Rd:
1. Nd: 5 M re, 2 M re zus, 1 M re.
2. Nd: 1 M re, 3 M re zus, 1 M re, U, 3 M re.
3. Nd: 4 M re, U, 1 M re, sssk, 1 M re.
4. Nd: 1 M re, Übz, 5 M re.

Weiter rechte M bis zum Ende und eine breite Bandspitze stricken:
Am Ende der 1. und 3. Nd 2 M re zusammenstricken, 1 M re.
Am Anfang der 2. und 4. Nd 1 M re, 1 Übz.

Die Abnahmen in jeder Rd wdh.

Wenn noch 9 M übrig sind, den Faden abschneiden und durch die restlichen M ziehen. Die Fadenenden vernähen und die Socken leicht dämpfen.

Größe 39 Spitzenabnahmen
Die M auf den Nd verteilen: 12-11-12-12.

1. Rd:
1. Nd: 9 M re, 2 M re zus, 1 M re.
2. Nd: 1 M re, Übz, 8 M re.
3. Nd: 9 M re, 2 M re zus, 1 M re.
4. Nd: 1 M re, Übz, 9 M re.

2. Rd:
1. Nd: 11 M re.
2. Nd: 3 M re, U, 3 M re zus, 1 M re, U, 3 M re.
3. Nd: 4 M re, U, 1 M re, sssk, U, 3 M re.
4. Nd: 11 M re.

Weiter rechte M bis zum Ende und eine breite Bandspitze stricken:
Am Ende der 1. und 3. Nd 2 M re zusammenstricken, 1 M re.
Am Anfang der 2. und 4. Nd 1 M re, 1 Übz.

Die Abnahmen anfangs in jeder 2. Rd wdh. Wenn noch 31 M übrig sind, in jeder Rd abnehmen.

Wenn noch 7 M übrig sind, den Faden abschneiden und durch die restlichen M ziehen. Die Fadenenden vernähen und die Socken leicht dämpfen.

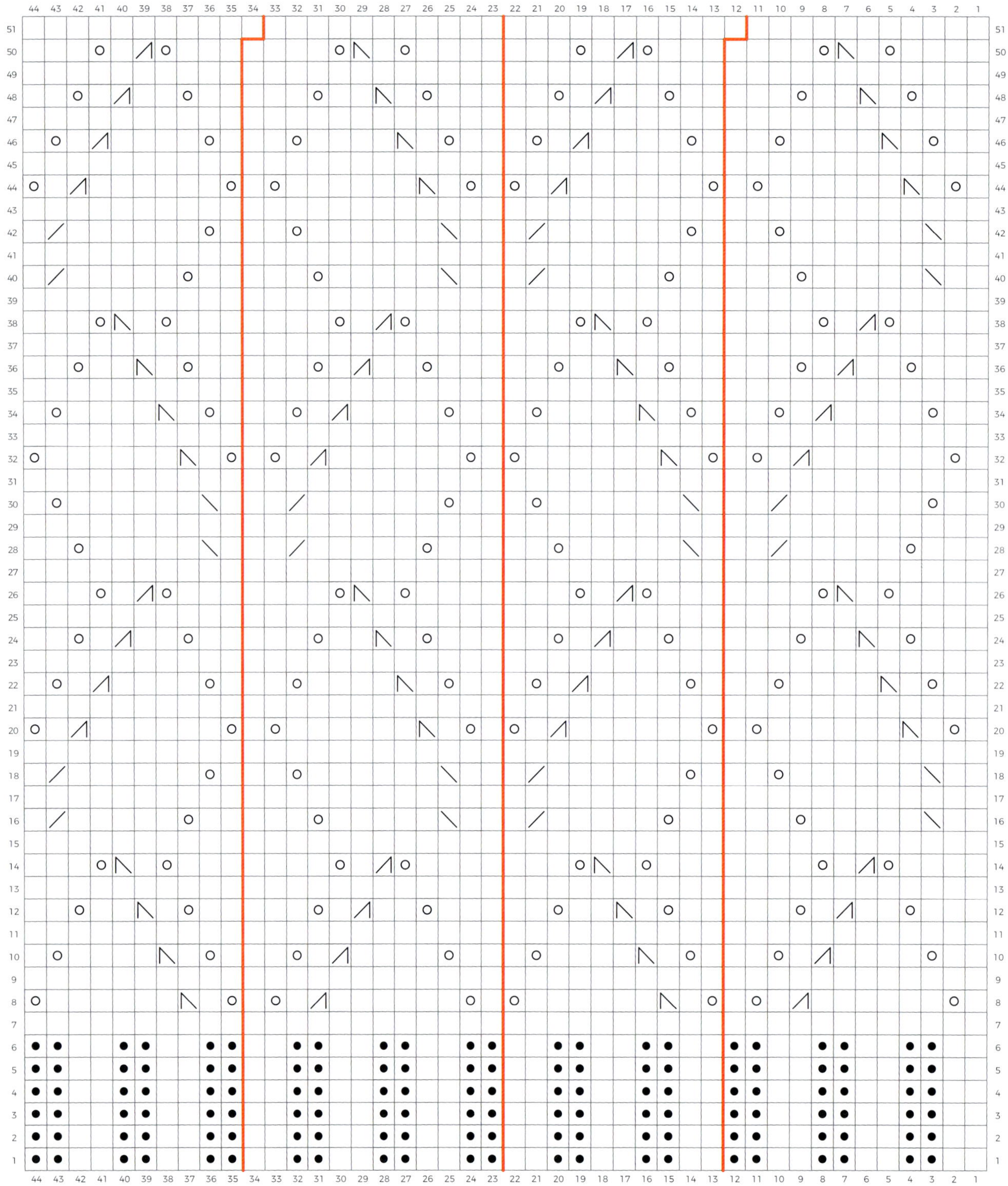

STRICKSCHRIFT A, SCHAFT

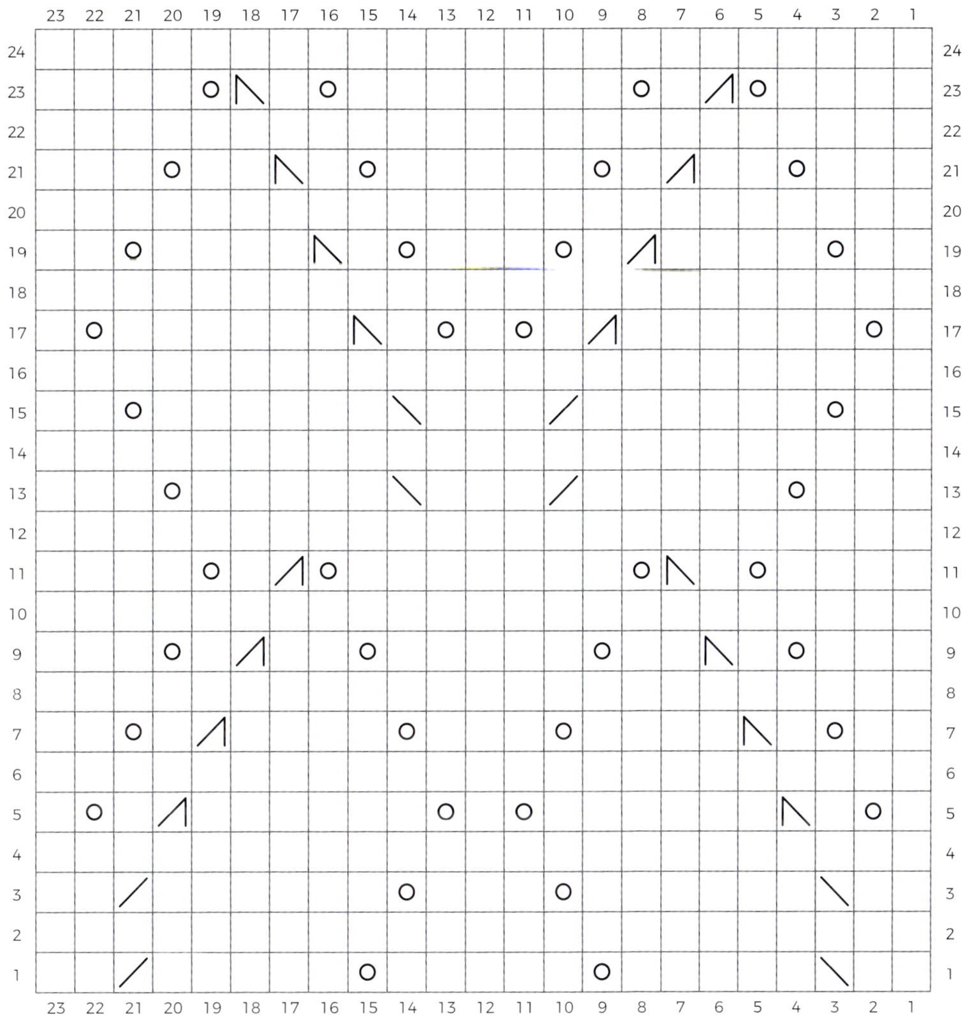

STRICKSCHRIFT B. FUSSTEIL

- re
- li
- Umschlag
- 2 M einzeln wie zum Rechtsstricken auf die re Nd heben, zurück auf die li Nd legen und von hinten zusammenstricken
- 2 M re zusammenstricken
- 3 M re zusammenstricken
- sssk = 3 M einzeln wie zum Rechtsstricken auf die re Nd heben, zurück auf die li Nd legen und von hinten zusammenstricken
- Nadelverteilung

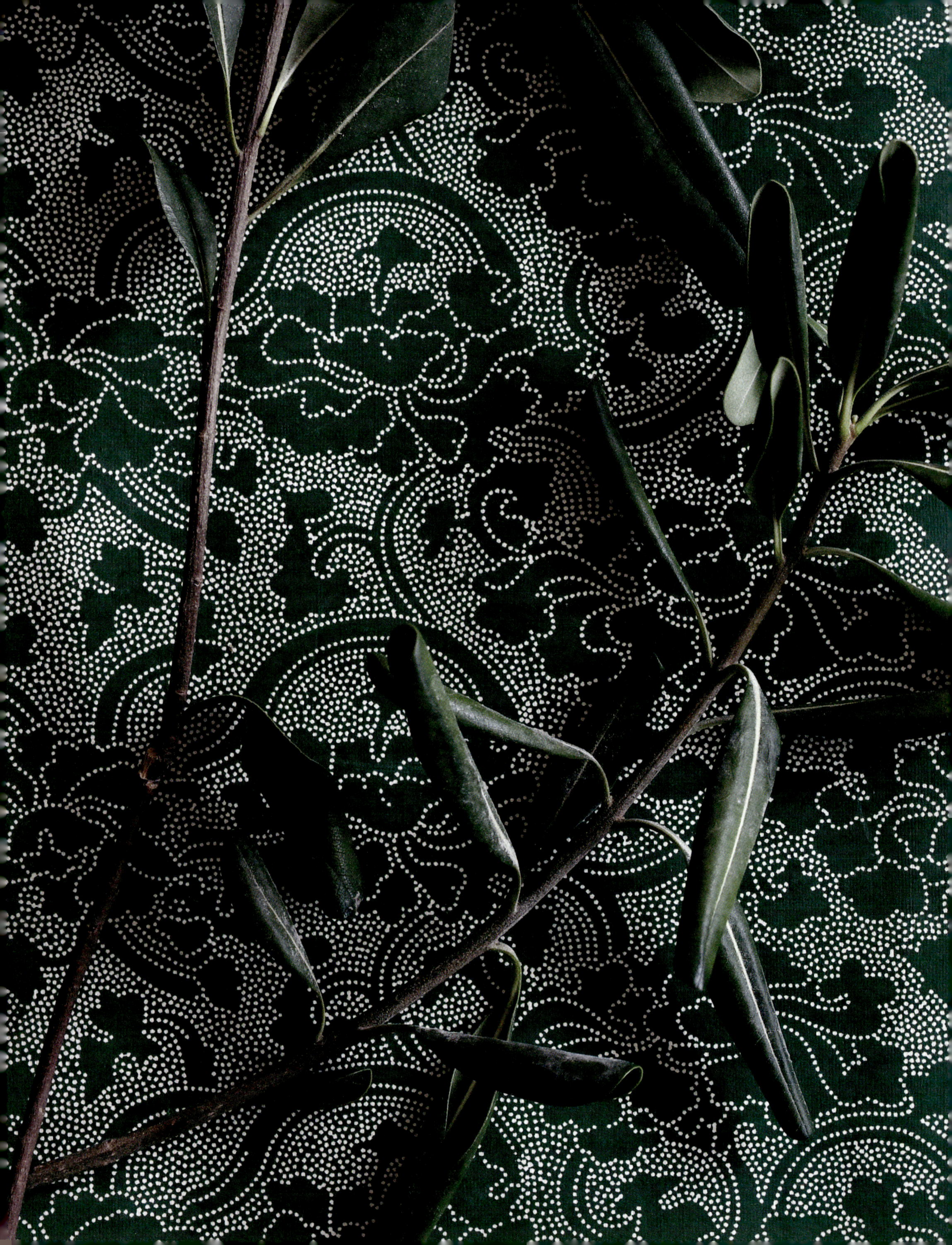

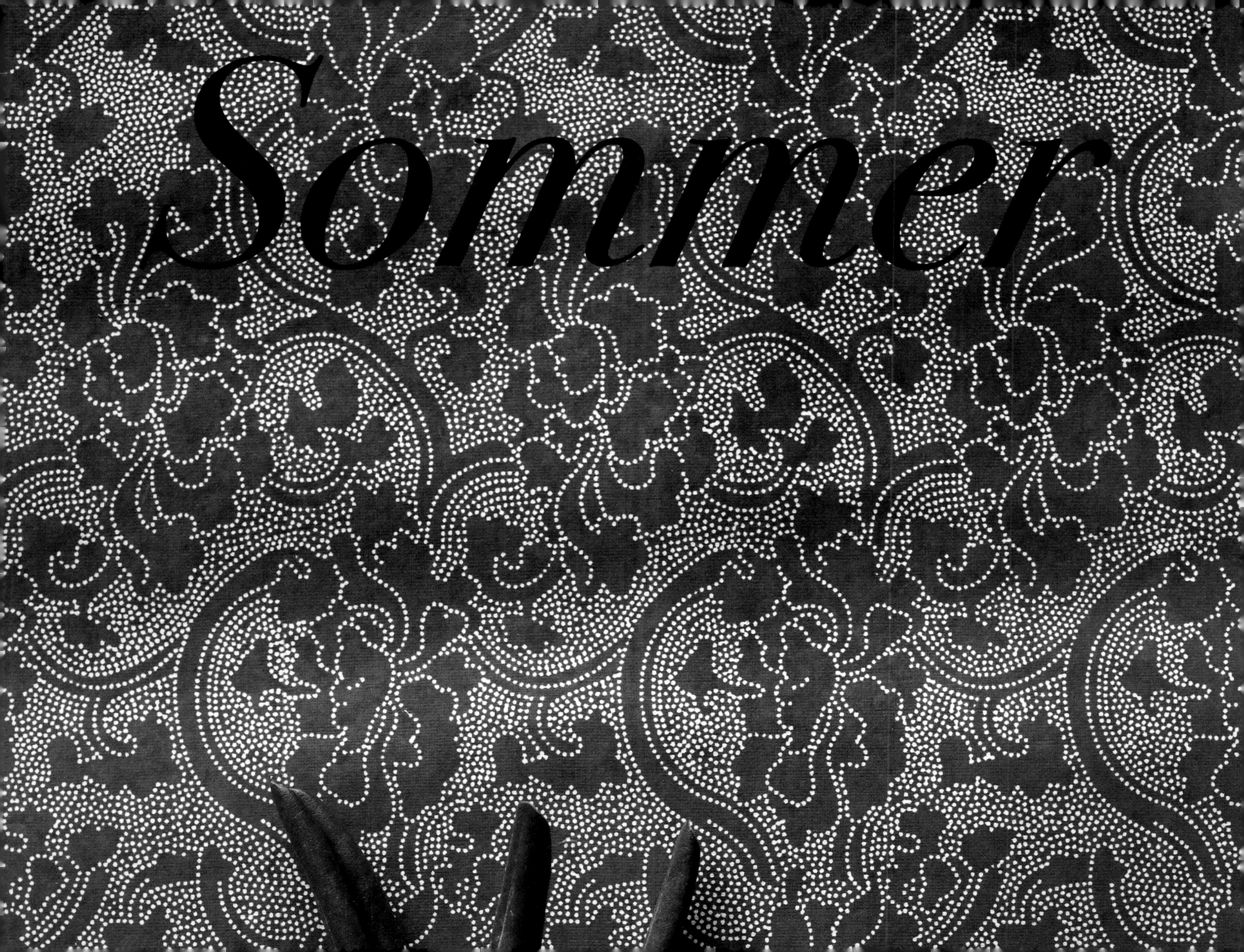

Sommer

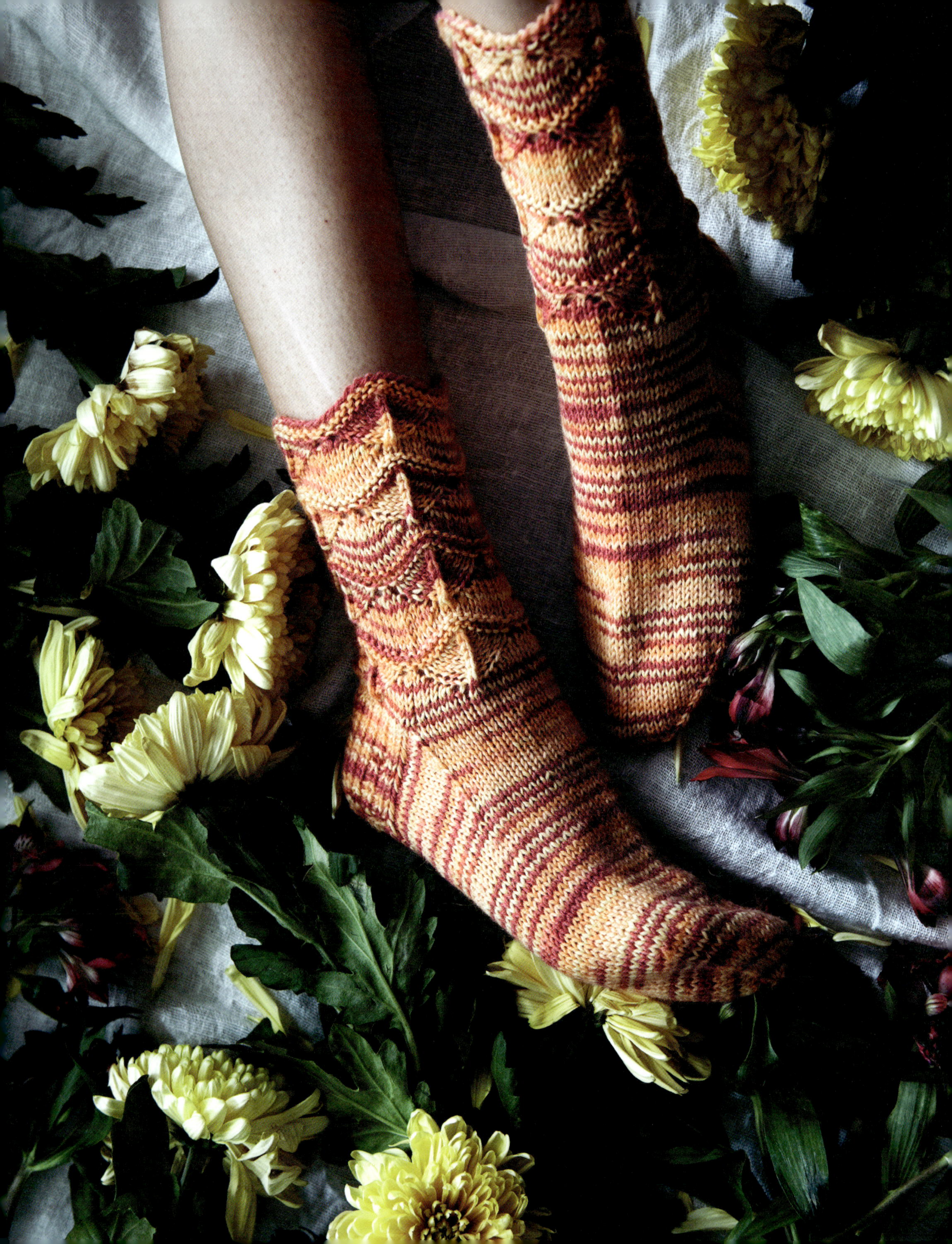

Diese Socken strahlen die Ruhe von Sommernächten und eine gewisse entspannte Atmosphäre aus. In diesem bezaubernden Moment, wenn die Sonne untergeht und die Welt für einen Moment in Orange getaucht ist, ist alles gut. Und nichts eilt.

Gegen Abend

Größe: 37 (39)
Garn: Novita Nalle Taika, Sonnenuntergang (Fb. 820)
Nadelspiel: Nr. 3
Garnverbrauch: 80 g (90 g)
Maschenprobe: 24 M und 32 Rd = 10 cm × 10 cm

BEVOR SIE BEGINNEN

Beide Größen werden mit derselben Maschenanzahl bis zum Ende der Zwickelabnahmen gestrickt. Danach sind die Abweichungen für Größe 39 grau markiert.

Das Spitzenmuster am Schaft ist besonders dicht. Wenn Sie normalerweise fest stricken, können Sie den Schaft mit einem Nadelspiel Nr. 3,5 stricken.

Alternativ können Sie den Schaft laut Strickschrift B am hinteren Sockenteil in einem Rippenmuster stricken. Falls Sie den Schaft laut Strickschrift B stricken möchten, schlagen Sie 60 M an und verteilen Sie die Maschen auf den Nd wie folgt: 16-14-14-16. Am rechten unteren Rand mit der 1. Rd laut Strickschrift A beginnen und die 1. bis 13. Rd wdh. 52 Rd für den Schaft stricken, dabei in der letzten Rd vor der Ferse die überzähligen M gleichmäßig verteilt abnehmen.

SCHAFT

56 M anschlagen und gleichmäßig auf den Nd verteilen (= 14 M je Nd). Am rechten unteren Rand mit der 1. Rd laut Strickschrift A beginnen, die 1. bis 13. Rd wdh.

FERSE

Wenn für den Schaft 52 Rd gestrickt sind, mit der verstärkten Fersenwand beginnen: Dazu die M der 1. Nd re auf die 4. Nd stricken (insg. 28 M). Die restlichen M bleiben ungestrickt. Die Arbeit wenden, die 1. M li abheben, ohne sie zu stricken, die übrigen M li stricken.

1. R (Hin-R): Die Arbeit wenden, 1 M re abheben, ohne sie zu stricken, 1 M re, *1 M li abheben, ohne sie zu stricken, der Faden liegt vor der Arbeit, 1 M re* , ab * bis R-Ende wdh.
2. R (Rück-R): Die Arbeit wenden, die 1. M li abheben, ohne sie zu stricken, die übrigen M li stricken.

Diese beiden R wdh., bis für die Fersenwand 28 R gestrickt und zuletzt 1 Rück-R gestrickt sind.

Für die Käppchenabnahmen weiter verstärkt stricken. Auf der rechten Seite der Arbeit beginnen, bis noch 9 M auf der Nd sind. 1 Übz stricken, die Arbeit wenden. Auf der anderen Nd sind 7 M. 1 M li abheben, ohne sie zu stricken, linke M stricken, bis 9 M übrig sind. 2 M li zusammenstricken, die Arbeit wenden. 1 M abheben, ohne sie zu stricken, verstärkt stricken, bis noch 8 M auf der Nd sind.
1 Übz stricken, die Arbeit wenden. 1 M li abheben, ohne sie zu stricken, linke M stricken, bis 8 M übrig sind. 2 M li zusammenstricken, die Arbeit wenden.
Auf diese Weise fortfahren, dabei werden die äußeren M in jeder R reduziert, die mittleren M bleiben gleich (12 M). Wenn die äußeren M aufgebraucht sind, die M der Fersenwand auf 2 Nd verteilen (6-6). Die 6 M der 4. Nd re stricken, sodass der Faden zwischen den Nd liegt.

FUSSTEIL

Aus dem linken Fersenrand mit der freien Nd 16 M auffassen, die 6 M der 1. Nd stricken, dann die 16 aufgefassten M re verschränkt stricken. Mit der 2. und 3. Nd glatt re stricken. Aus dem rechten Fersenrand 16 M auffassen, re verschränkt stricken, auf dieselbe Nd noch die 6 M der 4. Nd stricken. Die Arbeit hat 72 M.

Mit den Zwickelabnahmen beginnen: Am Ende der 1. Nd 2 M re zusammenstricken, am Anfang der 4. Nd in jeder 2. Rd 1 Übz stricken. Mit der 2. und 3. Nd weiter rechte M stricken. Wenn noch 52 M (56 M) übrig sind, mit den Zwickelabnahmen enden, weiter rechte M stricken.

Wenn nach der Fersenwand 44 Rd (48 Rd) gestrickt sind, die M gleichmäßig verteilen: 13 M je Nd (14 M je Nd) und mit den Abnahmen für die Spitze beginnen (breite Bandspitze):
Am Ende der 1. und 3. Nd 2 M re zusammenstricken, 1 M re.
Am Anfang der 2. und 4. Nd 1 M re, 1 Übz.

Die Abnahmen zunächst in jeder 2. Rd stricken. Wenn noch 32 M übrig sind, in jeder Rd abnehmen.

Wenn noch 8 M übrig sind, den Faden abschneiden und durch die restlichen M ziehen. Die Fadenenden vernähen und die Socken leicht dämpfen.

STRICKSCHRIFT A. SCHAFT

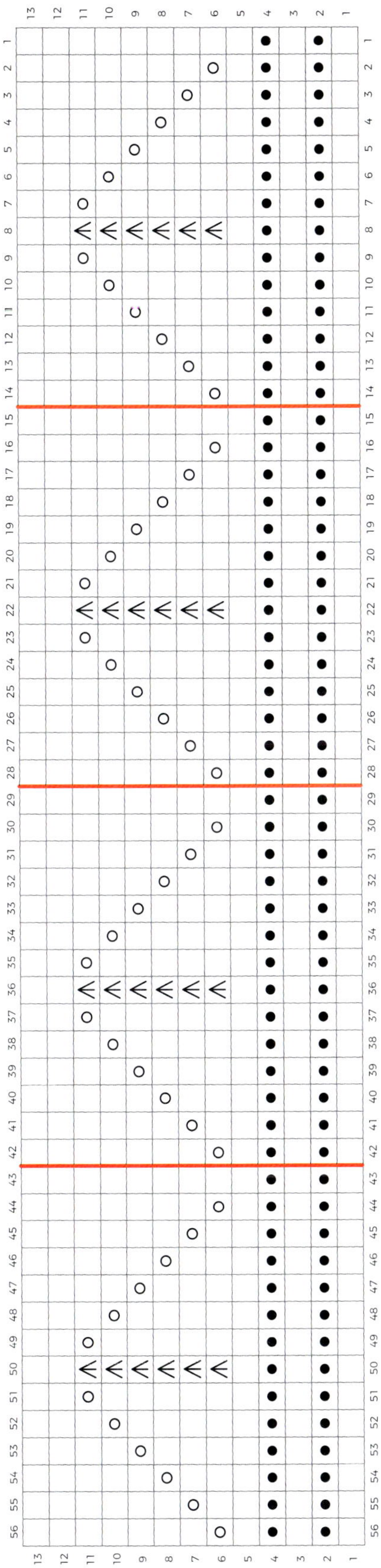

STRICKSCHRIFT B. BREITER SCHAFT

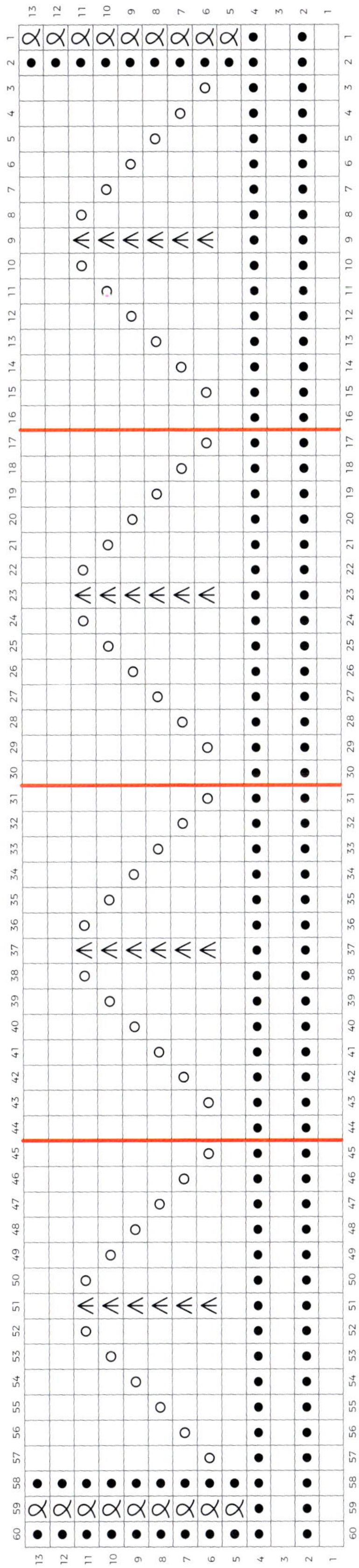

- re
- ● li
- ○ Umschlag
- ∧ 2 M wie zum Rechtszusammenstricken abheben, 1 M re, die abgehobenen M über die gestrickte M ziehen
- ϱ re verschränkt
- ■ Nadelverteilung

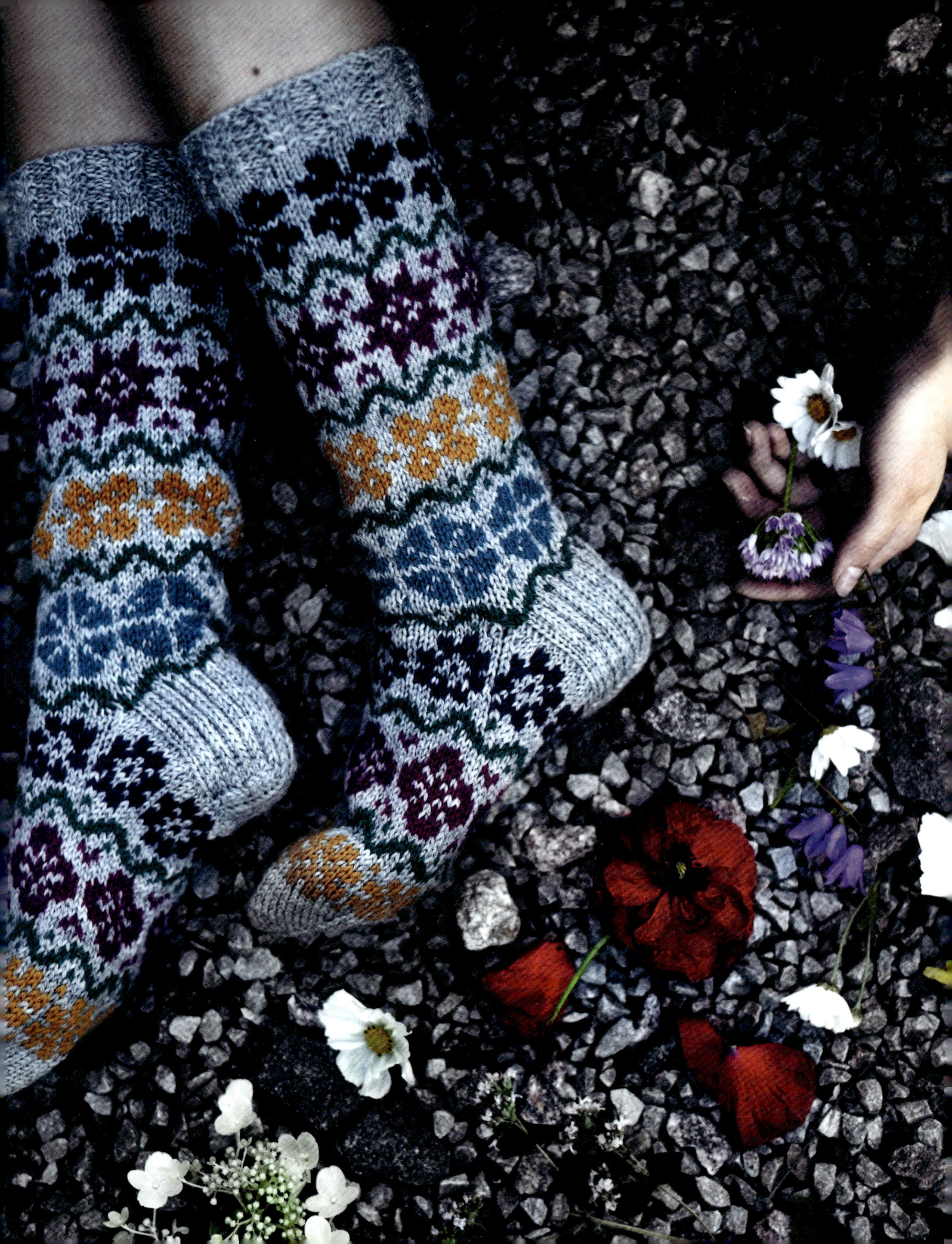

In diesem Modell kommen traditionelle Mittsommerzauber zum Vorschein. In der nachtlosen Nacht legen wir sieben verschiedene Blumen unter das Kopfkissen. Die graue Grundfarbe macht die Johannisnacht mysteriös und leicht nebelig, wenn die Blumen auf der Wiese gepflückt werden. Es ist ganz still in dieser Sommernacht, die uns großartige Träume verheißt.

Mittsommernacht

Größe: 38/39
Wadenumfang: 33–38 cm
Garn und Garnverbrauch: Gjestal Maija
85 g Grau (Fb. 203),
10 g Grün (Fb. 212),
10 g Pink (Fb. 248),
10 g Violett (Fb. 292),
10 g Gelb (Fb. 216),
10 g Blau (Fb. 234)
Nadelspiel: Nr. 3, 1 Hilfsnadel
Maschenprobe: 24 M und 30 Rd = 10 cm × 10 cm

BEVOR SIE BEGINNEN

Diese Socken eignen sich hervorragend, um Garnreste zu verarbeiten.

Wenn es am Knöchel zu eng werden sollte, können Sie die letzten Abnahmen auslassen und die überzähligen Maschen in der ersten Runde an der Fersenwand abnehmen.

Für längere Socken stricken Sie nach dem letzten Blumenmuster einfach noch einmal das Girlandenmuster, bevor Sie mit den Spitzenabnahmen beginnen.

SCHAFT

72 M anschlagen und auf den Nd verteilen: 18-18-18-18. Mit Grau 13 Rd im Bündchenmuster laut Strickschrift A stricken.

Nach dem Bündchenmuster in der 14. Rd mit dem Einstrickmuster beginnen, den Schaft laut Strickschrift stricken, in den unten genannten Rd im Anfangsbereich der 1. Nd und im Endbereich der 4. Nd jeweils an einer passenden Stelle abnehmen. Abnahmerunden: 41, 49, 55, 60, 64, 68. **Bitte beachten!** Die M in der 58. Rd wie folgt verteilen: 18-15-15-18. Nach allen Abnahmen sind noch 60 M übrig. Wenn alle 79 Rd für den Schaft gestrickt sind, die M auf den Nd wie folgt verteilen: 15-15-15-15.

FERSE

Die Fersenwand in der Grundfarbe beginnen, dazu die M der 1. Nd re auf die 4. Nd stricken (insg. 30 M).
Die restlichen M bleiben ungestrickt. Wenden, die 1. M li abheben, ohne sie zu stricken, die übrigen M li stricken.

1. R (Hin-R): Die Arbeit wenden, *1 M abheben, ohne sie zu stricken, 1 M re*, ab * bis Rd-Ende wdh.
2. R (Rück-R): Die Arbeit wenden, die 1. M li abheben, ohne sie zu stricken, die übrigen M li stricken.

Diese zwei R wiederholen, bis für die Fersenwand 30 R gestrickt und zuletzt eine Rück-R gestrickt sind.
Für die Käppchenabnahmen weiter verstärkt stricken. Auf der rechten Seite der Arbeit beginnen, bis noch 11 M auf der Nd sind. 1 Übz stricken, die Arbeit wenden. Auf der anderen Nd sind 9 M. 1 M li abheben, ohne sie zu stricken, linke M stricken, bis 11 M übrig sind. 2 M li zusammenstricken, die Arbeit wenden. 1 M re abheben, ohne sie zu stricken, verstärkt stricken, bis noch 10 M auf der Nd sind. 1 Übz stricken und die Arbeit wenden. 1 M li abheben, ohne sie zu stricken, linke M stricken, bis 10 M übrig sind. 2 M li zusammenstricken, die Arbeit wenden.

So fortfahren, dabei werden die äußeren M in jeder R reduziert, die mittleren M bleiben gleich (10 M). Wenn die äußeren M aufgebraucht sind, die M der Fersenwand auf 2 Nd verteilen (5-5). 5 M re stricken, sodass der Faden zwischen der 1. und 4. Nd liegt.

FUSSTEIL

Aus dem Fersenrand mit der 1. Nd 17 M auffassen, mit der 4. Nd aus dem anderen Rand 17 M auffassen. Die Arbeit hat jetzt 74 M.

Mit dem Einstrickmuster laut Strickschrift B mit der 1. Rd beginnen. Gleichzeitig mit der 3. Nd 1 M zunehmen. Die aus dem Fersenrand aufgefassten M re verschränkt stricken.
Für die Zwickelabnahmen am Ende der 1. Nd 2 M re zusammenstricken, am Anfang der 4. Nd in den in Strickschrift B angegebenen Rd 1 Übz stricken (= Rd 2, 4, 6, 8, 10, 12, 14). Die grau markierten Karos stellen keine Maschen dar. Am Ende der Zwickelabnahmen sind noch 61 M übrig (Verteilung 15-15-16-15).

Weiter laut Strickschrift stricken, in der 42. Rd am Ende der 4. Nd 1 M abnehmen, die M auf den Nd verteilen: 15-15-15-15.

Nach 43 Rd der Strickschrift die Socke in der Grundfarbe fertig stricken und eine breite Bandspitze arbeiten: Am Ende der 1. und 3. Nd 2 M re zusammenstricken, 1 M re. Am Anfang der 2. und 4. Nd 1 M re, 1 Übz.

Die Abnahmen in jeder 2. Rd stricken. Wenn noch 40 M (10 M je Nd) übrig sind, in jeder Rd abnehmen.

Wenn noch 8 M übrig sind, den Faden abschneiden und durch die restlichen M ziehen. Die Fadenenden vernähen und die Socken leicht dämpfen.

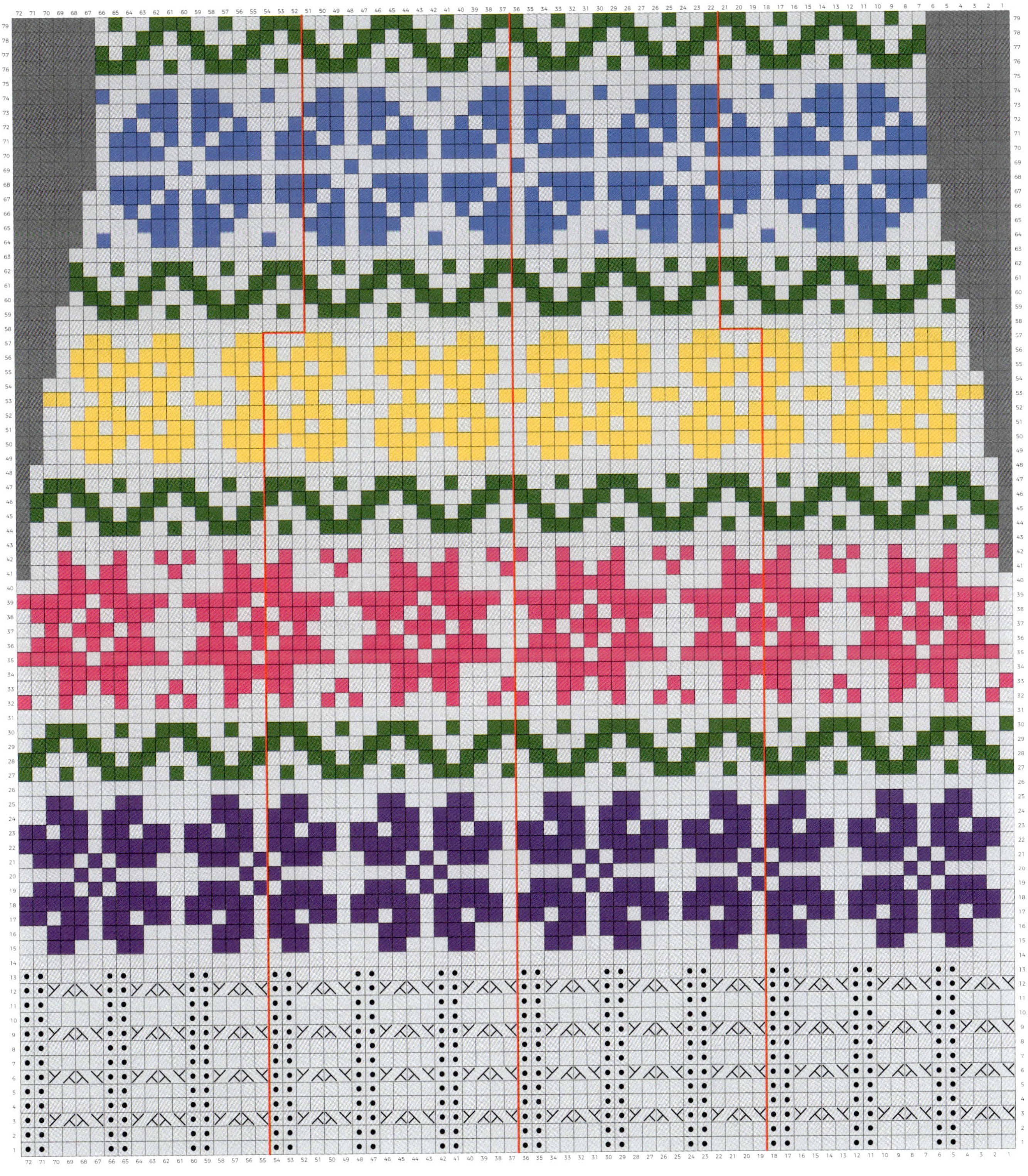

STRICKSCHRIFT A.
SCHAFT

STRICKSCHRIFT B, FUSSTEIL

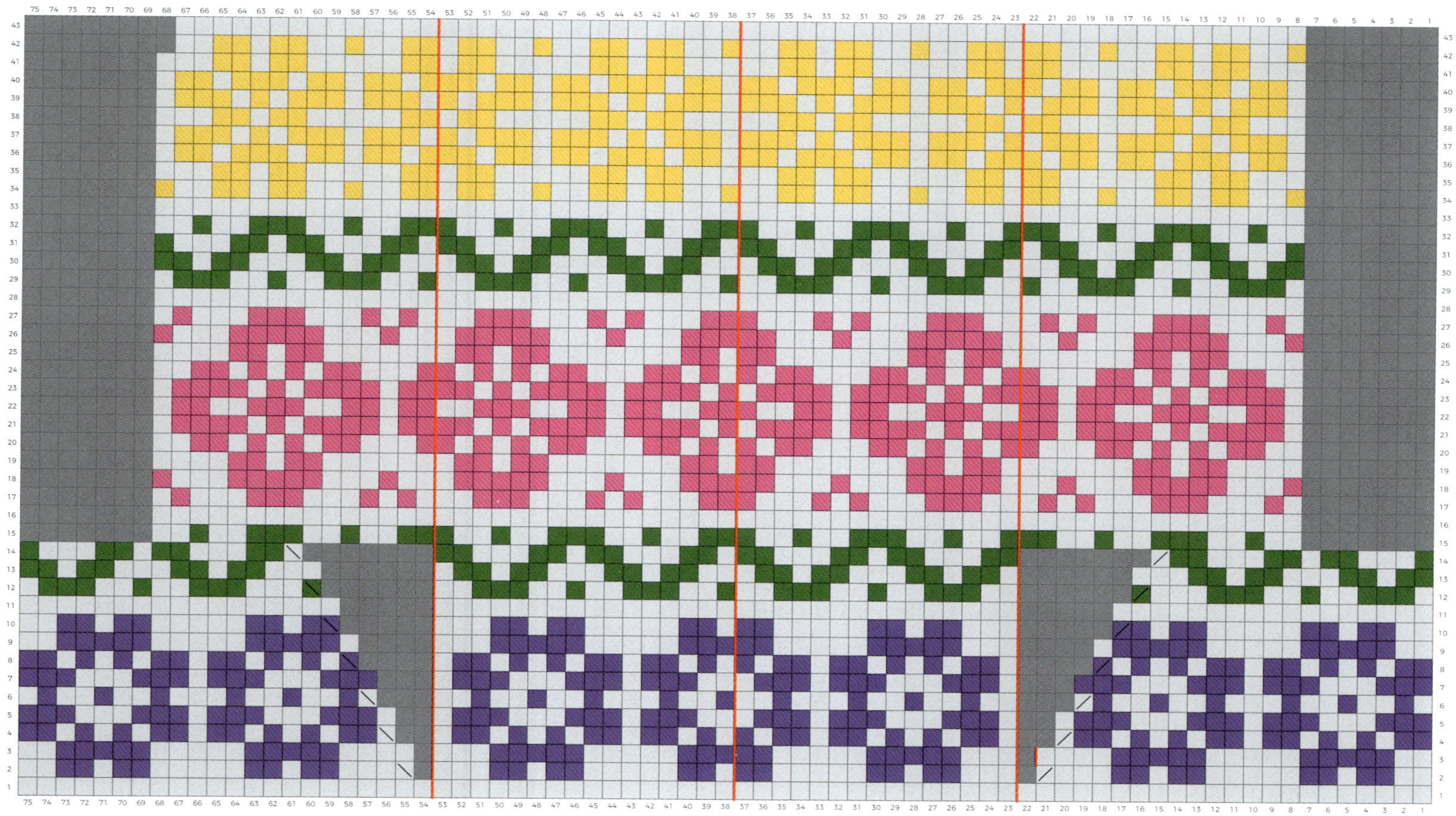

rechte M in Grau

rechte M in Grün

rechte M in Violett

rechte M in Pink

rechte M in Gelb

rechte M in Blau

linke M in Grau

1 M auf eine Hilfsnadel hinter die Arbeit legen, 1 M re, die M der Hilfsnadel re

1 M auf eine Hilfsnadel vor die Arbeit legen, 1 M re, die M der Hilfsnadel re

2 M re zusammenstricken

Übz

keine Masche

Nadelverteilung

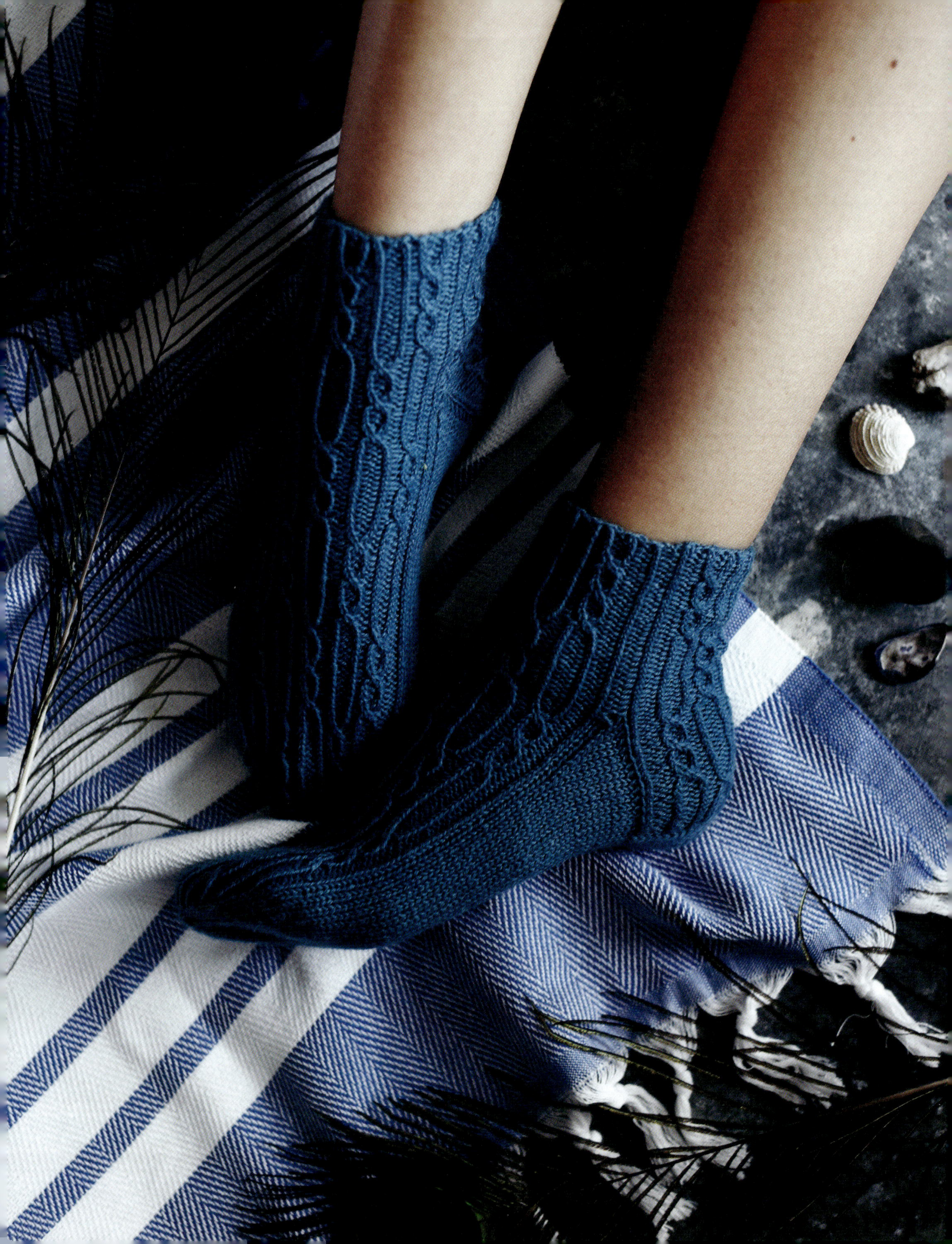

Egal, in welche Richtung man in der finnischen Gemeinde Lapinlahti geht, man trifft immer auf den Onkivesi-See. Wasser ist das Element, das am meisten Inspiration, Ruhe und Trost spendet. Am Strand werden die Gedanken wieder klar, beim Blick auf die Wasseroberfläche flechten sich Zöpfe vor meinem geistigen Auge, und die beruhigende Gelassenheit ist bei jeder sanft über das Wasser gleitenden Woge spürbar.

Die aus Onkivesi

Größe: 38/39
Garn: Novita Venla (Fb. 182)
Nadelspiel: Nr. 2,5, 1 Hilfsnadel
Garnverbrauch: 60 g
Maschenprobe: 28 M und 36 Rd = 10 cm × 10 cm

BEVOR SIE BEGINNEN

In der Strickschrift für den Schaft bilden die 1. und die 2. Nadel den hinteren Sockenteil und die 3. und die 4. Nadel den vorderen Sockenteil. Nach der Ferse ändert sich die Nadelverteilung, sodass die Sohle mit den Nadeln 1 und 4 und der Fußrücken mit den Nadeln 2 und 3 gestrickt wird.

SCHAFT

64 M anschlagen. Die M auf den Nd verteilen: 14-18-14-18.
Mit dem Muster laut Strickschrift A ab der 1. Rd beginnen, die 1. bis 33. Rd stricken.

FERSE

Die M der 1. und 2. Nd auf dieselbe Nd stricken (insg. 32 M), die Fersenwand laut Strickschrift B ab der 1. R (Hin-R) stricken. Die restlichen M bleiben ungestrickt.
Die Fersenwand wird in Reihen gearbeitet, d. h., die Strickschrift wird in den Hin-R (ungerade) von re nach li und in den Rück-R (gerade) von li nach re gelesen.
In den Hin-R immer die 1. M re, in den Rück-R die 1. M li abheben, ohne sie zu stricken. Alle 30 R laut Strickschrift B stricken.

Für die Käppchenabnahmen glatt re stricken. Auf der rechten Seite der Arbeit beginnen, bis noch 11 M auf der Nd sind. 1 Übz stricken, die Arbeit wenden. Auf der anderen Nd sind 9 M. 1 M li abheben, ohne sie zu stricken, linke M stricken, bis 11 M übrig sind. 2 M li zusammenstricken, die Arbeit wenden. 1 M re abheben, ohne sie zu stricken, rechte M stricken, bis noch 10 M auf der Nd sind. 1 Übz stricken, die Arbeit wenden. 1 M li abheben, ohne sie zu stricken, linke M stricken, bis 10 M übrig sind. 2 M li zusammenstricken, die Arbeit wenden. Auf diese Weise fortfahren, dabei werden die äußeren M in jeder R reduziert, die mittleren M bleiben gleich (12 M). Wenn die äußeren M aufgebraucht sind, die M der Fersenwand auf 2 Nd verteilen (6-6).
6 M re stricken, der Faden liegt zwischen 1. und 4. Nd.

FUSSTEIL

Aus dem linken Fersenrand mit der freien Nd 16 M auffassen und die 6 M der 1. Nd stricken, danach die 16 aufgefassten M re verschränkt stricken. Mit der 2. und 3. Nd das Muster laut Strickschrift C arbeiten, mit der 1. Rd beginnen. Aus dem rechten Fersenrand 16 M auffassen, re verschränkt stricken, dabei noch die 6 M der 4. Nd auf dieselbe Nd stricken. Die Arbeit hat jetzt 76 M.

Mit den Zwickelabnahmen beginnen: am Ende der 1. Nd 2 M re zusammenstricken, am Anfang der 4. Nd in jeder 2. Rd 1 Übz stricken. Mit der 2. und 3. Nd weiter im Muster stricken. Mit den Zwickelabnahmen fortfahren, bis noch 64 M übrig sind (16-16-16-16).
Weiter mit der 1. und 4. Nd rechte M und mit der 2. und 3. Nd das Muster stricken. Wenn nach der Fersenwand alle 58 Rd laut Strickschrift gestrickt sind, mit den Abnahmen für die Spitze beginnen:

1. Rd:
1. Nd: 13 M re, 2 M re zus, 1 M re.
2. und 3. Nd: Strickschrift D Rd 1.
4. Nd: 1 M re, Übz, 13 M re.

2. Rd:
1. Nd: 15 M re.
2. und 3. Nd: Strickschrift D Rd 2.
4. Nd: 15 M re.

3. Rd:
1. Nd: 12 M re, 2 M re zus, 1 M re.
2. und 3. Nd: Strickschrift D Rd 3.
4. Nd: 1 M re, Übz, 12 M re.

4. Rd:
1. Nd: 14 M re.
2. und 3. Nd: Strickschrift D Rd 4.
4. Nd: 14 M re.

5. Rd:
1. Nd: 11 M re, 2 M re zus, 1 M re.
2. und 3. Nd: Strickschrift D Rd 5.
4. Nd: 1 M re, Übz, 11 M re.

6. Rd:
1. Nd: 13 M re.
2. und 3. Nd: Strickschrift D Rd 6.
4. Nd: 13 M re.

7. Rd:
1. Nd: 10 M re, 2 M re zus, 1 M re.
2. und 3. Nd: Strickschrift D Rd 7.
4. Nd: 1 M re, Übz, 10 M re.

8. Rd:
1. Nd: 12 M re.
2. und 3. Nd: Strickschrift D Rd 8.
4. Nd: 12 M re.

9. Rd:
1. Nd: 9 M re, 2 M re zus, 1 M re.
2. und 3. Nd: Strickschrift D Rd 9.
4. Nd: 1 M re, Übz, 9 M re.

10. Rd:
1. Nd: 11 M re.
2. und 3. Nd: Strickschrift D Rd 10.
4. Nd: 11 M re.

11. Rd:
1. Nd: 8 M re, 2 M re zus, 1 M re.
2. und 3. Nd: Strickschrift D Rd 11.
4. Nd: 1 M re, Übz, 8 M re.

12. Rd:
1. Nd: 7 M re, 2 M re zus, 1 M re.
2. und 3. Nd: Strickschrift D Rd 12.
4. Nd: 1 M re, Übz, 7 M re.

13. Rd:
1. Nd: 6 M re, 2 M re zus, 1 M re.
2. und 3. Nd: Strickschrift D Rd 13.
4. Nd: 1 M re, Übz, 6 M re.

14. Rd:
1. Nd: 5 M re, 2 M re zus, 1 M re.
2. und 3. Nd: Strickschrift D Rd 14.
4. Nd: 1 M re, Übz, 5 M re.

15. Rd:
1. Nd: 4 M re, 2 M re zus, 1 M re.
2. und 3. Nd: Strickschrift D Rd 15.
4. Nd: 1 M re, Übz, 4 M re.

16. Rd:
1. Nd: 3 M re, 2 M re zus, 1 M re.
2. und 3. Nd: Strickschrift D Rd 16.
4. Nd: 1 M re, Übz, 3 M re.

17. Rd:
1. Nd: 2 M re, 2 M re zus, 1 M re.
2. und 3. Nd: Strickschrift D Rd 17.
4. Nd: 1 M re, Übz, 2 M re.

18. Rd:
1. Nd: 1 M re, 2 M re zus, 1 M re.
2. und 3. Nd: Strickschrift D Rd 18.
4. Nd: 1 M re, Übz, 1 M re.

Es sind noch 10 M übrig. Den Faden abschneiden und durch die restlichen M ziehen. Die Fadenenden vernähen und die Socken leicht dämpfen.

STRICKSCHRIFT A, SCHAFT

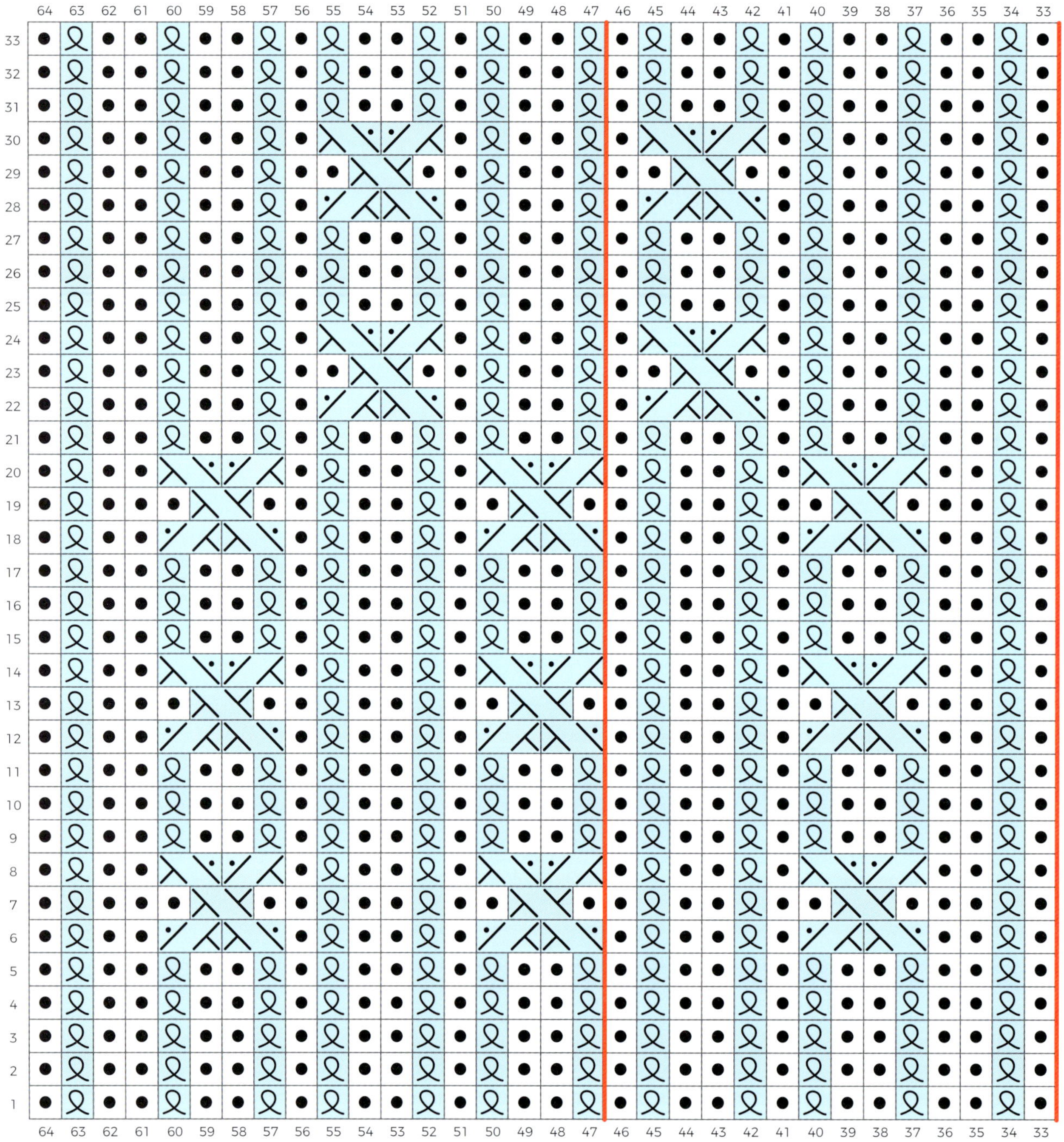

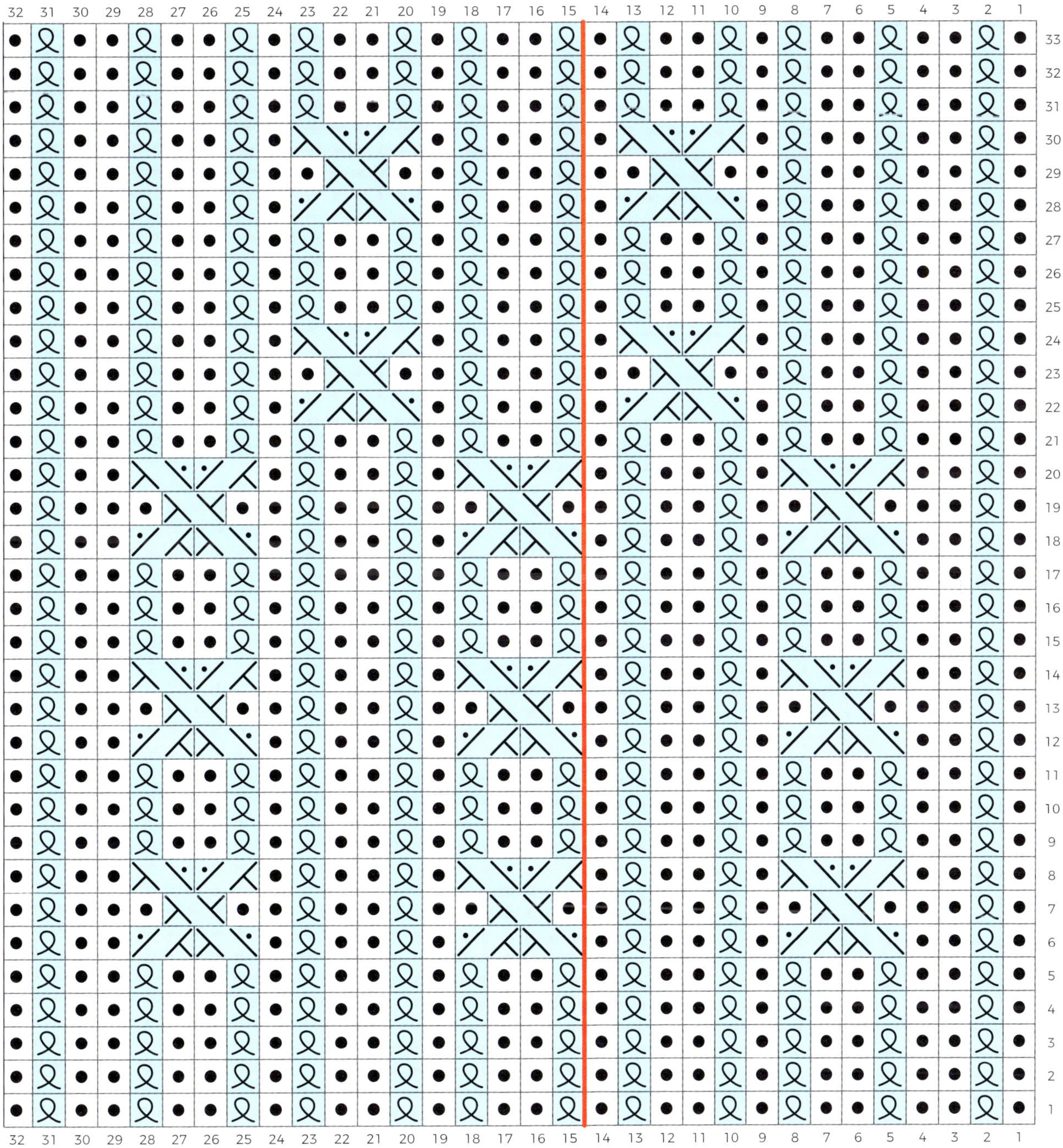
32 31 30 29 28 27 26 25 24 23 22 21 20 19 18 17 16 15 14 13 12 11 10 9 8 7 6 5 4 3 2 1
33 32 31 30 29 28 27 26 25 24 23 22 21 20 19 18 17 16 15 14 13 12 11 10 9 8 7 6 5 4 3 2 1

STRICKSCHRIFT B, FERSENWAND

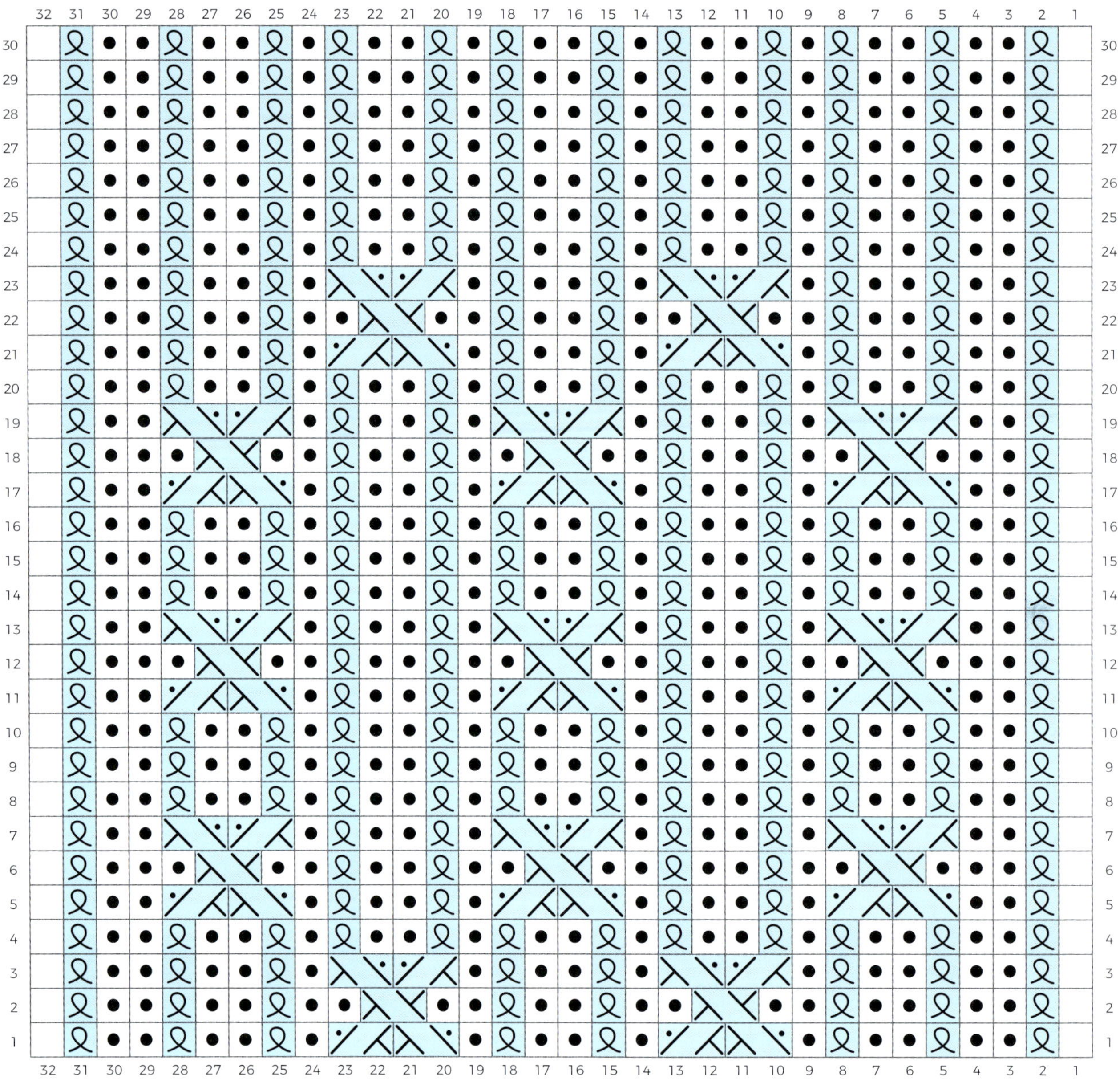

rechte M in der Hin-R, linke M in der Rück-R

linke M in der Hin-R, rechte M in der Rück-R

re verschränkt in der Hin-R, li verschränkt in der Rück-R

1 M auf eine Hilfsnadel vor die Arbeit legen, 1 M li, die M von der Hilfsnadel re (Hin-R)

1 M auf eine Hilfsnadel hinter die Arbeit legen, 1 M re, die M von der Hilfsnadel li (Hin-R)

1 M auf eine Hilfsnadel vor die Arbeit legen, 1 M re, die M von der Hilfsnadel re (Hin-R); 1 M auf eine Hilfsnadel hinter die Arbeit legen, 1 M li, die M von der Hilfsnadel li (Rück-R)

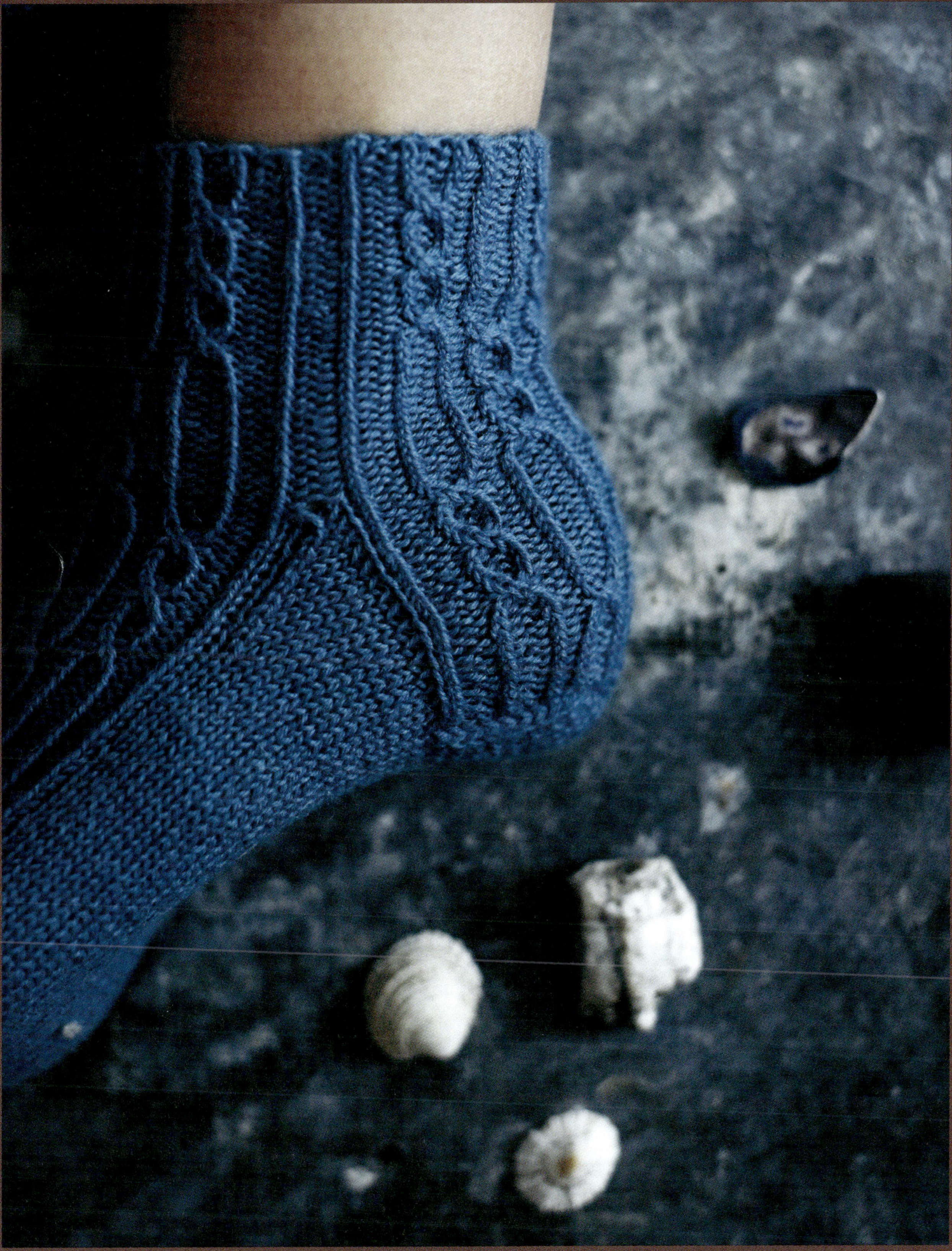

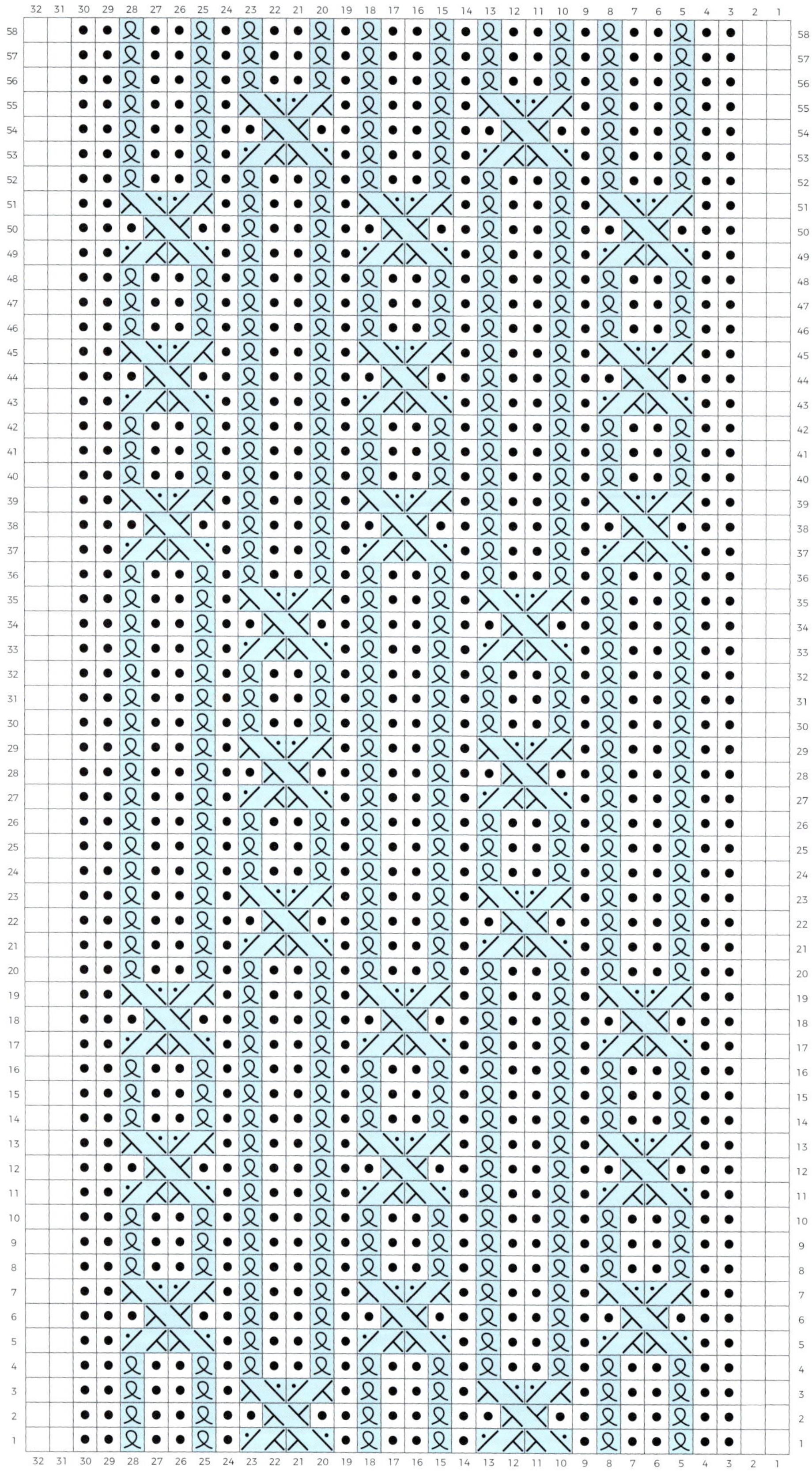

STRICKSCHRIFT C. FUSSRÜCKEN

Nadelverteilung

rechte M

linke M

re verschränkt

1 M auf eine Hilfsnadel vor die Arbeit legen, 1 M li, die M von der Hilfsnadel re

1 M auf eine Hilfsnadel hinter die Arbeit legen, 1 M re, die M von der Hilfsnadel li

1 M auf eine Hilfsnadel vor die Arbeit legen, 1 M re, die M von der Hilfsnadel re

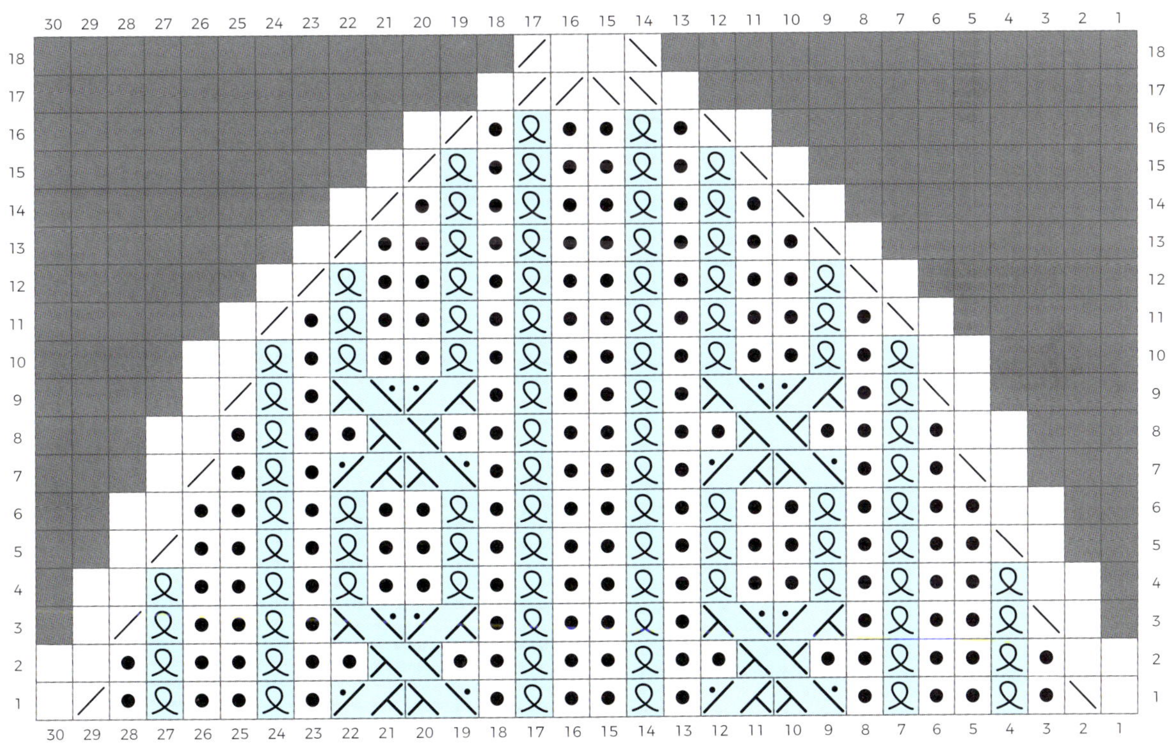

keine M

Übz

2 M re zusammenstricken

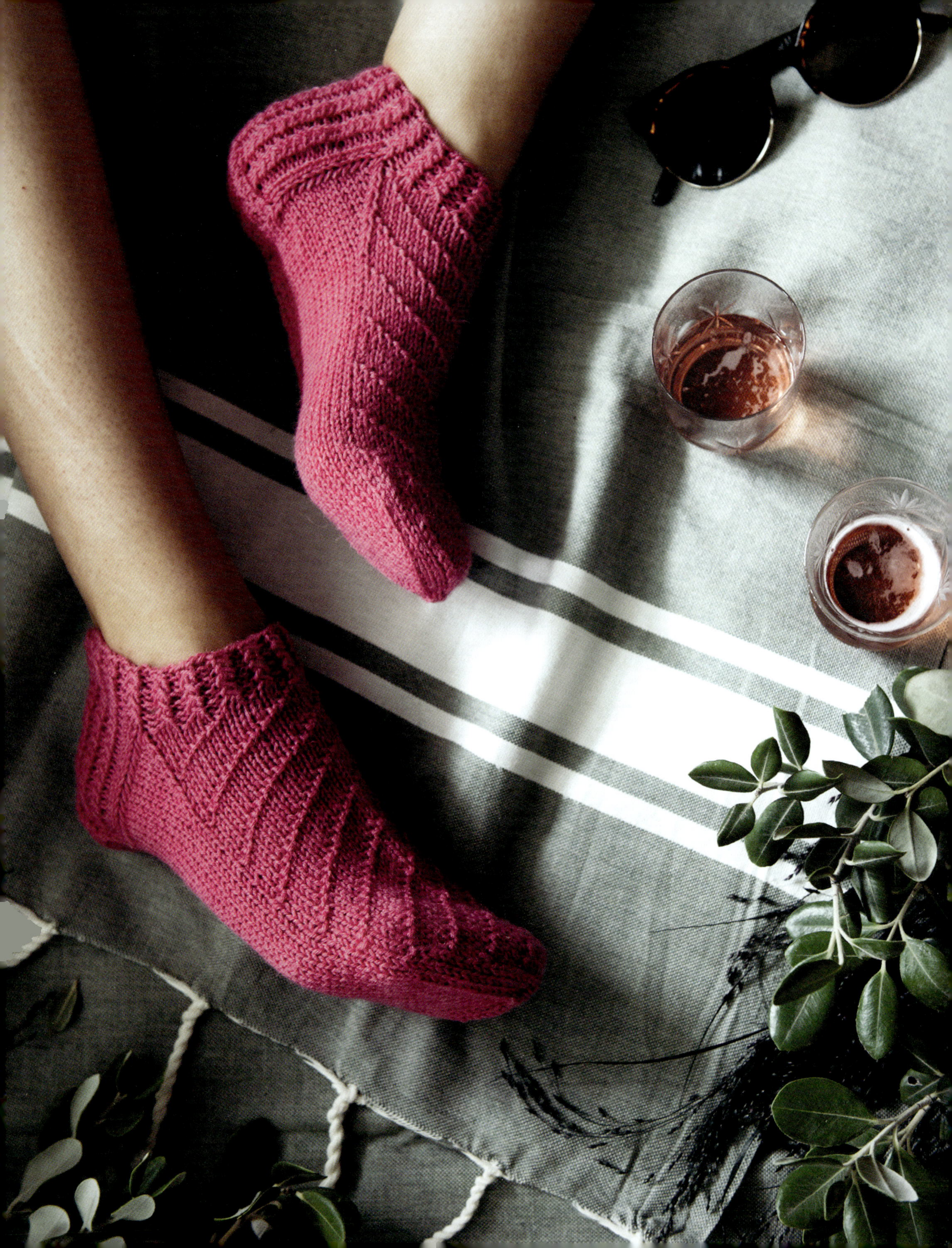

Die Vagabunden sind flinke, flotte und fröhliche Socken. Es macht Freude, sie zu stricken, und Freude, sie an den Füßen zu tragen. Das umlaufende Strukturmuster erinnert an Sommerausflüge, überraschende Wendungen und unbekümmertes Lachen an Sommertagen.

Vagabunden

Größe: 38/39
Garn: Novita Nalle (Fb. 539)
Nadelspiel: Nr. 3
Garnverbrauch: 55 g
Maschenprobe: 24 M und 32 Rd = 10 cm × 10 cm

BEVOR SIE BEGINNEN

Anleitung für das Spiralbündchen:
1. Rd: *2 M re, 1 M li*, ab * wdh.
2. Rd: *1 M re abheben, die folgende M einmal von vorn und einmal von hinten re stricken, die abgehobene M über die gestrickten M ziehen, 1 M li*, ab * wdh.
Diese beiden Rd stets wdh.

Die Socken werden gegengleich gestrickt. Verwenden Sie für die rechte Socke nach der Ferse die Strickschrift B rechts und für die linke Socke die Strickschrift B links.

Beim Schaft und bei der Ferse bilden die 1. und die 2. Nadel den hinteren Sockenteil und die 3. und 4. Nadel den vorderen Sockenteil. Nach der Ferse ändert sich die Nadelverteilung, sodass die Sohle mit den Nadeln 1 und 4 und der Fußrücken mit den Nadeln 2 und 3 gestrickt wird.

SCHAFT

54 M anschlagen und für das Spiralbündchen 9 Rd stricken.
Die Maschen auf den Nd verteilen: 13-13-14-14.

FERSE

Die Ferse wird mit der 1. und 2. Nd gestrickt. Die Fersenwand laut Strickschrift A ab der 1. R (Hin-R) stricken. Die restlichen M bleiben ungestrickt. Die Arbeit wenden, die 1. M li abheben, ohne sie zu stricken, die übrigen M laut Strickschrift ab der 2. R (Rück-R) stricken. Die Strickschrift wird in den Hin-R von re nach li und in den Rück-R von li nach re gelesen.

Die Ferse weiterhin laut Strickschrift arbeiten, dabei die 1. und 2. R fortlaufend wdh. Die 1. M immer abheben, ohne sie zu stricken.
Wenn für die Fersenwand 26 R gestrickt sind, das Spiralmuster beenden und den Rest der Ferse re stricken.

Für die Käppchenabnahmen auf der rechten Seite der Arbeit beginnen, bis noch 9 M auf der Nd sind. 1 Übz stricken und die Arbeit wenden. Auf der anderen Nd sind 7 M. 1 M li abheben, ohne sie zu stricken, linke M stricken, bis 9 M übrig sind. 2 M li zusammenstricken die Arbeit wenden. 1 M abheben, ohne sie zu stricken, rechte M stricken, bis noch 8 M auf der Nd sind. 1 Übz stricken, die Arbeit wenden. 1 M li abheben, ohne sie zu stricken, linke M stricken, bis 8 M übrig sind. 2 M li zusammenstricken, die Arbeit wenden.
Auf diese Weise fortfahren, dabei werden die äußeren M in jeder R reduziert, die mittleren M bleiben gleich (10 M). Wenn die äußeren M aufgebraucht sind, die M der Fersenwand auf 2 Nd verteilen (5-5). 5 M re stricken, sodass der Faden zwischen den Nd liegt.

FUSSTEIL

Aus dem linken Fersenrand mit der freien Nd 14 M auffassen, die 5 M der 1. Nd stricken, danach die 14 aufgefassten M re verschränkt stricken. Mit der 2. und 3. Nd das Muster laut Strickschrift B arbeiten, mit der 1. Rd beginnen, die 1. bis 7. Rd wdh. Aus dem rechten Fersenrand 14 M auffassen, re verschränkt stricken, dabei noch die 5 M der 4. Nd auf dieselbe Nd stricken. Die Arbeit hat jetzt 66 M.

Mit den Zwickelabnahmen beginnen: Am Ende der 1. Nd 2 M re zusammenstricken, am Anfang der 4. Nd in jeder 2. Rd 1 Übz stricken. Mit der 2. und 3. Nd weiter im Muster stricken.
Wenn noch 54 M (13-14-14-13) übrig sind, die Zwickelabnahmen beenden, mit der 1. und 4. Nd re sowie mit der 2. und 3. Nd im Muster stricken.

Wenn nach der Fersenwand 48 Rd gestrickt und zuletzt die 6. Rd der Strickschrift gestrickt sind, mit den Abnahmen für die Spitze beginnen: In der 1. Abnahmerunde nur mit der 2. und 3. Nd abnehmen, sodass 52 M (= 13 M je Nd) übrig sind.

1. Nd: Rechte M stricken, bis noch 3 M übrig sind, 2 M re zusammenstricken, 1 M re.
2. Nd: 1 M re, Übz, die übrigen M im Muster stricken.
3. Nd: Im Muster stricken, bis noch 3 M übrig sind, 2 M re zusammenstricken, 1 M re.
4. Nd: 1 M re, einfacher Übz, die übrigen M im Muster stricken.

Die Abnahmen zunächst in jeder 2. Rd stricken. Wenn noch 36 M übrig sind, in jeder Rd abnehmen.

Wenn noch 8 M übrig sind, den Faden abschneiden und durch die restlichen M ziehen. Die Fadenenden vernähen und die Socken leicht dämpfen.

re in der Hin-R, li in der Rück-R

● li in der Hin-R, re in der Rück-R

Spiralbündchen = 1 M auf die rechte Nd heben, ohne sie zu stricken, die folgende M einmal von vorn und einmal von hinten re stricken, die abgehobene M über die gestrickten M ziehen

STRICKSCHRIFT A, FERSE

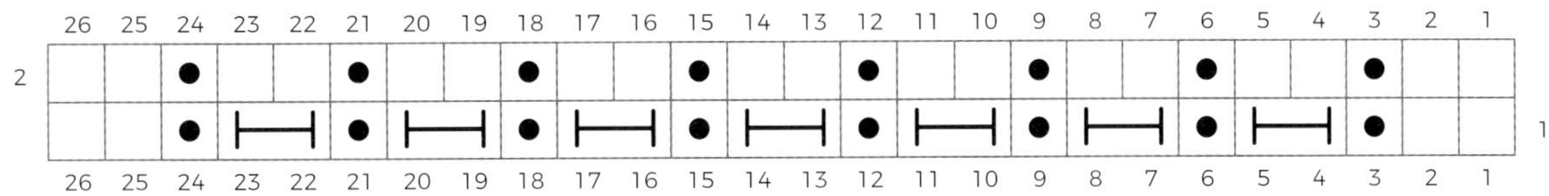

STRICKSCHRIFT B, RECHTS

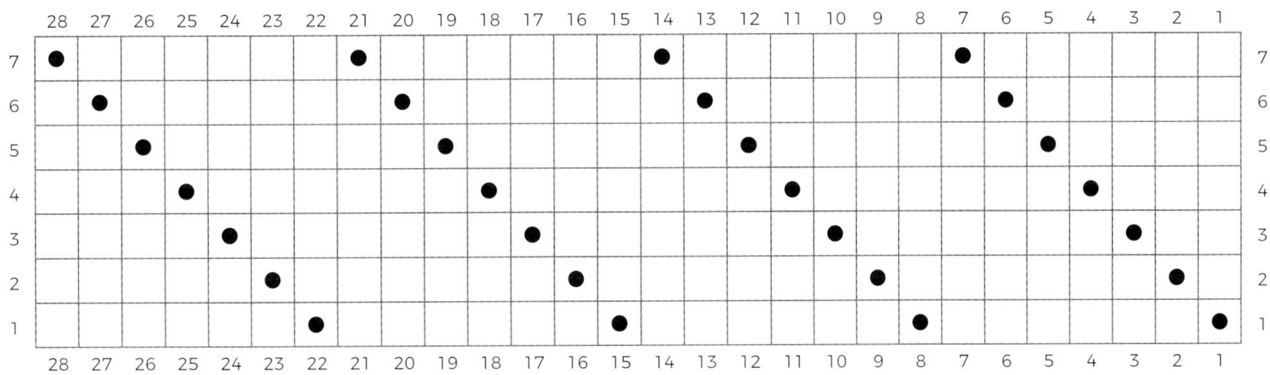

STRICKSCHRIFT B, LINKS

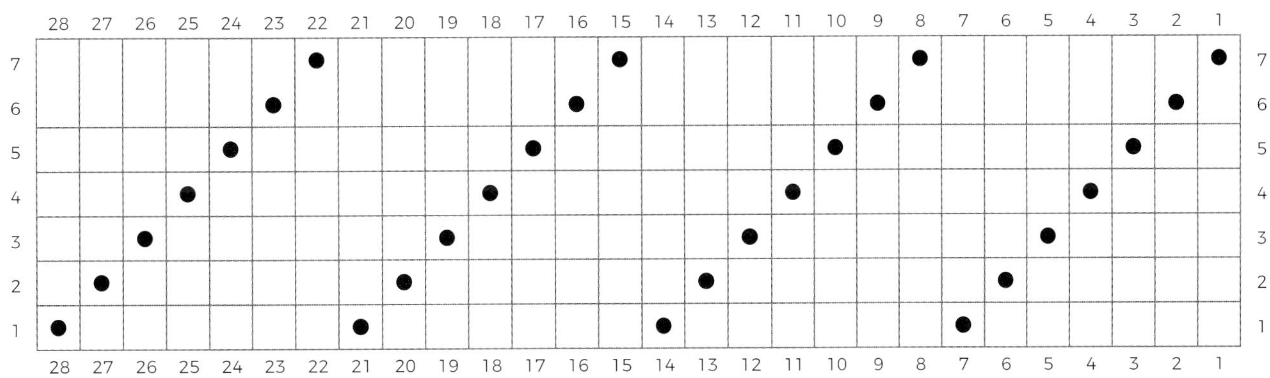

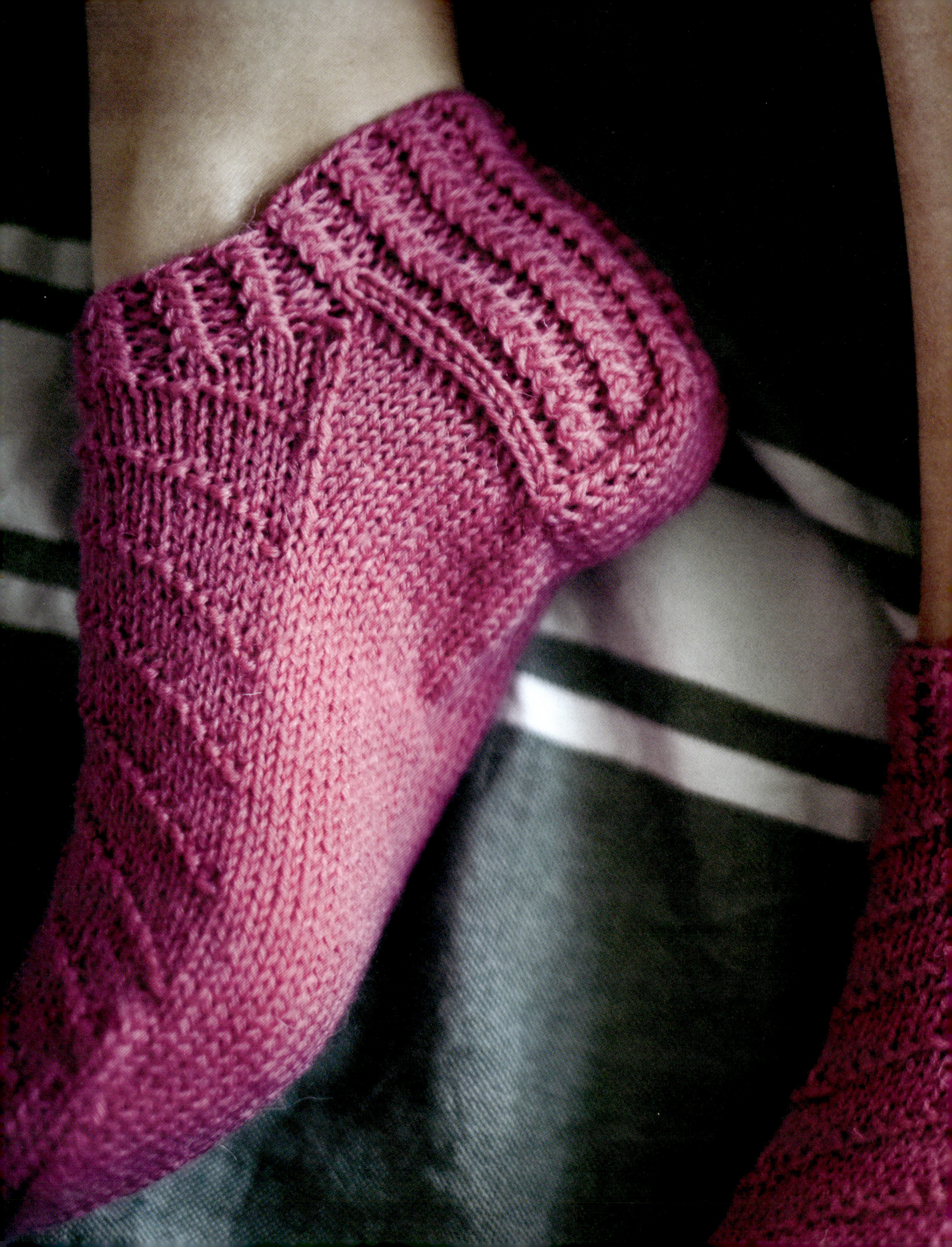

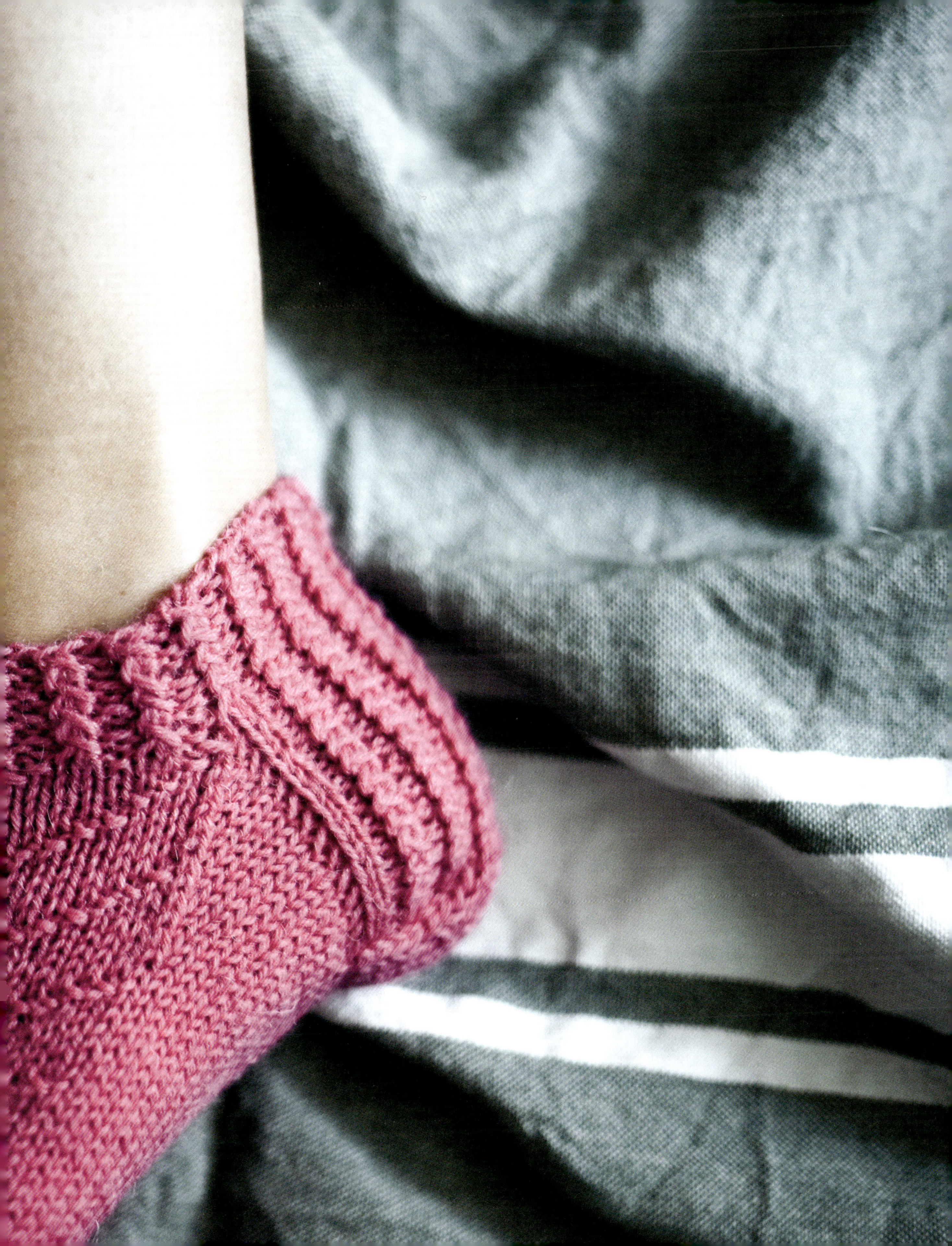

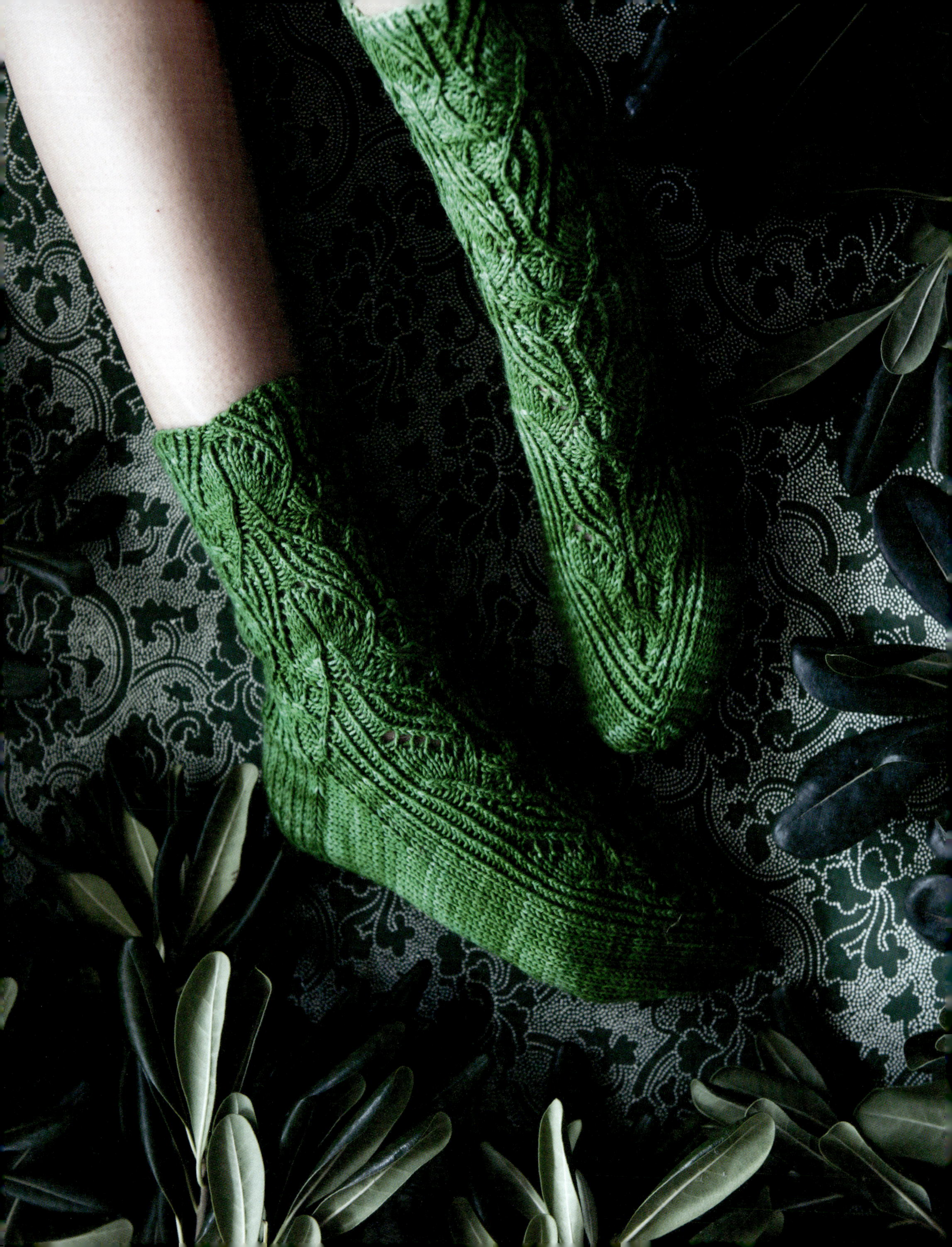

Das Säuseln des Windes in den Zweigen, die sanft schwingenden Gräser und die liebsten Erinnerungen an den Sommer sind in diesen Socken verborgen. Das schöne Spitzenmuster strahlt die Freude an der Natur und ihrem Grün aus. Die Maschen fügen sich im Takt der Säuselei wie von selbst zusammen

Säuselei

Größe: 38/39
Garn: Louhittaren Luola Väinämöinen, Grasgrün
Nadelspiel: Nr. 2,5, 1 Hilfsnadel
Garnverbrauch: 60 g
Maschenprobe: 26 M und 34 Rd = 10 cm × 10 cm

BEVOR SIE BEGINNEN

Wenn Sie möchten, können Sie die rechte Masche über der ssk-Abnahme verschränkt stricken. So erhalten Sie eine schönere Maschenkette im Muster.

SCHAFT

64 M anschlagen. Die M auf den Nd verteilen: 16-16-16-16.
Zunächst 3 Rd im Bündchenmuster stricken: 1 M re verschränkt, 1 M li. Dann das Muster laut Strickschrift A mit der 1. Rd beginnen. Die 1. bis 30. Rd insgesamt zweimal stricken.
Wenn für den Schaft inkl. Bündchen 63 Rd gestrickt und zuletzt die 30. Rd der Strickschrift gestrickt sind, die M auf den Nd wie folgt verteilen: 24-16-15-9.

FERSE

Die Fersenwand beginnen, dazu die M der 1. Nd re auf die 4. Nd stricken (insg. 33 M).
Die restlichen M bleiben ungestrickt. Die Arbeit wenden, die 1. M li abheben, ohne sie zu stricken, die übrigen M li stricken. Gleichzeitig 1 M abnehmen, sodass die Fersenwand nun 32 M hat.

1. R (Hin-R): Die Arbeit wenden, *1 M abheben, ohne sie zu stricken, 1 M re*, ab * bis R-Ende wdh.
2. R (Rück-R): Die Arbeit wenden, die 1. M li abheben, ohne sie zu stricken, die übrigen M li stricken.

Diese beiden R wdh., bis für die Fersenwand 32 R gestrickt und zuletzt 1 Rück-R gestrickt sind.

Für die Käppchenabnahmen weiter verstärkt stricken. Auf der rechten Seite der Arbeit beginnen, bis noch 11 M auf der Nd sind. 1 Übz stricken, die Arbeit wenden. Auf der anderen Nd sind 9 M. 1 M li abheben, ohne sie zu stricken, linke M stricken, bis 11 M übrig sind. 2 M li zusammenstricken, die Arbeit wenden. 1 M abheben, ohne sie zu stricken, verstärkt stricken, bis noch 10 M auf der Nd sind. 1 Übz stricken, die Arbeit wenden. 1 M li abheben, ohne sie zu stricken, linke M stricken, bis 10 M übrig sind. 2 M li zusammenstricken, die Arbeit wenden. Auf diese Weise fortfahren, dabei werden die äußeren M in jeder R reduziert, die mittleren M bleiben gleich (12 M). Wenn die äußeren M aufgebraucht sind, die M der Fersenwand auf 2 Nd verteilen (6-6).
6 M re stricken, sodass der Faden zwischen 1. und 4. Nd liegt.

FUSSTEIL

Aus dem linken Fersenrand mit der freien Nd 18 M auffassen und die 6 M der 1. Nd stricken, danach die 18 aufgefassten M re verschränkt stricken. Mit der 2. und 3. Nd das Muster laut Strickschrift B arbeiten, mit der 1. Rd beginnen. Aus dem rechten Fersenrand 18 M auffassen und re verschränkt stricken, dabei noch die 6 M der 4. Nd auf dieselbe Nd stricken. Die Arbeit hat jetzt 79 M.

Mit den Zwickelabnahmen beginnen: Am Ende der 1. Nd 2 M re zusammenstricken, am Anfang der 4. Nd in jeder 2. Rd 1 Übz stricken. Mit der 2. und 3. Nd weiter im Muster laut Strickschrift stricken. Mit den Zwickelabnahmen fortfahren, bis noch 63 M (16-16-15-16) übrig sind. Mit der 1. und 4. Nd re sowie mit der 2. und 3. Nd weiter im Muster stricken. Wenn nach der Fersenwand alle 48 Rd der Strickschrift gestrickt sind, die M wie folgt auf den Nd verteilen: 13-19-18-13.

Mit den Abnahmen für die Spitze beginnen:

49.–58. Rd:
1. Nd: 13 M re.
2. und 3. Nd: Strickschrift C Rd 49–58.
4. Nd: 13 M re.

59. Rd:
1. Nd: 10 M re, 2 M re zus, 1 M re.
2. und 3. Nd: Strickschrift C Rd 59.
4. Nd: 1 M re, Übz, 10 M re.

60. Rd:
1. Nd: 12 M re.
2. und 3. Nd: Strickschrift C Rd 60.
4. Nd: 12 M re.

61. Rd:
1. Nd: 9 M re, 2 M re zus, 1 M re.
2. und 3. Nd: Strickschrift C Rd 61.
4. Nd: 1 M re, Übz, 9 M re.

62. Rd:
1. Nd: 11 M re.
2. und 3. Nd: Strickschrift C Rd 62.
4. Nd: 11 M re.

63. Rd:
1. Nd: 8 M re, 2 M re zus, 1 M re.
2. und 3. Nd: Strickschrift C Rd 63.
4. Nd: 1 M re, Übz, 8 M re.

64. Rd:
1. Nd: 10 M re.
2. und 3. Nd: Strickschrift C Rd 64.
4. Nd: 10 M re.

65. Rd:
1. Nd: 7 M re, 2 M re zus, 1 M re.
2. und 3. Nd: Strickschrift C Rd 65.
4. Nd: 1 M re, Übz, 7 M re.

66. Rd:
1. Nd: 9 M re.
2. und 3. Nd: Strickschrift C Rd 66.
4. Nd: 9 M re.

67. Rd:
1. Nd: 6 M re, 2 M re zus, 1 M re.
2. und 3. Nd: Strickschrift C Rd 67.
4. Nd: 1 M re, Übz, 6 M re.

68. Rd:
1. Nd: 5 M re, 2 M re zus, 1 M re.
2. und 3. Nd: Strickschrift C Rd 68.
4. Nd: 1 M re, Übz, 5 M re.

69. Rd:
1. Nd: 4 M re, 2 M re zus, 1 M re.
2. und 3. Nd: Strickschrift C Rd 69.
4. Nd: 1 M re, Übz, 4 M re.

70. Rd:
1. Nd: 3 M re, 2 M re zus, 1 M re.
2. und 3. Nd: Strickschrift C Rd 70.
4. Nd: 1 M re, Übz, 3 M re.

71. Rd:
1. Nd: 2 M re, 2 M re zus, 1 M re.
2. und 3. Nd: Strickschrift C Rd 71.
4. Nd: 1 M re, Übz, 2 M re.

72. Rd:
1. Nd: 1 M re, 2 M re zus, 1 M re.
2. und 3. Nd: Strickschrift C Rd 72.
4. Nd: 1 M re, Übz, 1 M re.

73. Rd:
1. Nd: 2 M re zus, 1 M re.
2. und 3. Nd: Strickschrift C Rd 73.
4. Nd: 1 M re, Übz.

Es sind noch 9 M übrig. Den Faden abschneiden und durch die restlichen M ziehen. Die Fadenenden vernähen und die Socken leicht dämpfen.

STRICKSCHRIFT A. SCHAFT

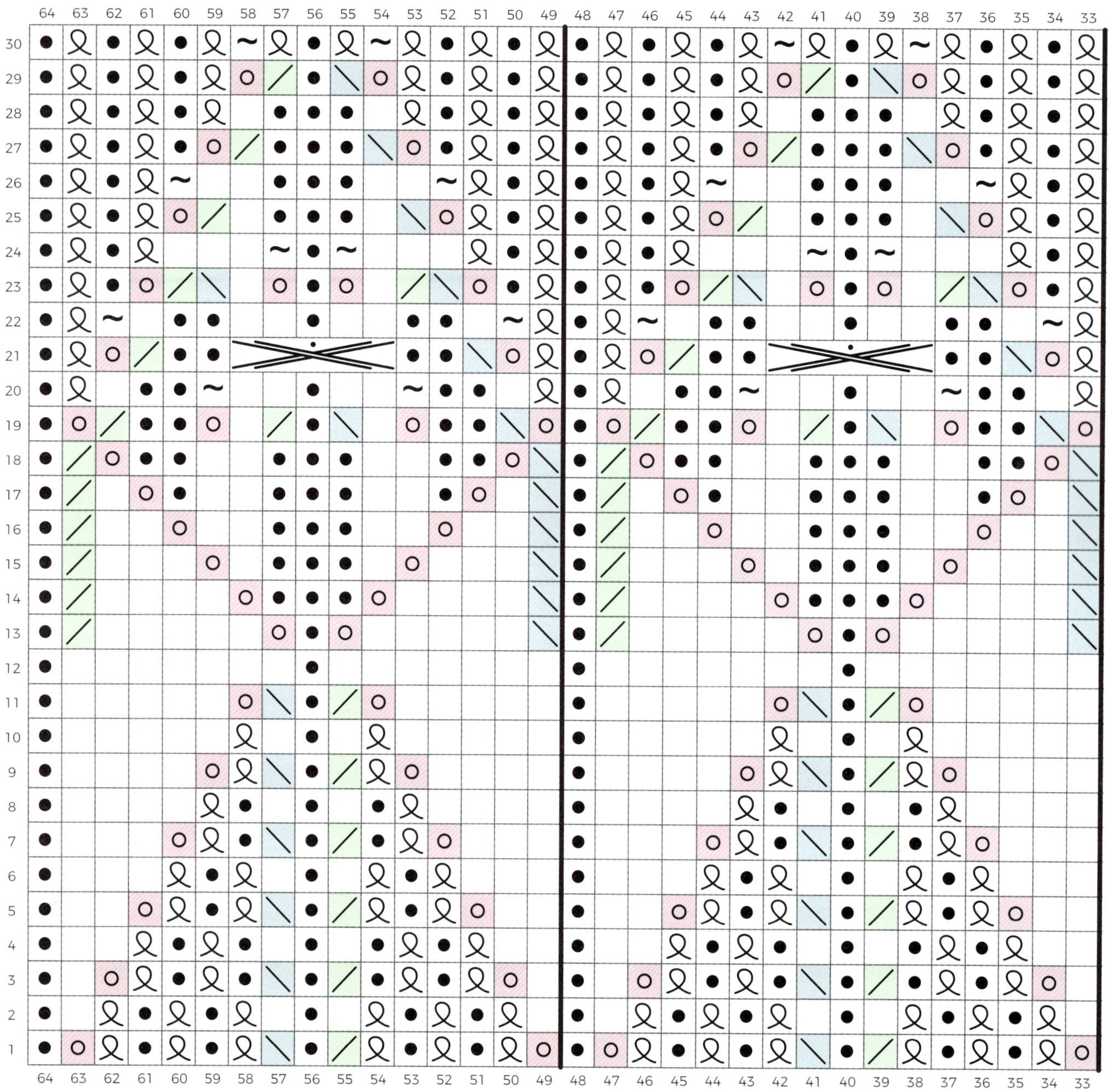

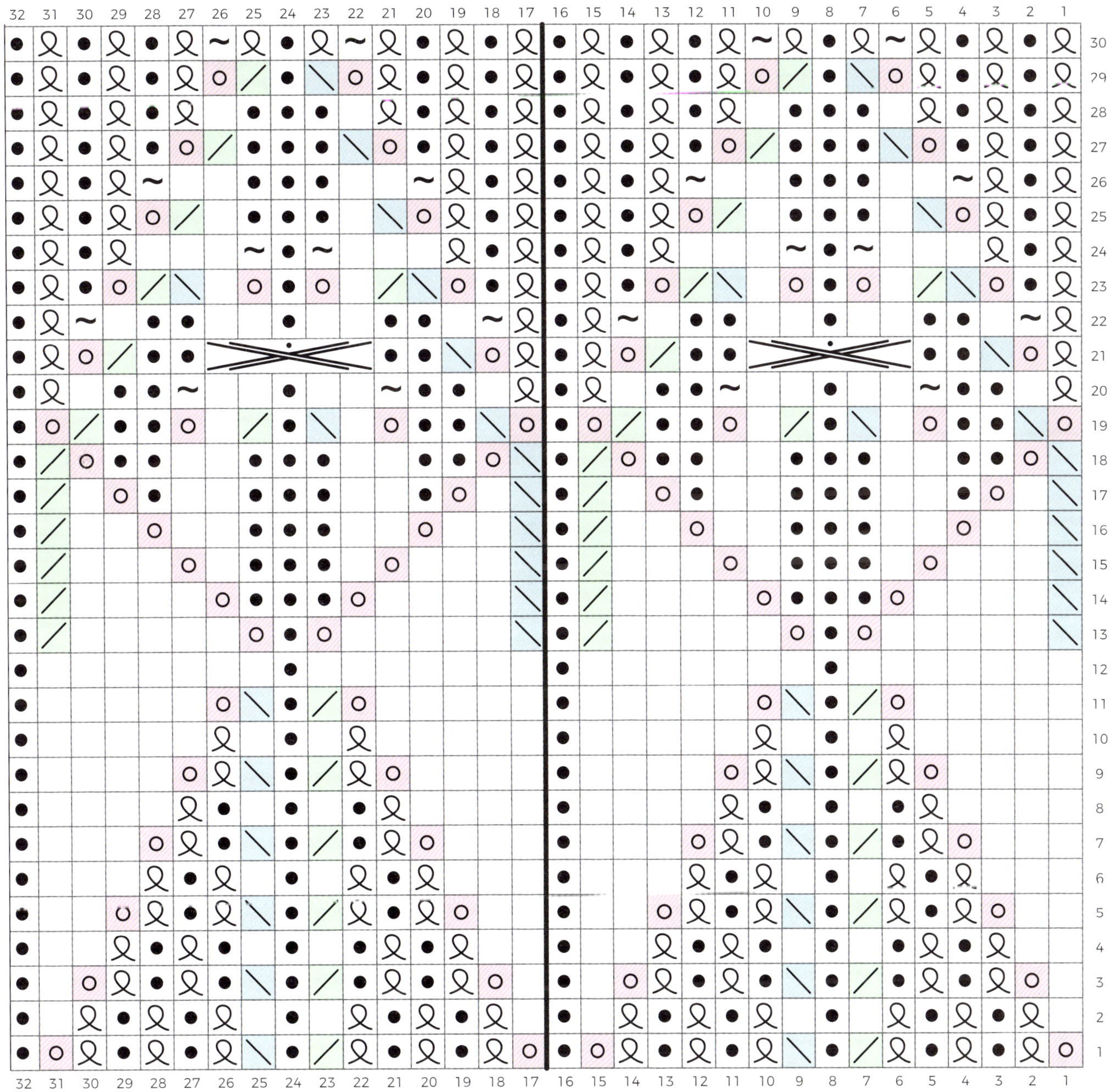

STRICKSCHRIFT B. FUSSRÜCKEN

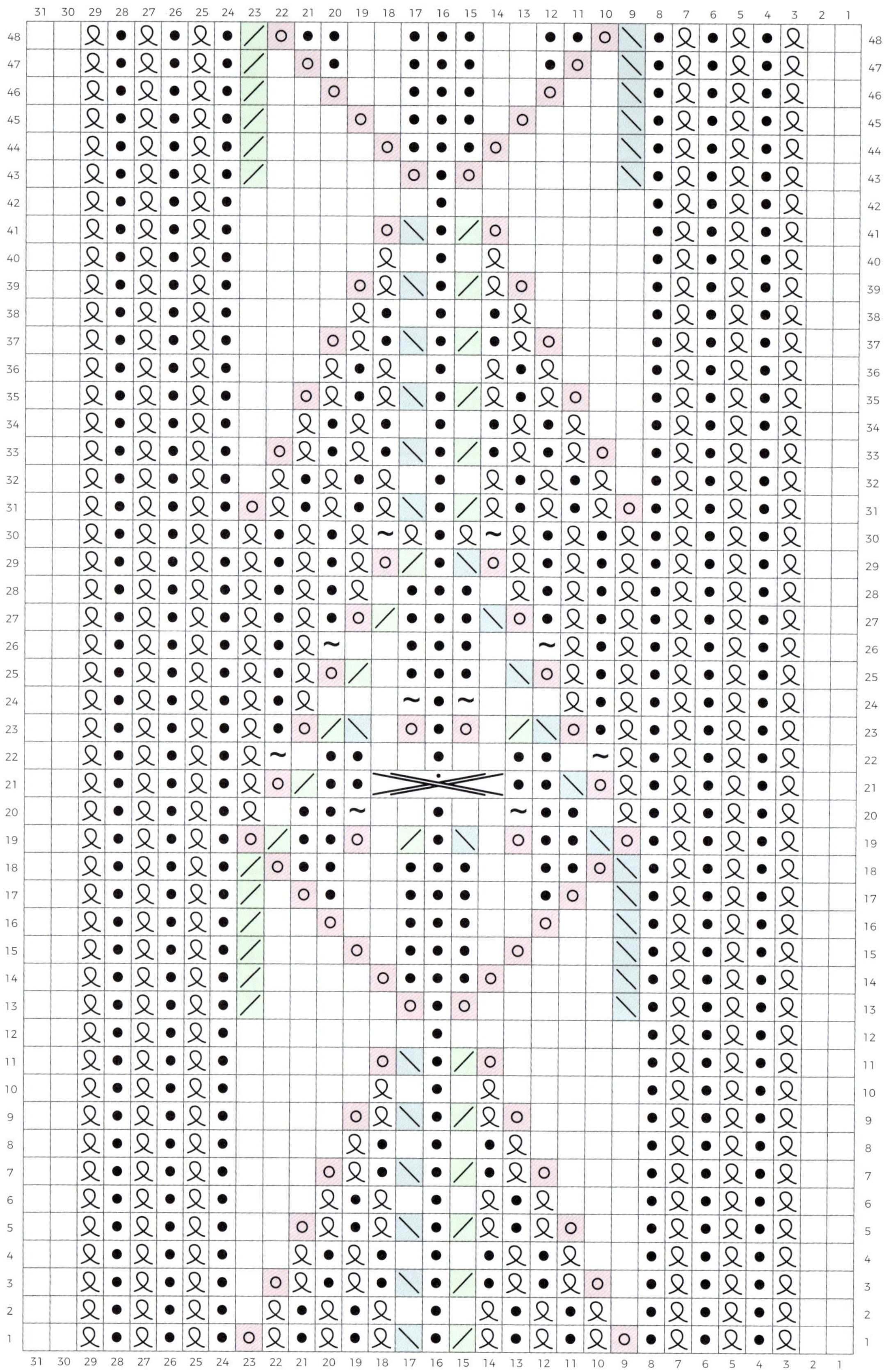

STRICKSCHRIFT C, SPITZENABNAHMEN

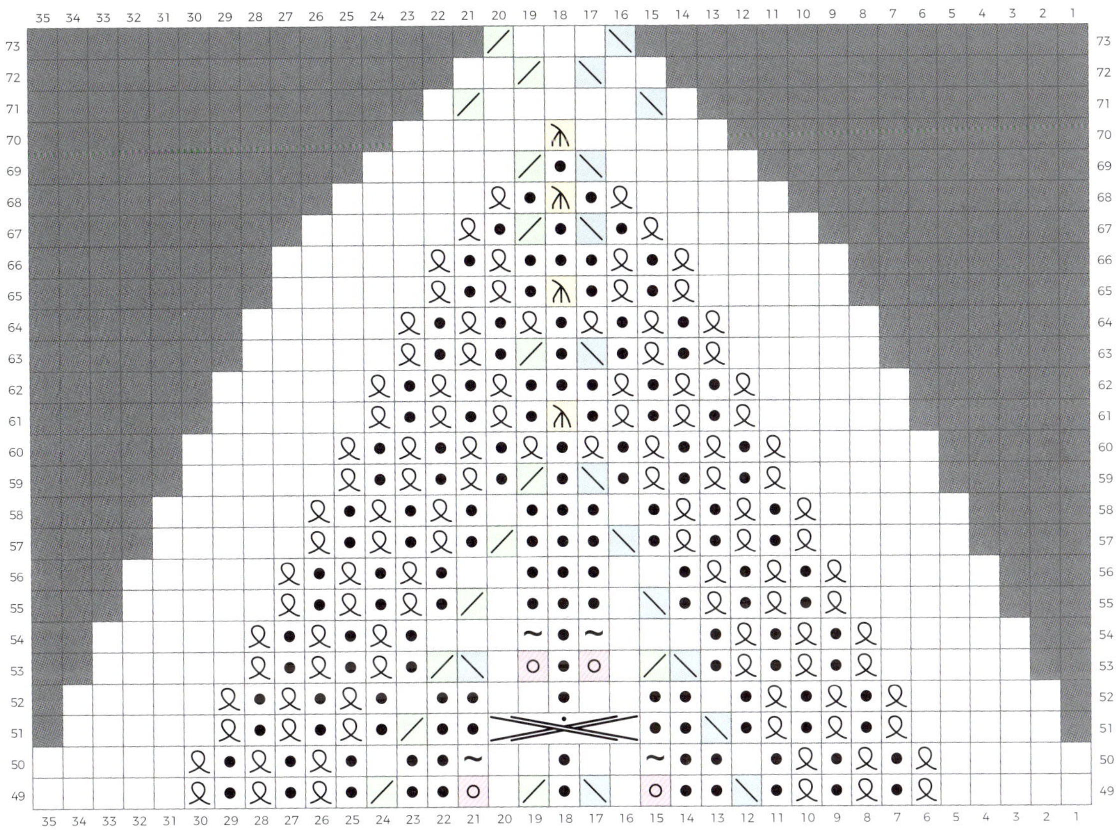

re

li

Umschlag

2 M einzeln wie zum Rechtsstricken abheben, zurück auf die linke Nd heben und verschränkt zusammenstricken

2 M re zusammenstricken

re verschränkt

li verschränkt

2 M auf eine Hilfsnadel vor die Arbeit legen, 1 M auf eine Hilfsnadel hinter die Arbeit legen, 2 M re, die M von der hinteren Hilfsnadel li stricken, die 2 M von der vorderen Hilfsnadel re stricken

1 M abheben, 2 M re zusammenstricken, die abgehobene M über die gestrickten M ziehen

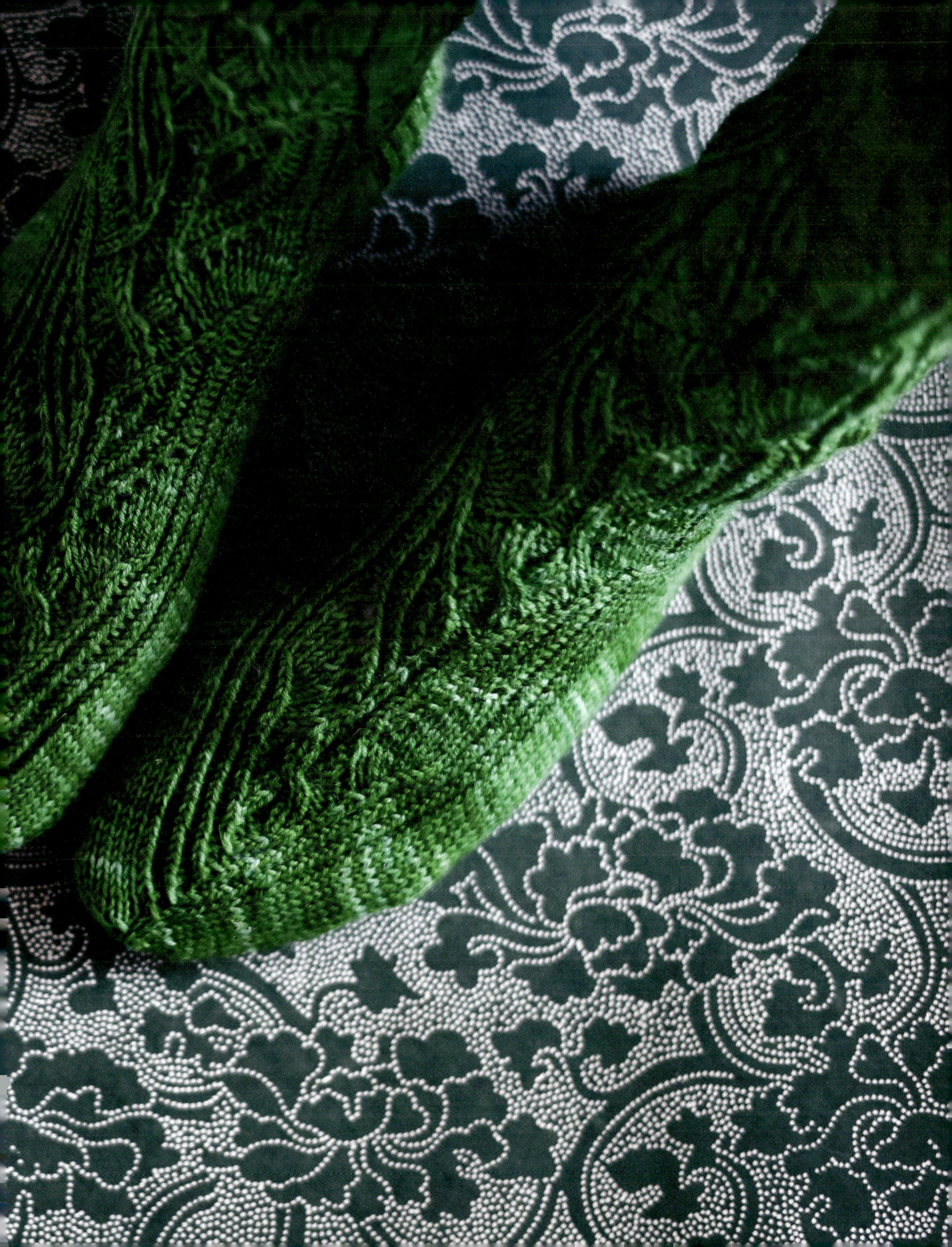

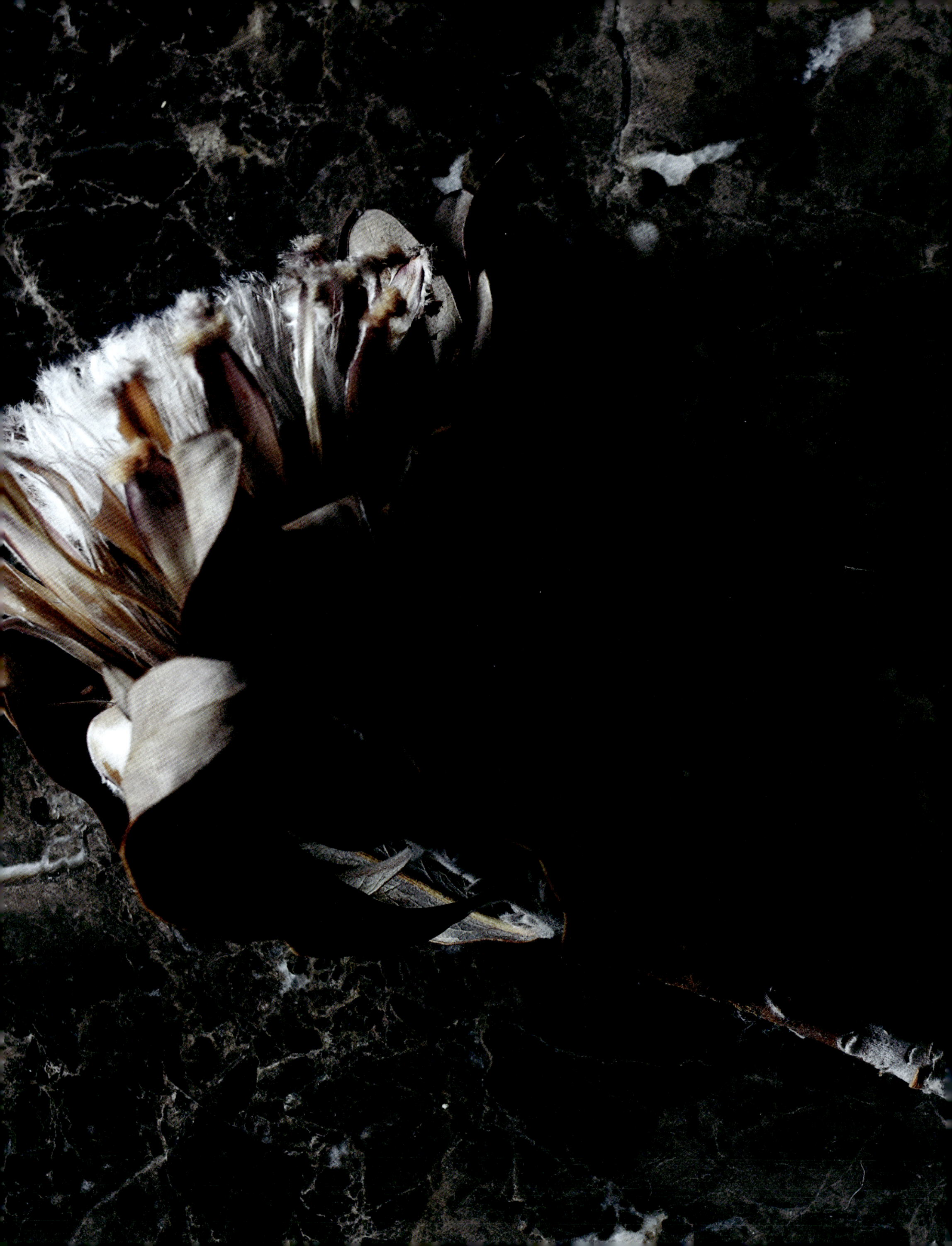

Herbst

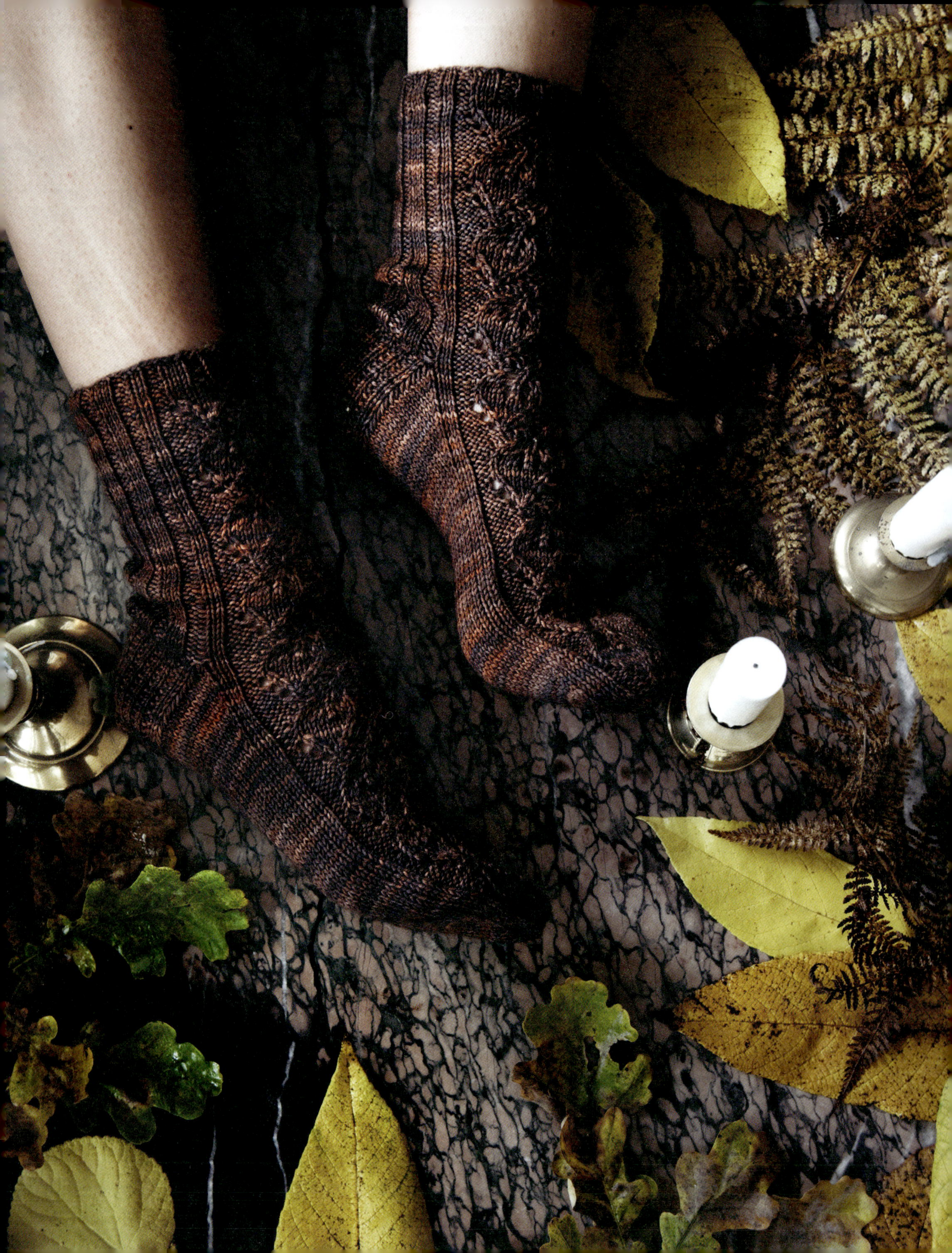

In den Augensternen tummeln sich die ersten fallenden Herbstblätter, zeigen sich dunkle Nächte und die stille Vorbereitung der Natur auf den kommenden Winter. Die Kombination aus Loch- und Zopfmuster ist ein herausfordernder, aber lohnender Ausflug in herbstliche Sphären.

Augensterne

Größe: 38/39
Garn: Louhittaren Luola Väinämöinen, Farbe Sehnsucht
Nadelspiel: Nr. 2,5, 1 Hilfsnadel
Garnverbrauch: 60 g
Maschenprobe: 26 M und 34 Rd = 10 cm × 10 cm

SCHAFT

65 M anschlagen. Die M auf den Nd verteilen: 16-17-16-16.

6 Rd im Bündchenmuster stricken:

1. Nd: 1 M li, 3 M re, 2 M li, 3 M re, 2 M li, 3 M re, 2 M li.

2. Nd: 2 M re, 2 M li, 3 M re, 2 M li, 3 M re, 3 M li, 2 M re verschränkt.

3. Nd: 1 M re verschränkt, 3 M li, 3 M re, 2 M li, 3 M re, 2 M li, 2 M re.

4. Nd: 2 M li, 3 M re, 2 M li, 3 M re, 2 M li, 3 M re, 1 M li.

Mit 1. und 4. Nd weiter im Bündchenmuster stricken, mit 2. und 3. Nd das Muster laut Strickschrift A ab der 1. Rd beginnen. Die 1. bis 14. Rd stricken. Zur besseren Darstellung sind in Strickschrift A auch die 15. –28. Rd gezeichnet. Wenn für den Schaft inkl. Bündchen 58 Rd gestrickt und zuletzt die 10. Rd der Strickschrift gestrickt sind, noch 1 Rd wie folgt stricken: Mit der 1. und 4. Nd re, mit der 2. und 3. Nd im Muster stricken (Rd 11).

FERSE

Die Fersenwand beginnen, dazu die M der 1. Nd auf die 4. Nd stricken (insg. 32 M).

Die restlichen M bleiben ungestrickt. Die Arbeit wenden, die 1. M li abheben, ohne sie zu stricken, die übrigen M li stricken. Gleichzeitig 1 M abnehmen, sodass die Fersenwand nun 31 M hat.

1. R (Hin-R): Die Arbeit wenden, 1 M re abheben, ohne sie zu stricken, *1 M re, 1 M li*, ab * wdh., bis noch 2 M übrig sind, 2 M re.

2. R (Rück-R): Die Arbeit wenden, die 1. M li abheben, ohne sie zu stricken, *1 M li, 1 M abheben, ohne sie zu stricken, der Faden liegt vor der Arbeit*. Ab * wdh., bis noch 2 M übrig sind, 2 M re.

Diese beiden R wdh., bis für die Fersenwand 32 R gestrickt und zuletzt 1 Rück-R gestrickt sind.

Für die Käppchenabnahmen weiter verstärkt stricken. Auf der rechten Seite der Arbeit beginnen, bis noch 11 M auf der Nd sind. 2 M li zusammenstricken, die Arbeit wenden. Auf der anderen Nd sind 9 M. 1 M li abheben, ohne sie zu stricken, die Rück-R verstärkt stricken, bis 11 M übrig sind. 2 M re zusammenstricken, die Arbeit wenden. 1 M abheben, ohne sie zu stricken, verstärkt stricken, bis noch 10 M auf der Nd sind. 2 M li zusammenstricken, die Arbeit wenden. 1 M li abheben, ohne sie zu stricken, die Rück-R verstärkt stricken, bis 10 M übrig sind. 2 M re zusammenstricken, wenden.

Auf diese Weise fortfahren, dabei werden die äußeren M in jeder R reduziert, die mittleren M bleiben gleich (11 M). Wenn die äußeren M aufgebraucht sind, die M der Fersenwand auf 2 Nd verteilen (6-5).

4 M re und 2 M re zusammenstricken, sodass der Faden zwischen 1. und 4. Nd liegt.

FUSSTEIL

Aus dem linken Fersenrand mit der freien Nd 18 M auffassen, die 5 M der 1. Nd stricken, danach die 18 aufgefassten M re verschränkt stricken. Mit der 2. und 3. Nd das Muster laut Strickschrift A arbeiten, mit der 12. Rd fortfahren. Aus dem rechten Fersenrand 18 M auffassen, re verschränkt stricken, dabei noch die 5 M der 4. Nd auf dieselbe Nd stricken. Die Arbeit hat 79 M.

Mit den Zwickelabnahmen beginnen: Am Ende der 1. Nd 2 M re zusammenstricken, am Anfang der 4. Nd in jeder 2. Rd 1 Übz stricken. Mit der 2. und 3. Nd weiter im Muster stricken. Mit den Zwickelabnahmen fortfahren, bis noch 63 M (15-17-16-15) übrig sind. Mit der 1. und 4. Nd re sowie mit der 2. und 3. Nd weiter im Muster stricken. Wenn nach der Fersenwand 56 Rd gestrickt und zuletzt die 11. Rd der Strickschrift gestrickt sind, mit den Abnahmen für die Spitze beginnen:

1. Rd:
1. Nd: 15 M re.
2. und 3. Nd: Strickschrift B Rd 1.
4. Nd: 15 M re.

2. Rd:
1. Nd: 15 M re.
2. und 3. Nd: Strickschrift B Rd 2.
4. Nd: 15 M re.

3. Rd:
1. Nd: 12 M re, 2 M re zus, 1 M re.
2. und 3. Nd: Strickschrift B Rd 3.
4. Nd: 1 M re, Übz, 12 M re.

4. Rd:
1. Nd: 14 M re.
2. und 3. Nd: Strickschrift B Rd 4.
4. Nd: 14 M re.

5. Rd:
1. Nd: 11 M re, 2 M re zus, 1 M re.
2. und 3. Nd: Strickschrift B Rd 5.
4. Nd: 1 M re, Übz, 11 M re.

6. Rd:
1. Nd: 13 M re.
2. und 3. Nd: Strickschrift B Rd 6.
4. Nd: 13 M re.

7. Rd:
1. Nd: 10 M re, 2 M re zus, 1 M re.
2. und 3. Nd: Strickschrift B Rd 7.
4. Nd: 1 M re, Übz, 10 M re.

8. Rd:
1. Nd: 12 M re.
2. und 3. Nd: Strickschrift B Rd 8.
4. Nd: 12 M re.

9. Rd:
1. Nd: 9 M re, 2 M re zus, 1 M re.
2. und 3. Nd: Strickschrift B Rd 9.
4. Nd: 1 M re, Übz, 9 M re.

10. Rd:
1. Nd: 11 M re.
2. und 3. Nd: Strickschrift B Rd 10.
4. Nd: 11 M re.

11. Rd:
1. Nd: 8 M re, 2 M re zus, 1 M re.
2. und 3. Nd: Strickschrift B Rd 11.
4. Nd: 1 M re, Übz, 8 M re.

12. Rd:
1. Nd: 7 M re, 2 M re zus, 1 M re.
2. und 3. Nd: Strickschrift B Rd 12.
4. Nd: 1 M re, Übz, 7 M re.

13. Rd:
1. Nd: 6 M re, 2 M re zus, 1 M re.
2. und 3. Nd: Strickschrift B Rd 13.
4. Nd: 1 M re, Übz, 6 M re.

14. Rd:
1. Nd: 5 M re, 2 M re zus, 1 M re.
2. und 3. Nd: Strickschrift B Rd 14.
4. Nd: 1 M re, Übz, 5 M re.

15. Rd:
1. Nd: 4 M re, 2 M re zus, 1 M re.
2. und 3. Nd: Strickschrift B Rd 15.
4. Nd: 1 M re, Übz, 4 M re.

16. Rd:
1. Nd: 3 M re, 2 M re zus, 1 M re.
2. und 3. Nd: Strickschrift B Rd 16.
4. Nd: 1 M re, Übz, 3 M re.

17. Rd:
1. Nd: 2 M re, 2 M re zus, 1 M re.
2. und 3. Nd: Strickschrift B Rd 17.
4. Nd: 1 M re, Übz, 2 M re.

18. Rd:
1. Nd: 1 M re, 2 M re zus, 1 M re.
2. und 3. Nd: Strickschrift B Rd 18.
4. Nd: 1 M re, Übz, 1 M re.

19. Rd:
1. Nd: 2 M re zus, 1 M re.
2. und 3. Nd: Strickschrift B Rd 19.
4. Nd: 1 M re, Übz.

Es sind noch 9 M übrig. Den Faden abschneiden und durch die restlichen M ziehen. Die Fadenenden vernähen und die Socken leicht dämpfen.

STRICKSCHRIFT A, SCHAFT UND FUSSRÜCKEN

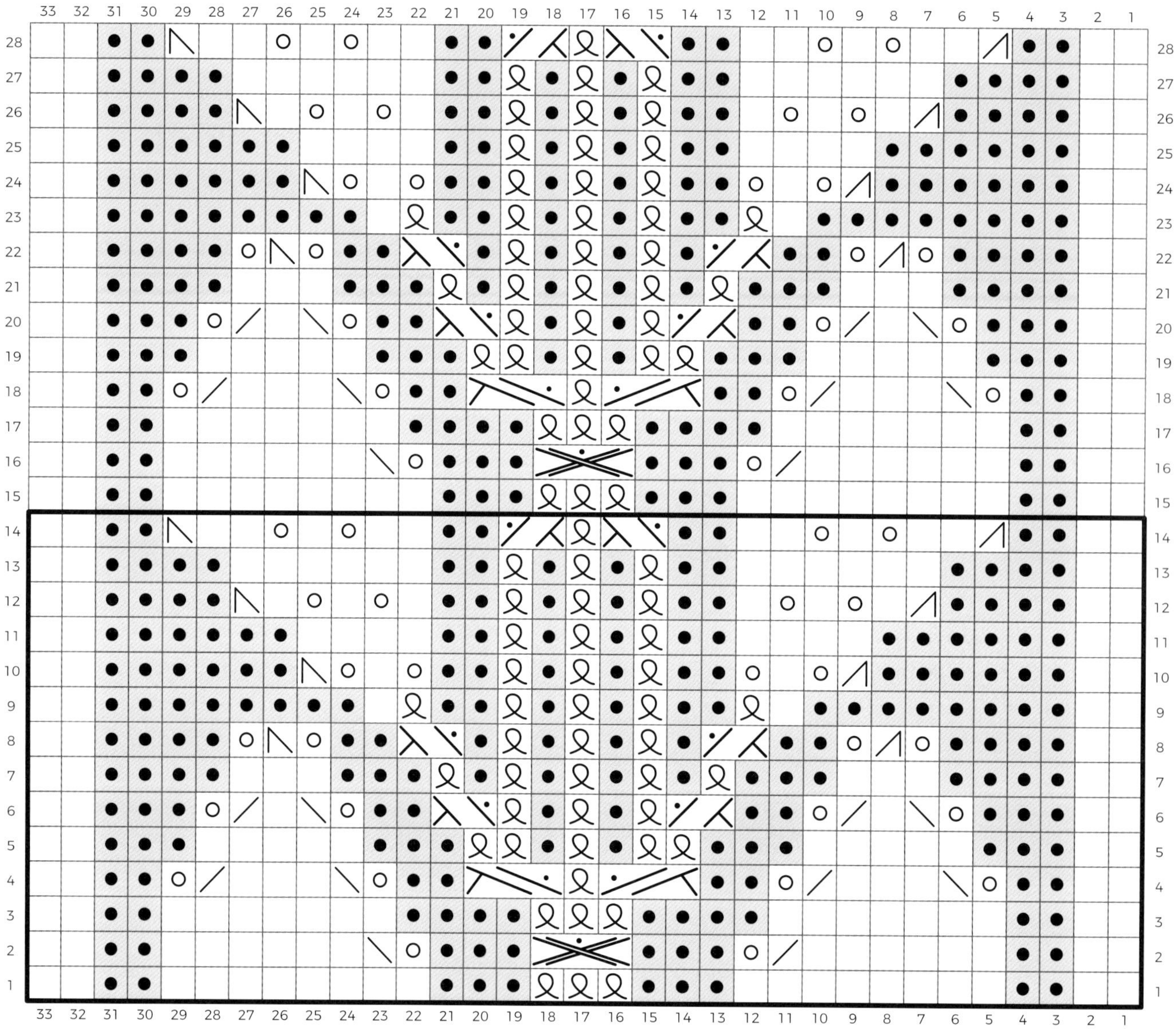

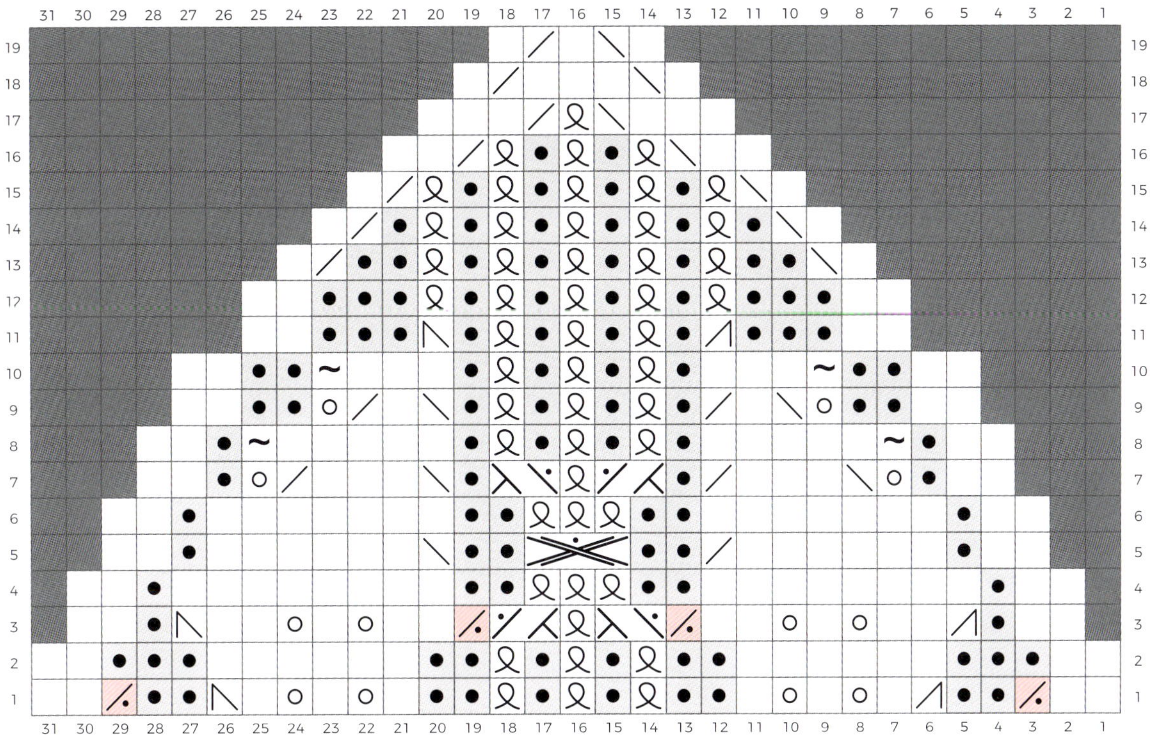

- re
- re verschränkt
- li
- Umschlag
- 2 M einzeln wie zum Rechtsstricken abheben, zurück auf die linke Nd heben und verschränkt zusammenstricken
- 2 M re zusammenstricken
- 3 M einzeln wie zum Rechtsstricken abheben, zurück auf die linke Nd heben und verschränkt zusammenstricken
- 3 M re zusammenstricken
- 1 M auf eine Hilfsnadel vor die Arbeit legen, 1 M li, die M von der Hilfsnadel re
- 1 M auf eine Hilfsnadel hinter die Arbeit legen, 1 M re, die M von der Hilfsnadel li
- 1 M auf eine Hilfsnadel vor die Arbeit legen, 1 M li, 1 M re, die M von der Hilfsnadel re
- 2 M auf eine Hilfsnadel hinter die Arbeit legen, 1 M re, von der Hilfsnadel 1 M re, 1 M li
- 1 M auf eine Hilfsnadel vor die Arbeit legen, 1 M auf eine Hilfsnadel hinter die Arbeit legen, 1 M re, die M von der hinteren Hilfsnadel re, die M von der vorderen Hilfsnadel re
- 2 M li zusammenstricken
- li verschränkt
- keine Masche

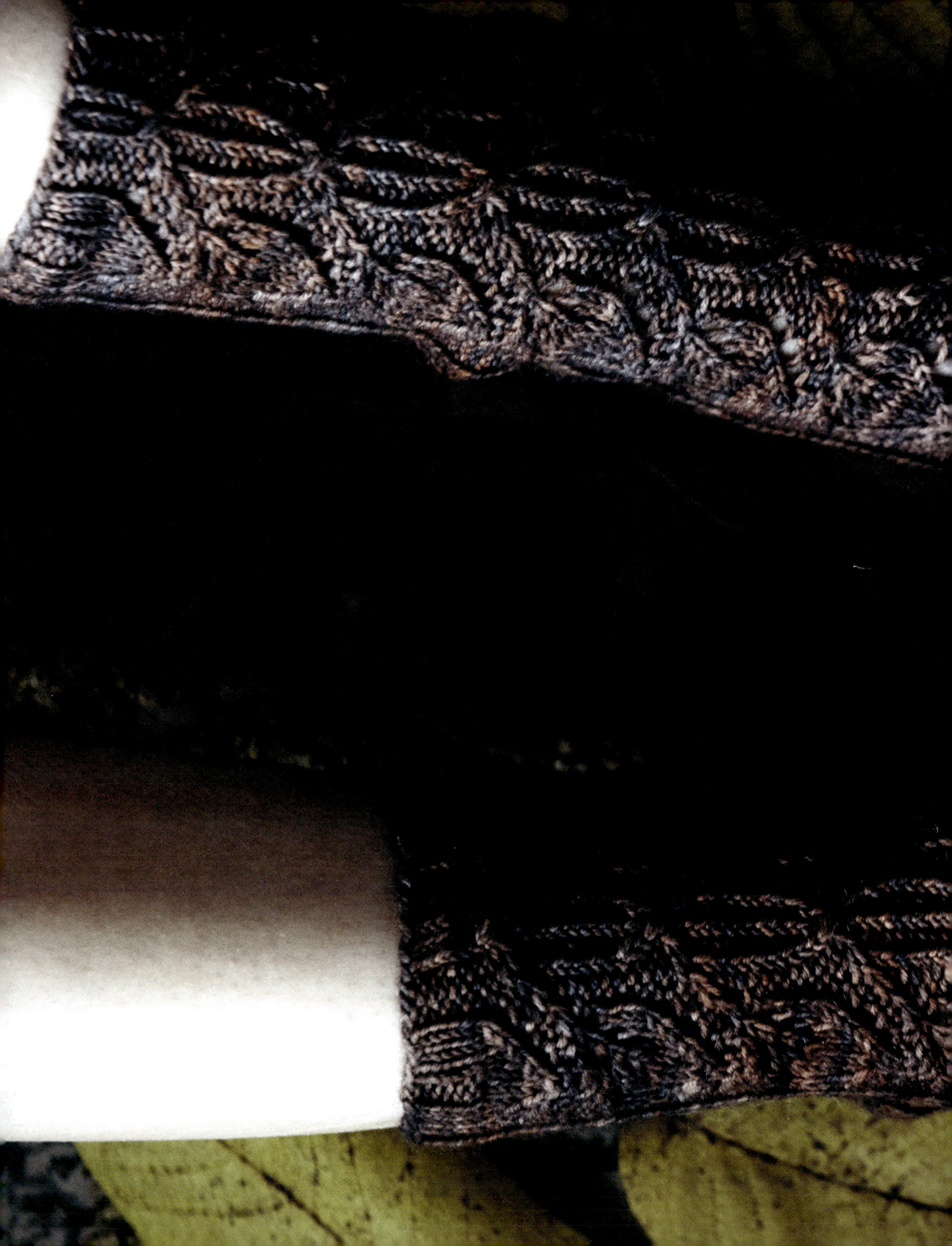

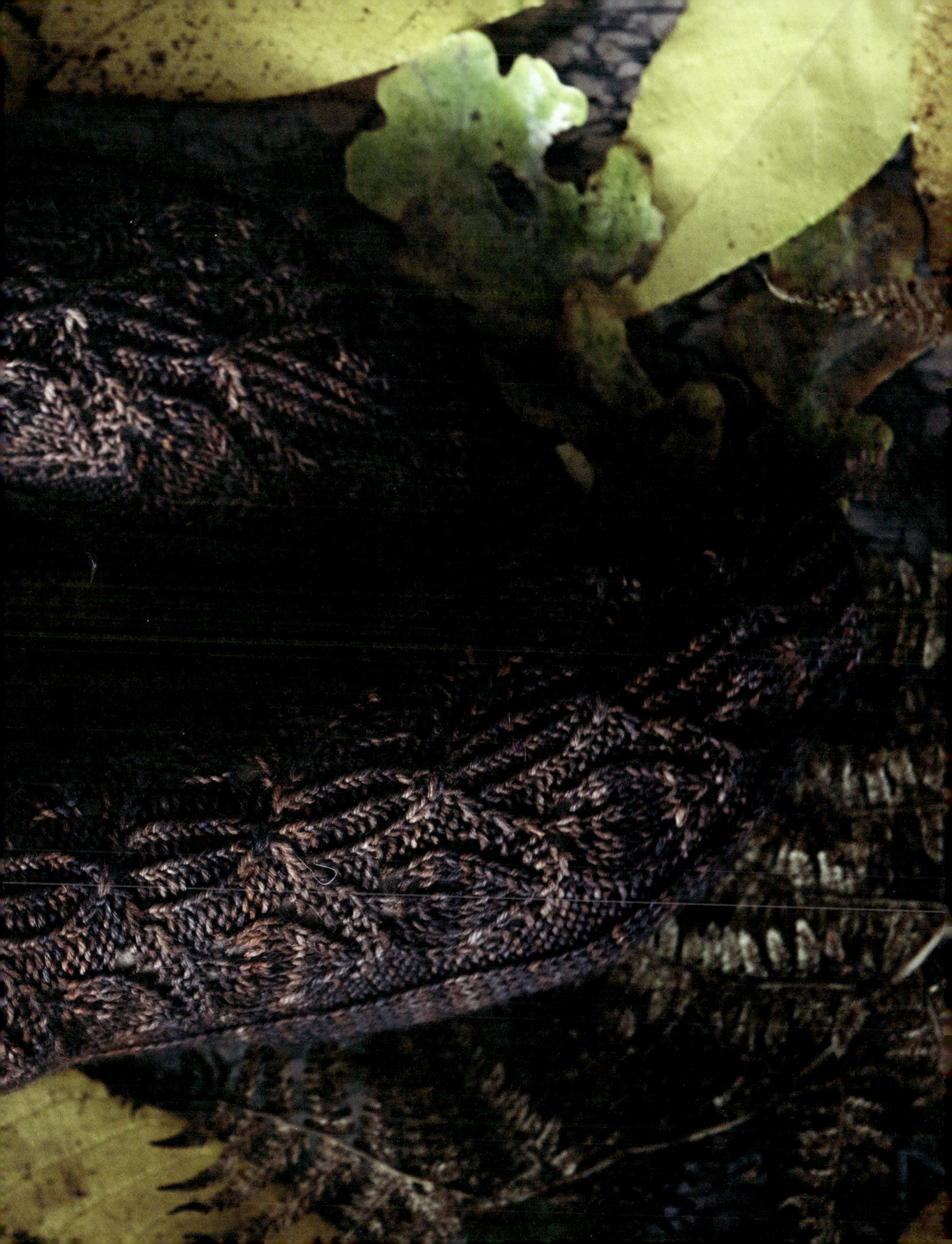

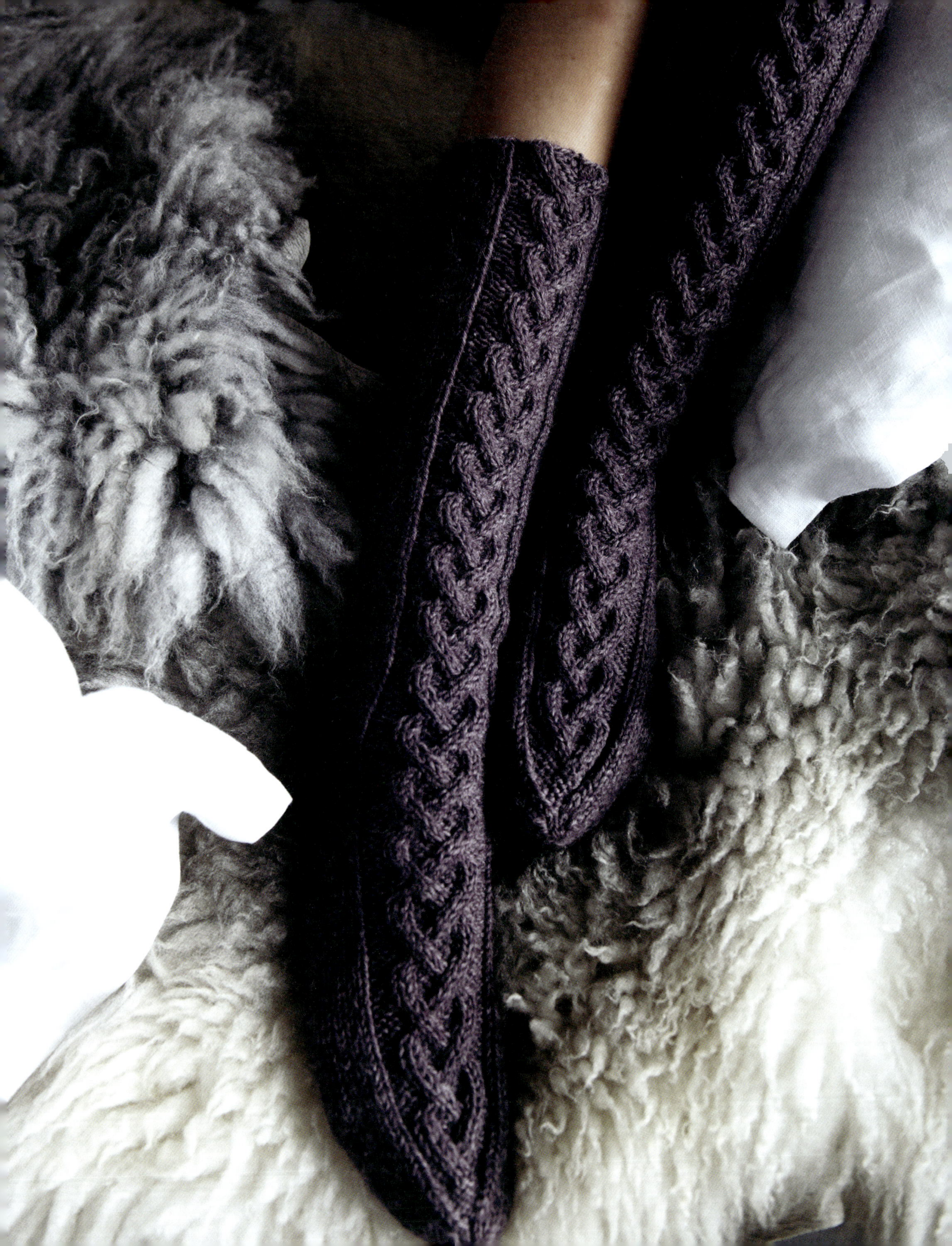

Könnte es etwas Besseres geben, als an kühlen Herbstsonntagen lange, warme Strümpfe anzuziehen, sich mit einer heißen Tasse Kaffee in eine Decke einzukuscheln und einfach mal nichts zu tun?

Sonntags

Größe: 38/39
Wadenumfang: ca. 33–38 cm
Garn: Novita 7 veljestä, Pflaume (Fb. 070)
Nadelspiel: Nr. 3,5, 1 Hilfsnadel
Garnverbrauch: 170 g
Maschenprobe: 21 M und 26 Rd = 10 cm × 10 cm

BEVOR SIE BEGINNEN

Die Strümpfe werden gegengleich gestrickt. Verwenden Sie die Strickschriften A rechts und B rechts für den einen Strumpf und A links und B links für den anderen. Die Anleitung ist für beide Strümpfe gleich, mit Ausnahme der Strickschriften und der Spitzenabnahmen.

SCHAFT

66 M anschlagen. Die M können Sie auf den Nd verteilen, wie Sie möchten. Beginnen Sie den Schaft vom rechten unteren Rand mit der 1. Rd laut Strickschrift A. Für die Waden in den Rd. 33+34, 41+42, 45+46, 49+50, 53+54, 57+58, 61+62, 65+66, wie in der Strickschrift gekennzeichnet, abnehmen. Es bleiben 50 M übrig.

Wenn alle 95 Rd für den Schaft gestrickt sind, die M auf den Nd verteilen wie folgt: 13-12-12-13.

FERSE

Die Fersenwand beginnen, dazu die M der 1. Nd re auf die 4. Nd stricken (insg. 26 M). Die restlichen M bleiben ungestrickt. Die Arbeit wenden, die 1. M li abheben, ohne sie zu stricken, die übrigen M li stricken. Gleichzeitig 2 M gleichmäßig verteilt abnehmen, sodass die Fersenwand nun 24 M hat.

1. R (Hin-R): Die Arbeit wenden, *1 M abheben, ohne sie zu stricken, 1 M re*, ab * bis R-Ende wdh.
2. R (Rück-R): Die Arbeit wenden, die 1. M abheben, ohne sie zu stricken, 1 M li, *1 M re, 1 M li*, ab * bis R-Ende wdh.

Diese beiden R wdh., bis für die Fersenwand 24 R gestrickt und zuletzt 1 Rück-R gestrickt sind.

Für die Käppchenabnahmen weiter verstärkt stricken. Auf der rechten Seite der Arbeit beginnen, bis noch 9 M auf der Nd sind. 1 Übz stricken, die Arbeit wenden. Auf der anderen Nd sind 7 M. 1 M li abheben, ohne sie zu stricken, li stricken, bis 9 M übrig sind. 2 M li zusammenstricken, die Arbeit wenden. 1 M abheben, ohne sie zu stricken, verstärkt stricken, bis noch 8 M auf der Nd sind. 1 Übz stricken, die Arbeit wenden. 1 M li abheben, ohne sie zu stricken, li stricken, bis 8 M übrig sind. 2 M li zusammenstricken, die Arbeit wenden.
Auf diese Weise fortfahren, dabei werden die äußeren M in jeder R reduziert, die mittleren M bleiben gleich (8 M). Wenn die äußeren M aufgebraucht sind, die M der Fersenwand auf 2 Nd verteilen (4-4). Die 4 M der 4. Nd re stricken, sodass der Faden zwischen den Nd liegt.

FUSSTEIL

Aus dem linken Fersenrand mit der freien Nd 14 M auffassen, die 4 M der 1. Nd stricken, danach die 14 aufgefassten M re verschränkt stricken. Mit der 2. und 3. Nd das Muster laut Strickschrift B arbeiten, mit der 1. Rd beginnen, die 1. bis 8. Rd wdh. Aus dem rechten Fersenrand 14 M auffassen, re verschränkt stricken, dabei noch die 4 M der 4. Nd auf dieselbe Nd stricken. Die Arbeit hat jetzt 60 M.

Mit den Zwickelabnahmen beginnen: Am Ende der 1. Nd 2 M re zusammenstricken, am Anfang der 4. Nd in jeder 2. Rd 1 Übz stricken. Mit der 2. und 3. Nd weiter im Muster stricken. Mit den Zwickelabnahmen fortfahren, bis noch 48 M (12 M je Nd) übrig sind. Die Zwickelabnahmen beenden, mit der 1. und 4. Nd re sowie mit der 2. und 3. Nd weiter im Muster stricken.

Wenn nach der Fersenwand 44 Rd gestrickt und zuletzt die 4. Rd der Strickschrift gestrickt sind, mit den Abnahmen für die Spitze beginnen.

Spitzenabnahmen, **rechter** Strumpf:

1. Rd:

1. Nd: 9 M re, 2 M re zus, 1 M re.
2. und 3. Nd: 4 M re, 1 M li, 2 M li zus, 1 M li, 2 M auf eine Hilfsnadel vor die Arbeit heben, 2 M li zus und von der Hilfsnadel 2 M re, 4 M li, 2 M re, 2 M li, 4 M re.
4. Nd: 1 M re, Übz, 9 M re.

2. Rd:

1. Nd: 11 M re.
2. und 3. Nd: 4 M re, 4 M li, 2 M re, 4 M li, 2 M re, 2 M li, 4 M re.
4. Nd: 11 M re.

3. Rd:

1. Nd: 8 M re, 2 M re zus, 1 M re.
2. und 3. Nd: 3 M re, Übz, 3 M li, 2 M auf eine Hilfsnadel vor die Arbeit heben, 2 M li und von der Hilfsnadel 2 M re, 2 M auf eine Hilfsnadel hinter die Arbeit heben, 2 M re und von der Hilfsnadel 2 M li, 1 M li, 2 M re zus, 3 M re.
4. Nd: 1 M re, Übz, 8 M re.

4. Rd:

1. Nd: 10 M re.
2. und 3. Nd: 4 M re, 5 M li, 4 M re, 3 M li, 4 M re.
4. Nd: 10 M re.

5. Rd:

1. Nd: 7 M re, 2 M re zus, 1 M re.
2. und 3. Nd: 3 M re, Übz, 4 M li, 2 M auf eine Hilfsnadel hinter die Arbeit heben, 2 M re und von der Hilfsnadel 2 M li zus, 3 M li, 4 M re.
4. Nd: 1 M re, Übz, 7 M re.

6. Rd:

1. Nd: 9 M re.
2. und 3. Nd: 4 M re, 10 M li, 4 M re.
4. Nd: 9 M re.

7. Rd:

1. Nd: 6 M re, 2 M re zus, 1 M re.
2. und 3. Nd: 3 M re, Übz, 8 M li, 2 M re zus, 3 M re.
4. Nd: 1 M re, Übz, 6 M re.

8. Rd:

1. Nd: 5 M re, 2 M re zus, 1 M re.
2. und 3. Nd: 3 M re, Übz, 6 M li, 2 M re zus, 3 M re.
4. Nd: 1 M re, Übz, 5 M re.

9. Rd:

1. Nd: 4 M re, 2 M re zus, 1 M re.
2. und 3. Nd: 3 M re, Übz, 4 M li, 2 M re zus, 3 M re.
4. Nd: 1 M re, Übz, 4 M re.

10. Rd:

1. Nd: 3 M re, 2 M re zus, 1 M re.
2. und 3. Nd: 3 M re, Übz, 2 M li, 2 M re zus, 3 M re.
4. Nd: 1 M re, Übz, 3 M re.

11. Rd:

1. Nd: 2 M re, 2 M re zus, 1 M re.
2. und 3. Nd: 3 M re, Übz, 2 M re zus, 3 M re.
4. Nd: 1 M re, Übz, 2 M re.

12. Rd:

1. Nd: 1 M re, 2 M re zus, 1 M re.
2. und 3. Nd: 1 M re, Übz, 2 M re, 2 M re zus, 1 M re.
4. Nd: 1 M re, Übz, 1 M re.

13. Rd:

1. Nd: 2 M re zus, 1 M re.
2. und 3. Nd: Übz, 2 M re, 2 M re zus.
4. Nd: 1 M re, Übz.

Spitzenabnahmen, **linker** Strumpf:

1. Rd:
1. Nd: 9 M re, 2 M re zus, 1 M re.
2. und 3. Nd: 4 M re, 2 M li, 2 M re, 4 M li, 2 M auf eine Hilfsnadel hinter die Arbeit heben, 2 M re und von der Hilfsnadel 2 M li zus, 1 M li, 2 M li zus, 1 M li, 4 M re.
4. Nd: 1 M re, Übz, 9 M re.

2. Rd:
1. Nd: 11 M re.
2. und 3. Nd: 4 M re, 2 M li, 2 M re, 4 M li, 2 M re, 4 M li, 4 M re.
4. Nd: 11 M re.

3. Rd:
1. Nd: 8 M re, 2 M re zus, 1 M re.
2. und 3. Nd: 3 M re, Übz, 1 M li, 2 M auf eine Hilfsnadel vor die Arbeit heben, 2 M li und von der Hilfsnadel 2 M re, 2 M auf eine Hilfsnadel hinter die Arbeit heben, 2 M re und von der Hilfsnadel 2 M li, 3 M li, 2 M re zus, 3 M re.
4. Nd: 1 M re, Übz, 8 M re.

4. Rd:
1. Nd: 10 M re.
2. und 3. Nd: 4 M re, 3 M li, 4 M re, 5 M li, 4 M re.4. Nd: 10 M re.

5. Rd:
1. Nd: 7 M re, 2 M re zus, 1 M re.
2. und 3. Nd: 4 M re, 3 M li, 2 M auf eine Hilfsnadel vor die Arbeit heben, 2 M li zus und von der Hilfsnadel 2 M re, 4 M li, 2 M re zus, 3 M re.
4. Nd: 1 M re, Übz, 7 M re.

6.–13. Rd:
Wie beim rechten Strumpf stricken. Es sind noch 8 M übrig. Den Faden abschneiden und durch die restlichen M ziehen. Die Fadenenden vernähen und die Socken leicht dämpfen.

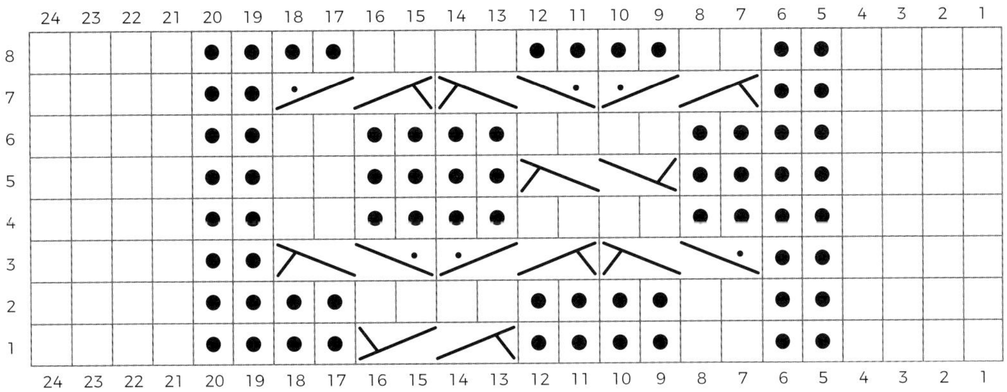

STRICKSCHRIFT B. RECHTS, FUSSRÜCKEN

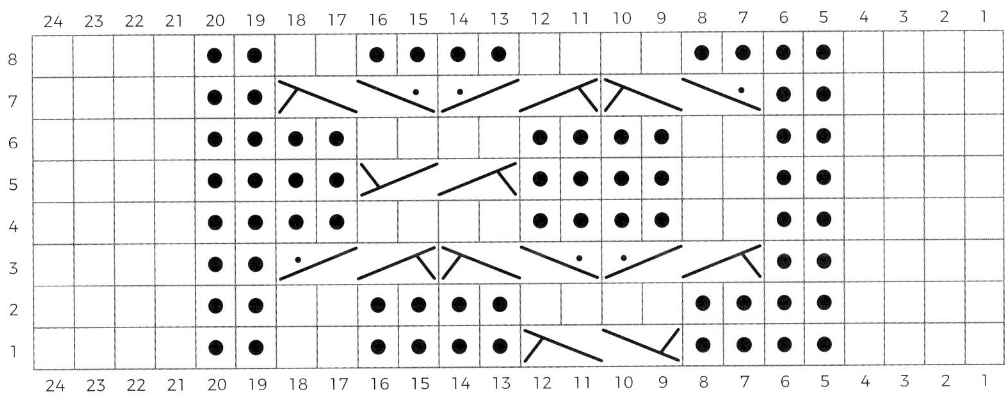

STRICKSCHRIFT B. LINKS, FUSSRÜCKEN

- keine M
- re
- li
- Umschlag
- 2 M einzeln wie zum Rechtsstricken abheben, zurück auf die linke Nd legen und verschränkt zusammenstricken
- 2 M re zusammenstricken
- 2 M auf eine Hilfsnadel vor die Arbeit legen, 2 M re, die 2 M von der Hilfsnadel re
- 2 M auf eine Hilfsnadel hinter die Arbeit legen, 2 M re, die 2 M von der Hilfsnadel re
- 2 M auf eine Hilfsnadel vor die Arbeit legen, 2 M li, die 2 M von der Hilfsnadel re
- 2 M auf eine Hilfsnadel hinter die Arbeit legen, 2 M re, die 2 M von der Hilfsnadel li
- 2 M li zusammenstricken

STRICKSCHRIFT A, RECHTS, SCHAFT

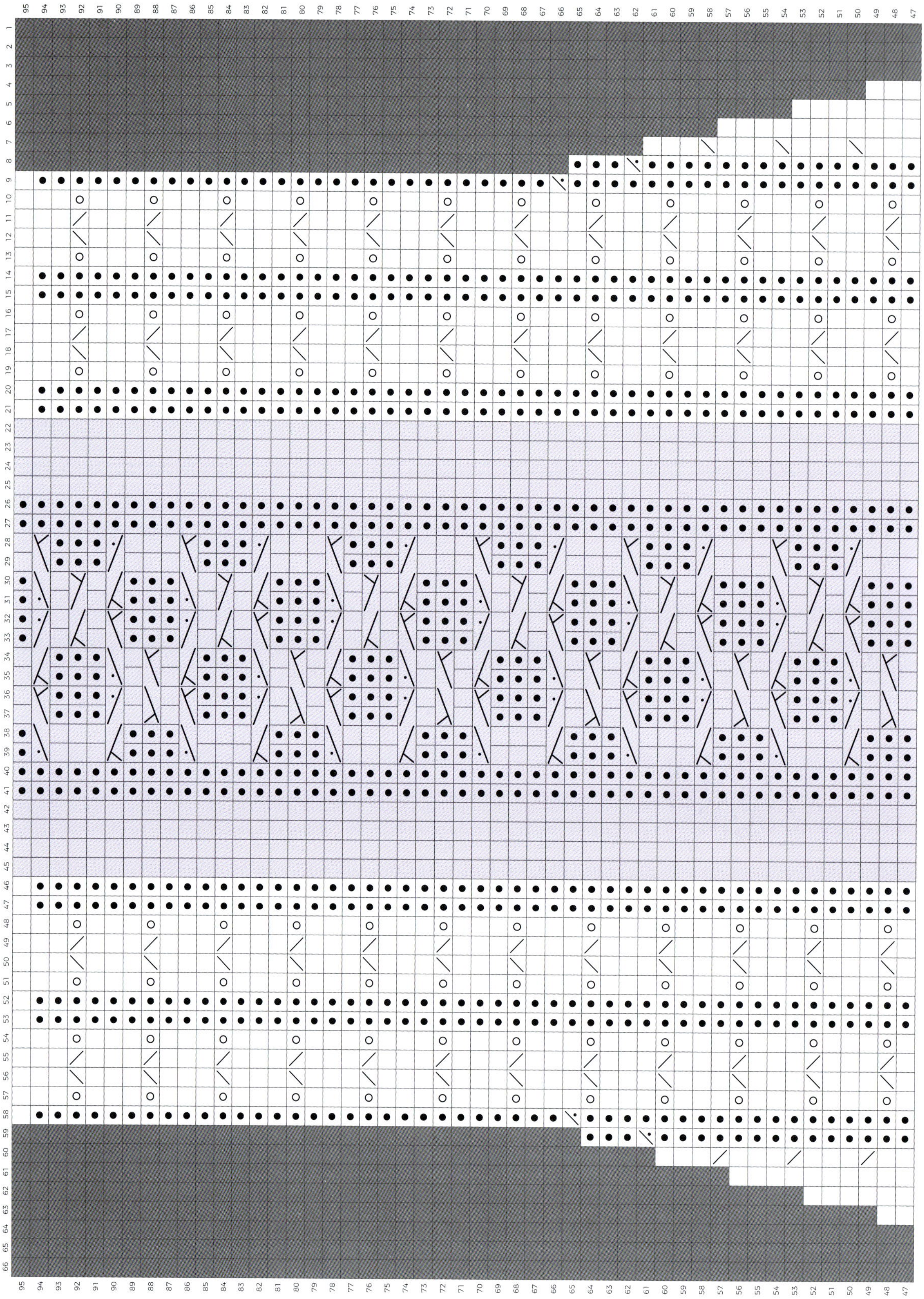

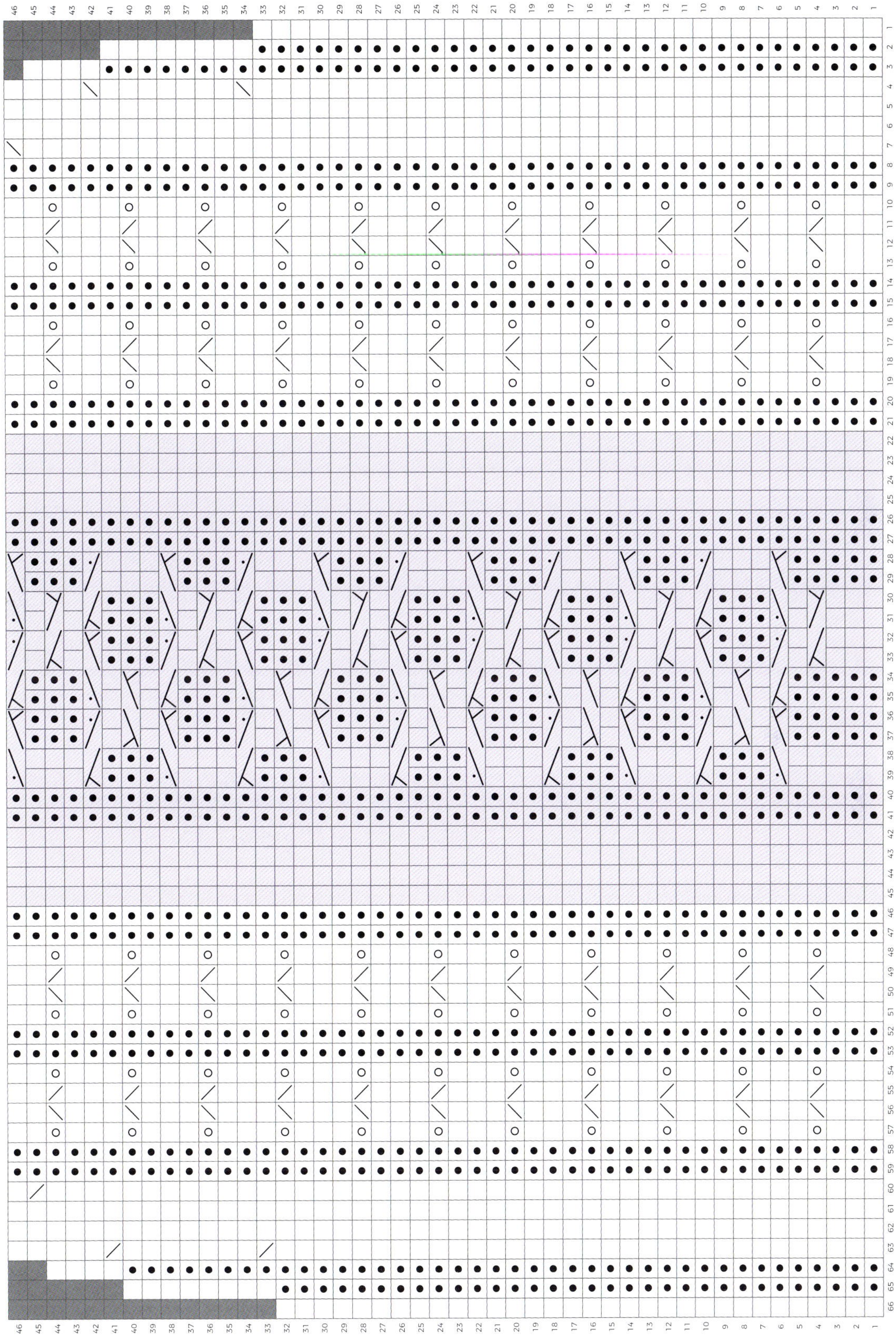

STRICKSCHRIFT A, LINKS, SCHAFT

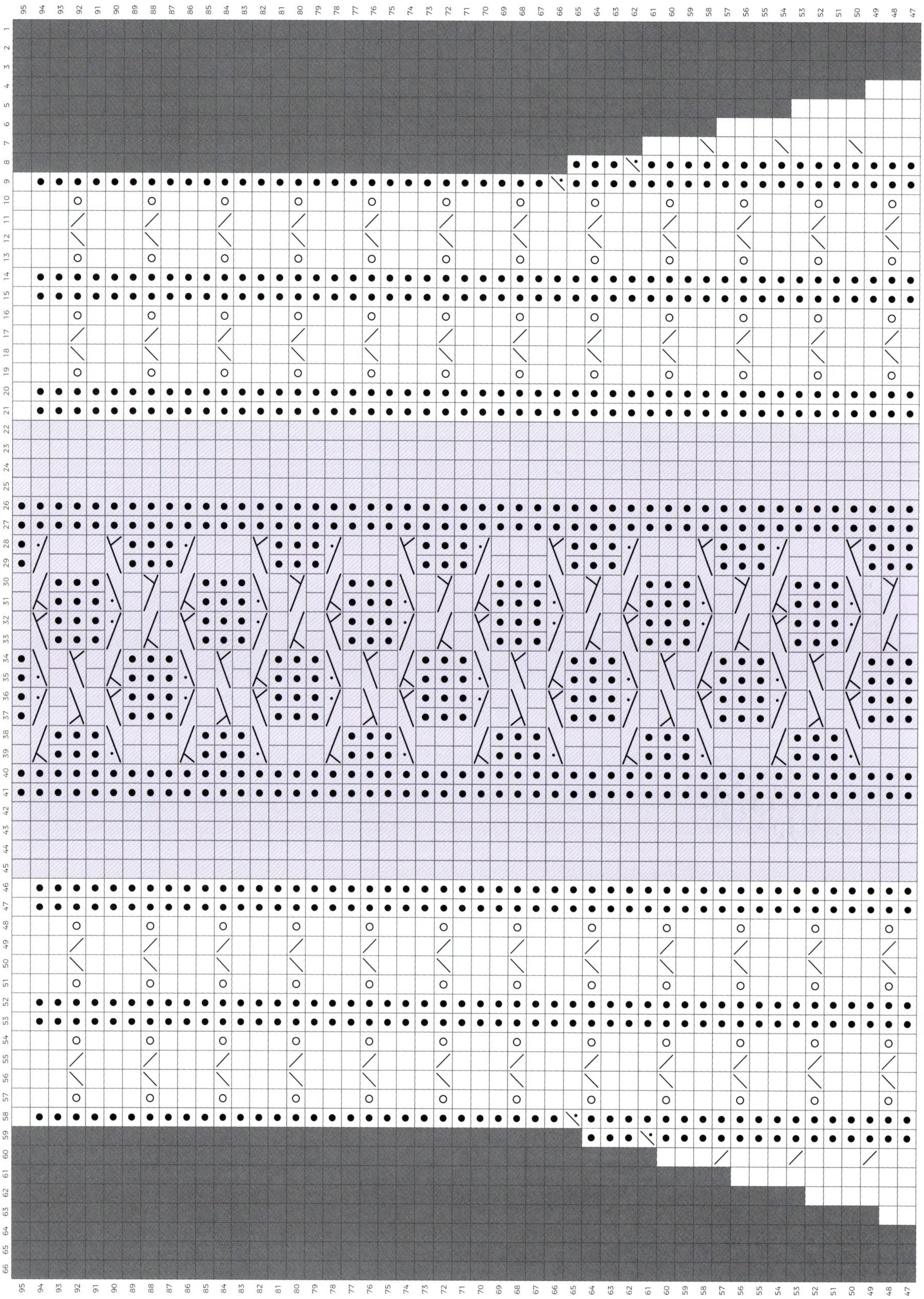

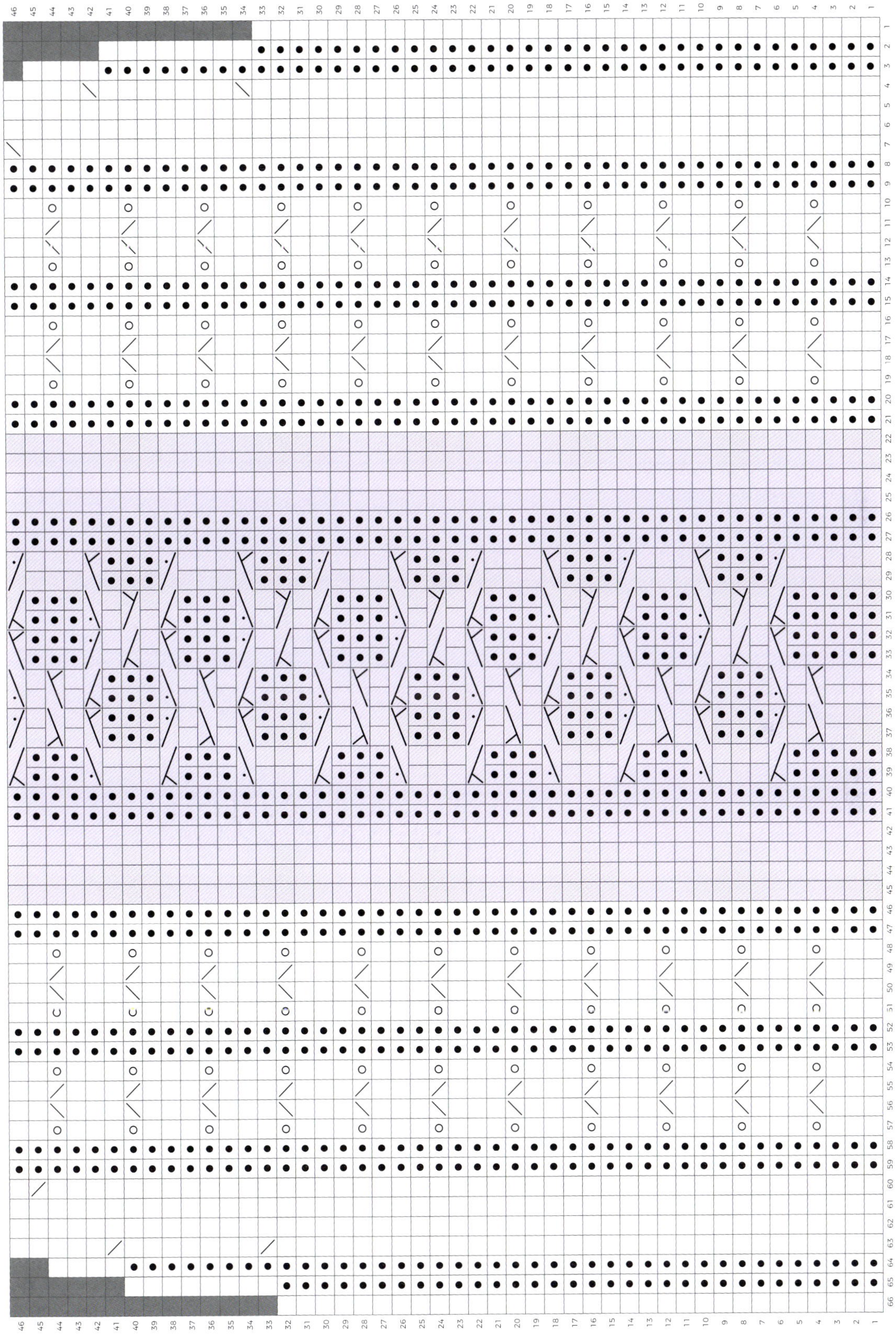

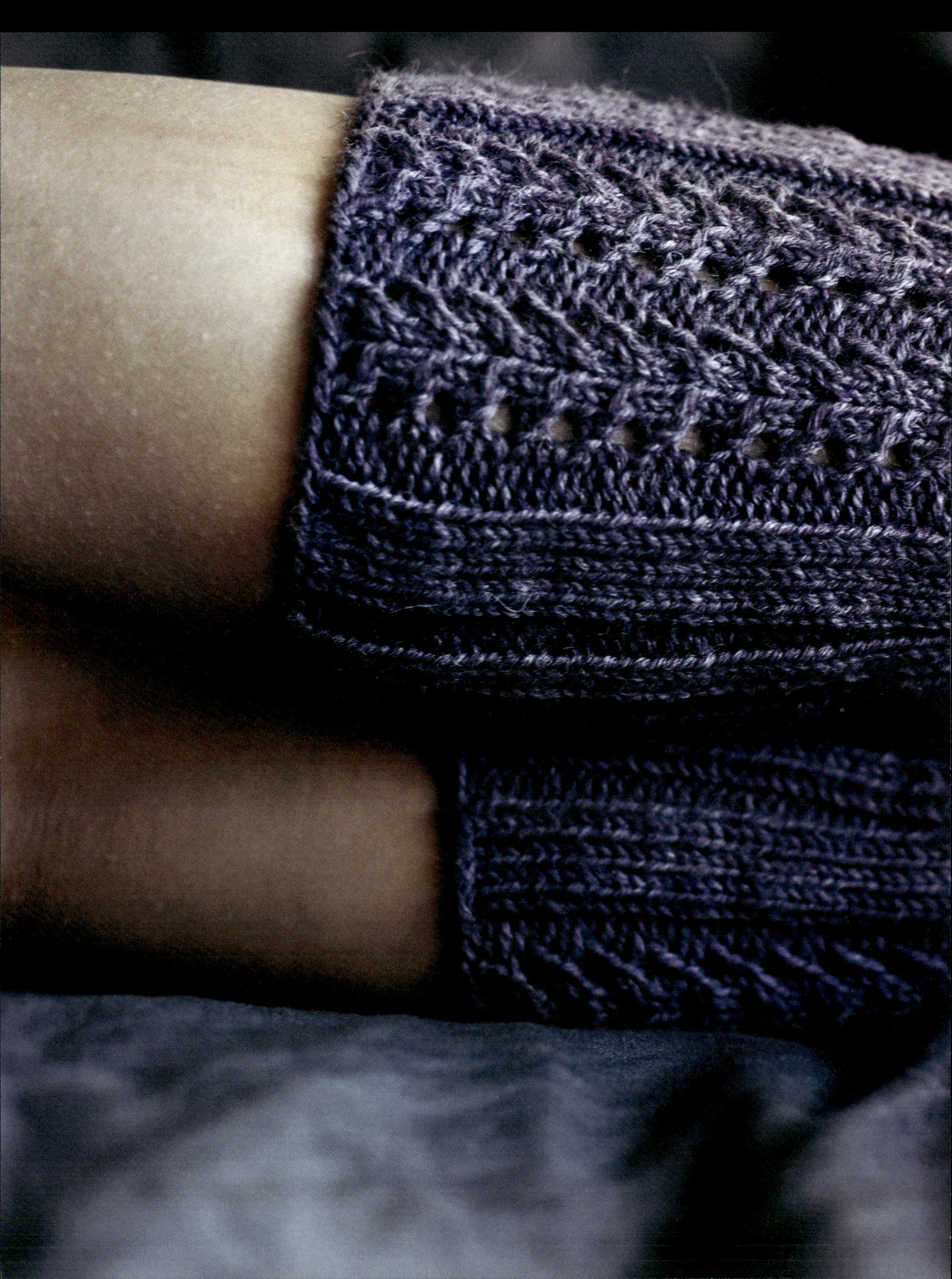

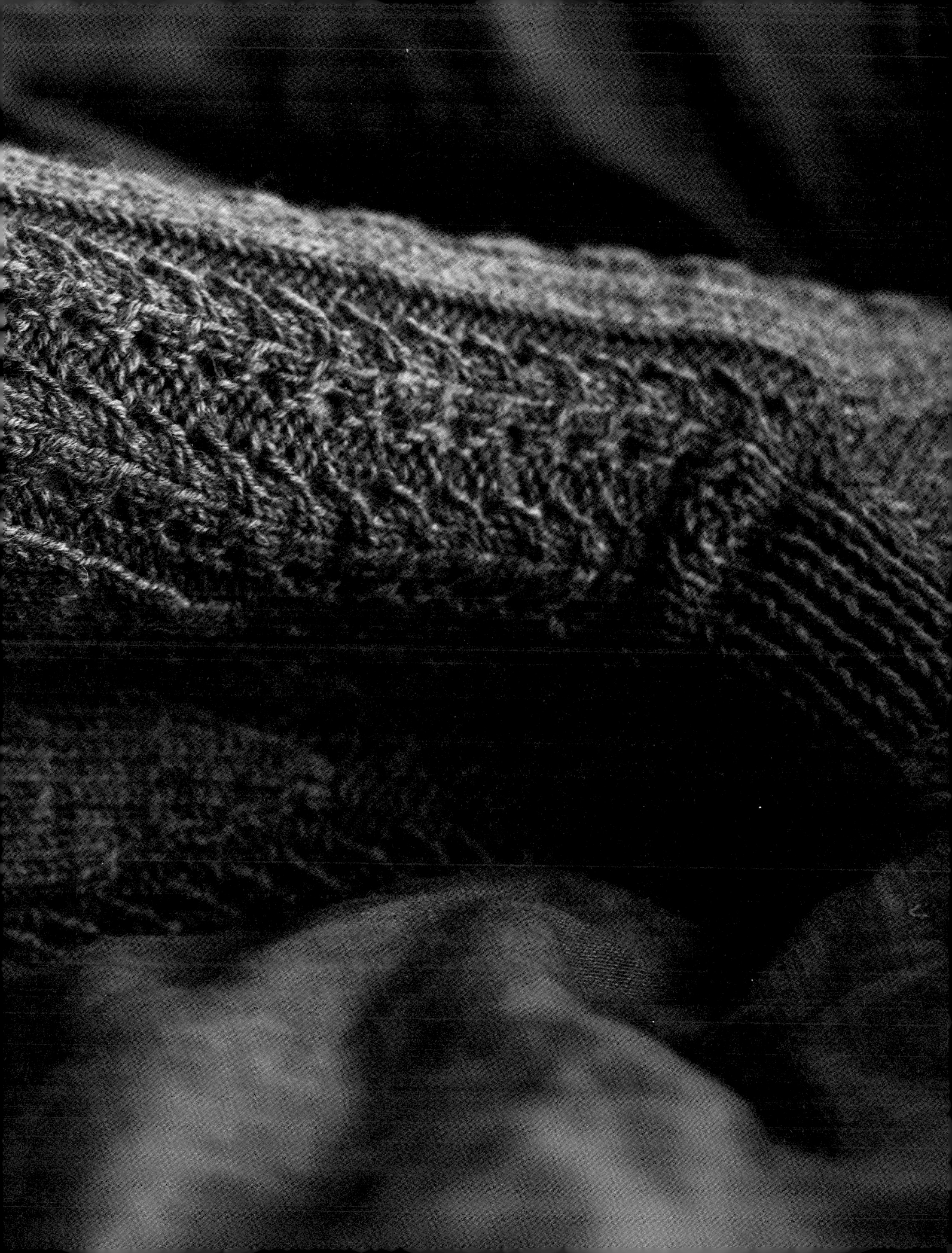

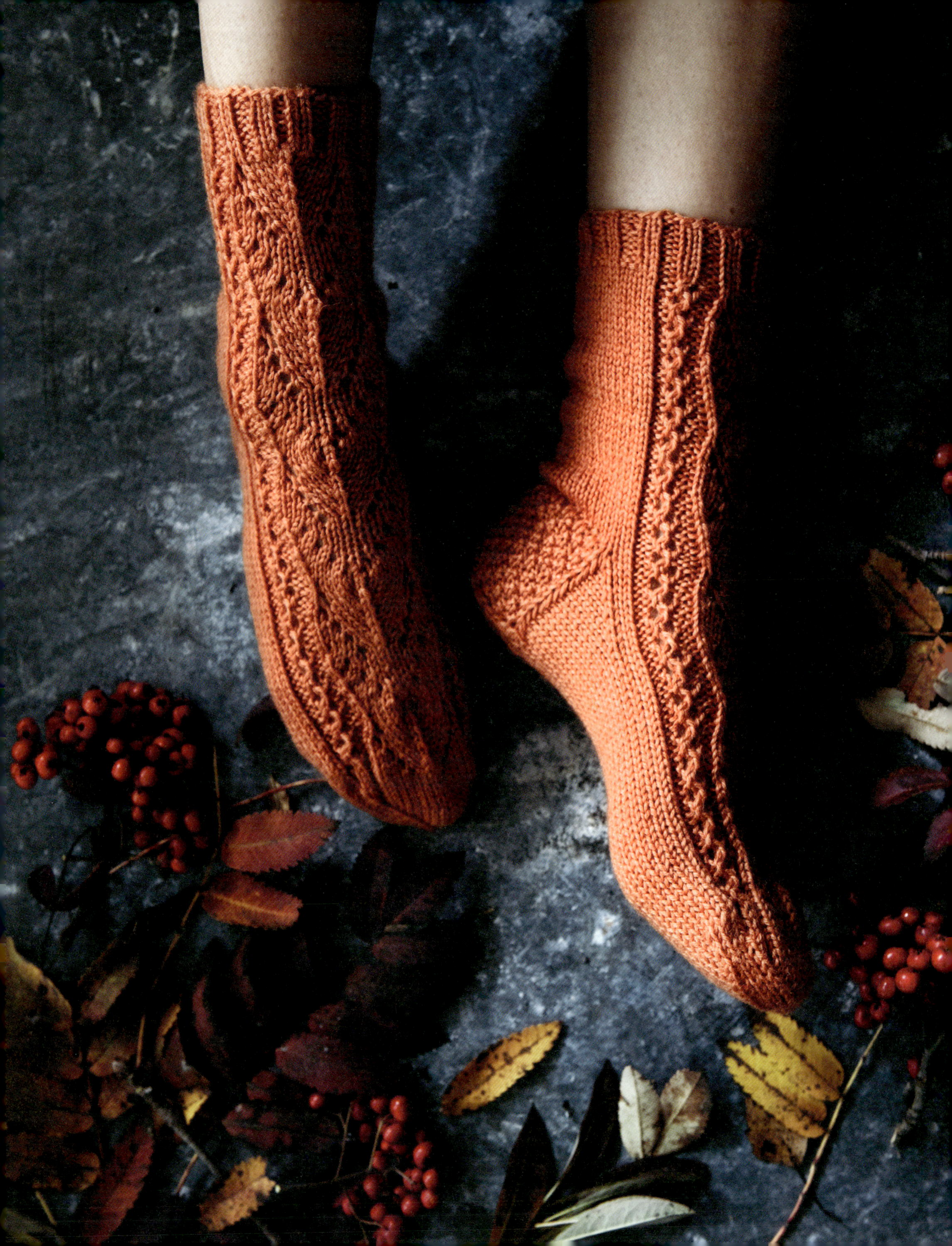

Wenn es immer dunkler und kühler wird, leuchten die Farben des Herbstes umso klarer. Dieses Modell spiegelt die Einfachheit und Schönheit der Ruska-Zeit, eines herbstlichen Naturschauspiels in Lappland. Die Fersen im doppelten Perlmuster, das einfache Spitzenmuster und das wunderschöne Orange machen diese Socken zum Hingucker.

Herbstfarben

Größe: 36/37 (38/39)
Garn: Gjestal Maija, Orange (Fb. 236)
Nadelspiel: Nr. 3
Garnverbrauch: 80 g
Maschenprobe: 24 M und 32 R = 10 cm × 10 cm

BEVOR SIE BEGINNEN

Die Anleitung ist für zwei Größen. Beide werden nach derselben Anleitung gestrickt, die Abweichungen für Größe 38/39 sind grau markiert.

SCHAFT

55 M anschlagen, die M auf den Nd verteilen: 13-15-14-13.

Zunächst 8 Rd im Bündchenmuster stricken:

1. Nd: 1 M li, 2 M re, 2 M li, 2 M re, 2 M li, 2 M re, 2 M li.

2. Nd: 2 M re, 2 M li, 2 M re, 2 M li, 2 M re, 2 M li, 2 M re, 1 M li.

3. Nd: 2 M re, 2 M li, 2 M re, 2 M li, 2 M re, 2 M li, 2 M re.

4. Nd: 2 M li, 2 M re, 2 M li, 2 M re, 2 M li, 2 M re, 1 M li.

Nach dem Bündchenmuster mit der 1. und 4. Nd glatt re stricken, mit der 2. und 3. Nd das Muster laut Strickschrift ab der 1. Rd beginnen, die 1. bis 20. Rd wdh.

FERSE

Wenn 53 Rd (48 Rd) für den Schaft gestrickt und zuletzt die 5. (20.) Rd der Strickschrift gestrickt sind, mit der Fersenwand im Perlmuster beginnen: die M der 1. Nd re auf die 4. Nd stricken (insg. 26 M). Die übrigen M bleiben ungestrickt.

Die Arbeit wenden, die 1. M li abheben, ohne sie zu stricken, die übrigen M li stricken. Gleichzeitig 1 M zunehmen, sodass die Fersenwand jetzt 27 M hat.

1. R (Hin-R): Die Arbeit wenden, 1 M re abheben, ohne sie zu stricken, *1 M li, 1 M re*, ab * bis Rd-Ende wdh.

2. R (Rück-R): Die Arbeit wenden, 1 M li abheben, ohne sie zu stricken, *1 M re, 1 M li*, ab * bis Rd-Ende wdh.

3. R (Hin-R): Die Arbeit wenden, 1 M re abheben, ohne sie zu stricken, *1 M re, 1 M li*, ab * wdh., bis noch 2 M übrig sind, 2 M re.

4. R (Rück-R): Die Arbeit wenden, 1 M li abheben, ohne sie zu stricken, *1 M li, 1 M re*, ab * wdh., bis noch 2 M übrig sind, 2 M li.

Diese 4 R wdh., bis für die Fersenwand 24 R gestrickt und zuletzt 1 Rück-R gestrickt sind.

Für die Käppchenabnahmen glatt re stricken. Auf der rechten Seite der Arbeit beginnen, bis noch 9 M auf der Nd sind. 1 Übz stricken, die Arbeit wenden. Auf der anderen Nd sind 7 M. 1 M li abheben, ohne sie zu stricken, linke M stricken, bis 9 M übrig sind. 2 M li zusammenstricken, die Arbeit wenden. 1 M abheben, ohne sie zu stricken, re stricken, bis noch 8 M auf der Nd sind. 1 Übz stricken, die Arbeit wenden. 1 M li abheben, ohne sie zu stricken, li stricken, bis 8 M übrig sind. 2 M li zusammenstricken, die Arbeit wenden.

Auf diese Weise fortfahren, dabei werden die äußeren M in jeder R reduziert, die mittleren M bleiben gleich (11 M). Wenn die äußeren M aufgebraucht sind, die M der Fersenwand auf 2 Nd verteilen (6-5). Mit der 4. Nd 4 M re, 2 M re zusammenstricken, sodass der Faden zwischen den Nd liegt.

FUSSTEIL

Aus dem linken Fersenrand mit der freien Nd 14 M auffassen, die 5 M der 1. Nd stricken, danach die 14 aufgefassten M re verschränkt stricken. Mit der 2. und 3. Nd das Muster laut Strickschrift arbeiten, mit der 6. (1.) Rd fortfahren. Aus dem rechten Fersenrand 14 M auffassen, re verschränkt stricken, dabei noch die 5 M der 4. Nd auf dieselbe Nd stricken. Die Arbeit hat 67 M.

Mit den Zwickelabnahmen beginnen: Am Ende der 1. Nd 2 M re zusammenstricken, am Anfang der 4. Nd in jeder 2. Rd 1 Übz stricken. Mit der 2. und 3. Nd weiter im Muster stricken. Mit den Zwickelabnahmen fortfahren, bis noch 53 M (Verteilung 12-15-14-12) (55 M – Verteilung 13-15-14-13) übrig sind. Die Zwickelabnahmen beenden, mit der 1. und 4. Nd re sowie mit der 2. und 3. Nd weiter im Muster stricken.

Wenn nach der Fersenwand 43 Rd (48 Rd) gestrickt und zuletzt die 8. (8.) Rd der Strickschrift gestrickt wurde, mit den Abnahmen für die Spitze beginnen.

1. Rd:
1. Nd: 12 M re. (13 M re.)
2. und 3. Nd: 1 M re, Übz, 1 M li, 2 M re, 2 M li, 13 M re, 2 M li, 2 M re, 1 M li, 2 M re zus, 1 M re.
4. Nd: 12 M re. (13 M re.)

2. Rd:
1. Nd: 12 M re. (13 M re.)
2. und 3. Nd: 2 M re, 1 M li, 2 M re, 2 M li, 4 M re, U, 1 M re, 2 M wie zum re Zusammenstricken abheben, 1 M re und die abgehobenen M über die gestrickte M ziehen, 1 M re, U, 4 M re, 2 M li, 2 M re, 1 M li, 2 M re.
4. Nd: 12 M re. (13 M re.)

3. Rd:
1. Nd: 12 M re. (10 M re, 2 M re zus, 1 M re.)
2. und 3. Nd: 1 M re, Übz, 2 M re, 2 M li, 13 M re, 2 M li, 2 M re, 2 M re zus, 1 M re.
4. Nd: 12 M re. (1 M re, Übz, 10 M re.)

Ab jetzt werden die Socken in beiden Größen nach derselben Anleitung fertig gestrickt:

4. Rd:
1. Nd: 12 M re.
2. und 3. Nd: 4 M re, 2 M li, 13 M re, 2 M li, 4 M re.
4. Nd: 12 M re.

5. Rd:
1. Nd: 9 M re, 2 M re zus, 1 M re.
2. und 3. Nd: 1 M re, Übz, 1 M re, 2 M li, 13 M re, 2 M li, 1 M re, 2 M re zus, 1 M re.
4. Nd: 1 M re, Übz, 9 M re.

6. Rd:
1. Nd: 11 M re.
2. und 3. Nd: 3 M re, 2 M li, 13 M re, 2 M li, 3 M re.
4. Nd: 11 M re.

7. Rd:
1. Nd: 8 M re, 2 M re zus, 1 M re.
2. und 3. Nd: 1 M re, Übz, 2 M li, 13 M re, 2 M li, 2 M re zus, 1 M re.
4. Nd: 1 M re, Übz, 8 M re.

8. Rd:
1. Nd: 7 M re, 2 M re zus, 1 M re.
2. und 3. Nd: 1 M re, Übz, 1 M li, 13 M re, 1 M li, 2 M re zus, 1 M re.
4. Nd: 1 M re, Übz, 7 M re.

9. Rd:
1. Nd: 6 M re, 2 M re zus, 1 M re.
2. und 3. Nd: 1 M re, Übz, 13 M re, 2 M re zus, 1 M re.
4. Nd: 1 M re, Übz, 6 M re.

10. Rd:
1. Nd: 5 M re, 2 M re zus, 1 M re.
2. und 3. Nd: 1 M re, Übz, 11 M re, 2 M re zus, 1 M re.
4. Nd: 1 M re, Übz, 5 M re.

11. Rd:
1. Nd: 4 M re, 2 M re zus, 1 M re.
2. und 3. Nd: 1 M re, Übz, 9 M re, 2 M re zus, 1 M re.
4. Nd: 1 M re, Übz, 4 M re.

12. Rd:
1. Nd: 3 M re, 2 M re zus, 1 M re.
2. und 3. Nd: 1 M re, Übz, 7 M re, 2 M re zus, 1 M re.
4. Nd: 1 M re, Übz, 3 M re.

13. Rd:
1. Nd: 2 M re, 2 M re zus, 1 M re.
2. und 3. Nd: 1 M re, Übz, 5 M re, 2 M re zus, 1 M re.
4. Nd: 1 M re, Übz, 2 M re.

14. Rd:
1. Nd: 1 M re, 2 M re zus, 1 M re.
2. und 3. Nd: 1 M re, Übz, 3 M re, 2 M re zus, 1 M re.
4. Nd: 1 M re, Übz, 1 M re.

15. Rd:
1. Nd: 2 M re zus, 1 M re.
2. und 3. Nd: 1 M re, Übz, 1 M re, 2 M re zus, 1 M re.
4. Nd: 1 M re, Übz.

Es sind noch 9 M übrig. Den Faden abschneiden und durch die restlichen M ziehen. Die Fadenenden vernähen und die Socken leicht dämpfen.

STRICKSCHRIFT

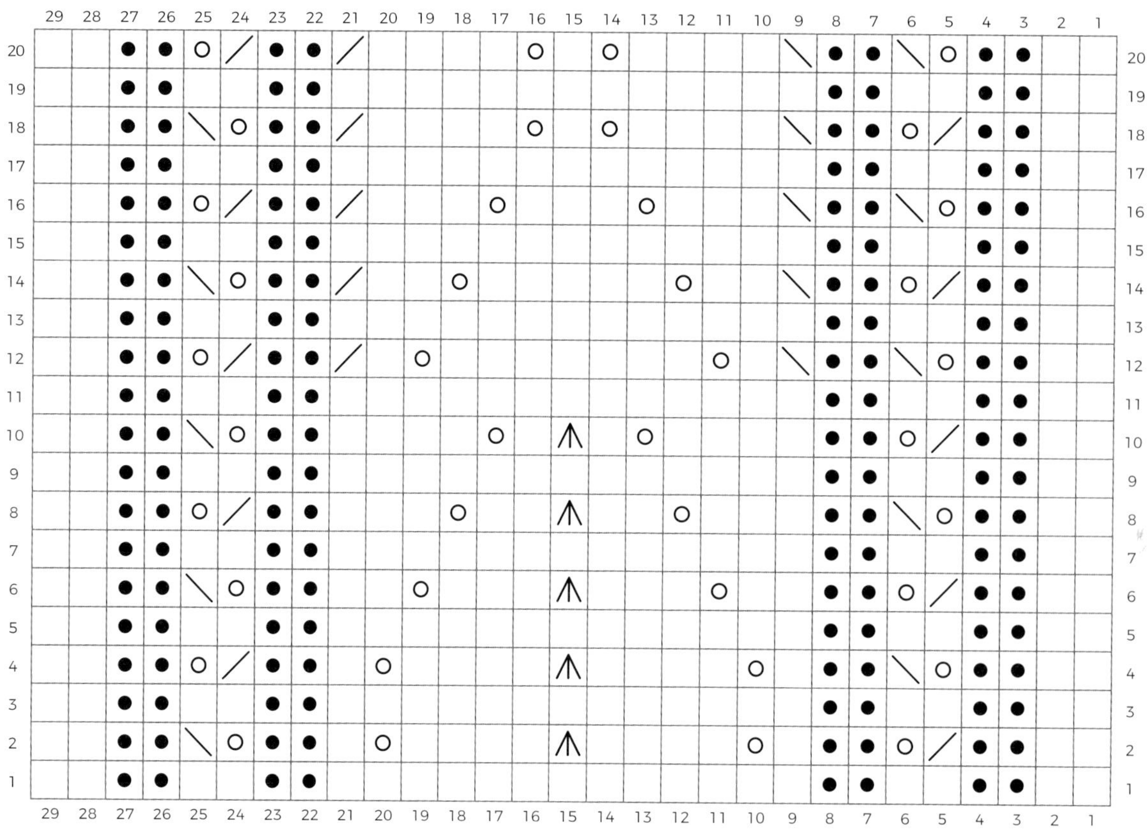

- re
- li
- Umschlag
- 2 M einzeln wie zum Rechtsstricken abheben, zurück auf die linke Nd legen und verschränkt zusammenstricken
- 2 M re zusammenstricken
- 2 M wie zum re Zusammenstricken abheben, 1 M re und die abgehobenen M über die gestrickte M ziehen

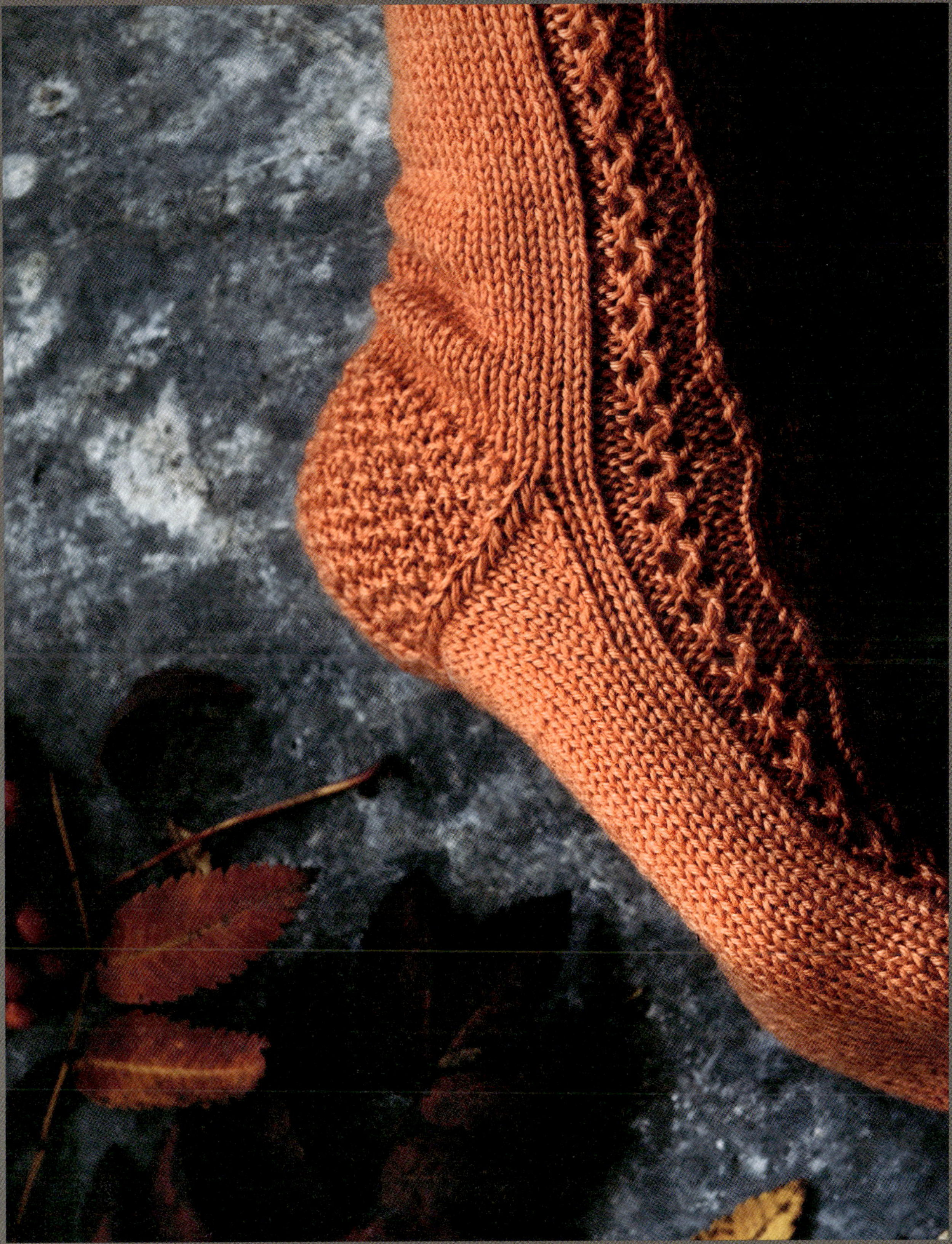

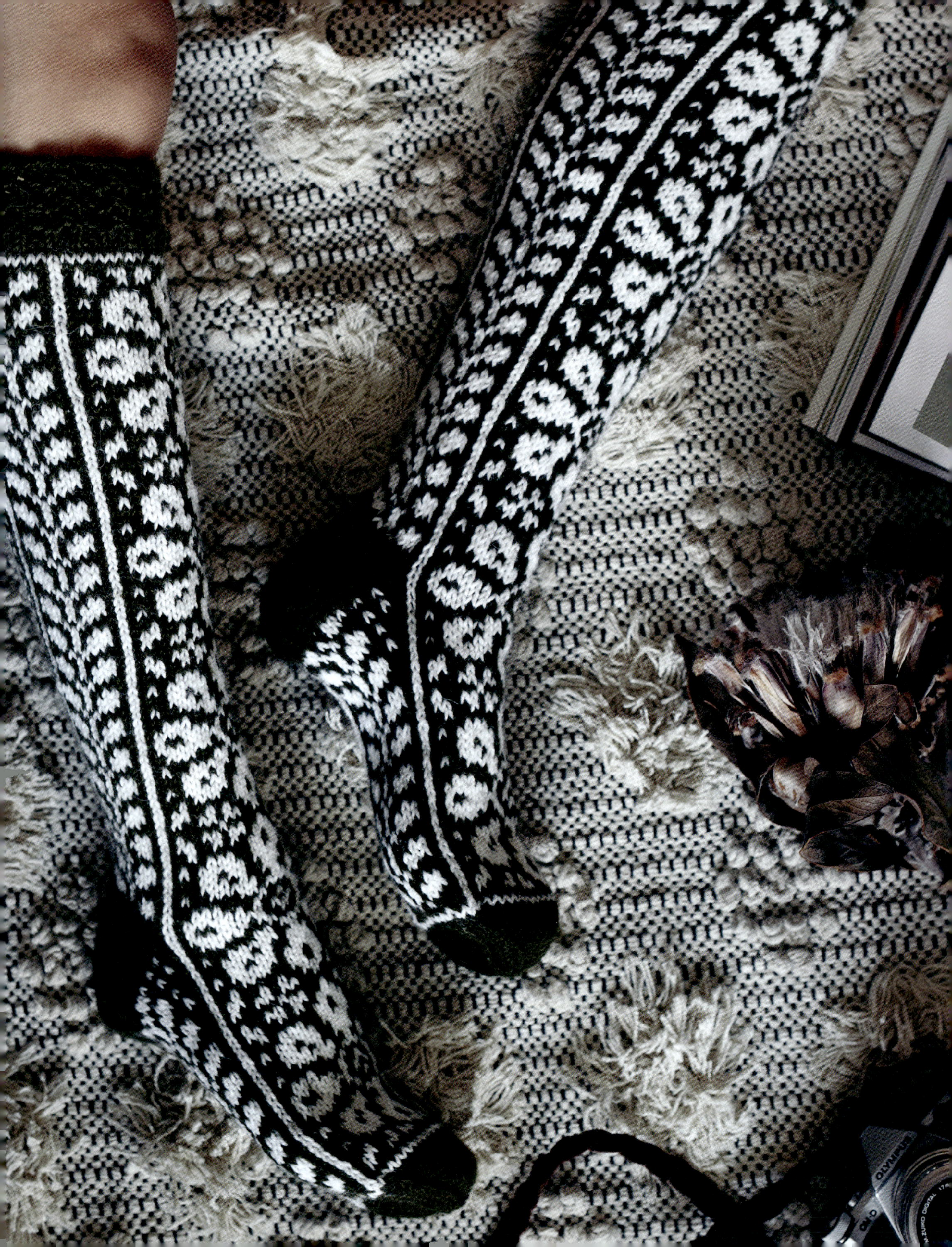

Es dauert nicht mehr lange bis zu den frostigen Nächten, bis zum ersten Schnee und den Winterstürmen. Die Setzlinge wärmen die Füße, wenn draußen die letzten Arbeiten des Herbstes erledigt werden müssen, bei einem Spaziergang oder auch vor dem Kamin. Das schöne Blumenmuster erinnert an die blühenden Stauden des Spätherbstes, und die Blätter dahinter scheinen die Ranken zu sein, die sich an den Hauswänden emporschlängeln.

Setzlinge

Größe: 38/39

Wadenumfang: ca. 35 cm (ca. 40 cm)

Garn: Novita 7 veljestä, Waldgrün (Fb. 371) und Weiß (Fb. 011)

Nadelspiel: Nr. 3,5

Garnverbrauch: 140 g (150 g) Waldgrün, 80 g (90 g) Weiß

Maschenprobe: 21 M und 26 R = 10 cm × 10 cm

BEVOR SIE BEGINNEN

Die Anleitung ist für zwei unterschiedliche Wadenumfänge: 65 Maschen (Wade ca. 35 cm) und 73 Maschen (Wade ca. 40 cm). Jede Größe hat ihre eigene Strickschrift für den Schaft. Der Fußteil wird nach derselben Anleitung gearbeitet.

Wenn Sie sehr fest stricken, kann es am Knöchel zu eng werden. Dann können Sie die letzten Abnahmen am Schaft auslassen und die überzähligen Maschen erst in der ersten Runde der Fersenwand abnehmen.

SCHAFT

65 M (70 M) anschlagen.

Die M gleichmäßig auf den Nd verteilen. Später können Sie die Maschenverteilung verändern. Vor der Ferse müssen die M laut Anleitung auf den Nd verteilt werden. In Grün laut Strickschrift A1 (A2) mit dem Bündchen im falschen Zopfmuster beginnen, 14 Rd stricken.

A1:

Nach dem Bündchen die 15. Rd laut Strickschrift in Grün, die 16. Rd in Weiß re stricken und mit dem Einstrickmuster beginnen. Den Schaft laut Strickschrift arbeiten, die Abnahmen in den unten genannten Rd bei den in der Strickschrift gekennzeichneten Abnahmemarkierungen vornehmen.

Abnahmen:

46. Rd: Abnahme mit der 4. Nd.
47. Rd: Abnahme mit der 1. Nd. Die Arbeit hat 63 M.
58. Rd: Abnahme mit der 4. Nd.
59. Rd: Abnahme mit der 1. Nd. Die Arbeit hat 61 M.
65. Rd: Abnahme mit der 4. Nd.
66. Rd: Abnahme mit der 1. Nd. Die Arbeit hat 59 M.
71. Rd: Abnahme mit der 4. Nd.
72. Rd: Abnahme mit der 1. Nd. Die Arbeit hat 57 M.
76. Rd: Abnahme mit der 4. Nd.
77. Rd: Abnahme mit der 1. Nd. Die Arbeit hat 55 M.
81. Rd: Abnahme mit der 4. Nd.
82. Rd: Abnahme mit der 1. Nd. Die Arbeit hat 53 M.
86. Rd: Abnahme mit der 4. Nd.
87. Rd: Abnahme mit der 1. Nd. Die Arbeit hat 51 M.
90. Rd: Abnahme mit der 4. Nd.
91. Rd: Abnahme mit der 1. Nd. Die Arbeit hat 49 M.

A2:

Nach dem Bündchen die 15. Rd laut Strickschrift in Grün stricken, gleichzeitig mit der 1. Nd 1 M und mit der 4. Nd 2 M zunehmen. Die Arbeit hat jetzt 73 M. Noch die 16. Rd in Weiß re stricken, dann mit dem Einstrickmuster beginnen. Den Schaft laut Strickschrift arbeiten, die Abnahmen in den unten genannten Rd bei den in der Strickschrift gekennzeichneten Abnahmemarkierungen vornehmen.

Abnahmen:

38. Rd: Abnahme mit der 4. Nd.
39. Rd: Abnahme mit der 1. Nd. Die Arbeit hat 71 M.
45. Rd: Abnahme mit der 4. Nd.
46. Rd: Abnahme mit der 1. Nd. Die Arbeit hat 69 M.
50. Rd: Abnahme mit der 4. Nd.
51. Rd: Abnahme mit der 1. Nd. Die Arbeit hat 67 M.
55. Rd: Abnahme mit der 4. Nd.
56. Rd: Abnahme mit der 1. Nd. Die Arbeit hat 65 M.
60. Rd: Abnahme mit der 4. Nd.
61. Rd: Abnahme mit der 1. Nd. Die Arbeit hat 63 M.
65. Rd: Abnahme mit der 4. Nd.
66. Rd: Abnahme mit der 1. Nd. Die Arbeit hat 61 M.
70. Rd: Abnahme mit der 4. Nd.
71. Rd: Abnahme mit der 1. Nd. Die Arbeit hat 59 M.
75. Rd: Abnahme mit der 4. Nd.
76. Rd: Abnahme mit der 1. Nd. Die Arbeit hat 57 M.
80. Rd: Abnahme mit der 4. Nd.
81. Rd: Abnahme mit der 1. Nd. Die Arbeit hat 55 M.
84. Rd: Abnahme mit der 4. Nd.
85. Rd: Abnahme mit der 1. Nd. Die Arbeit hat 53 M.
88. Rd: Abnahme mit der 4. Nd.
89. Rd: Abnahme mit der 1. Nd. Die Arbeit hat 51 M.
92. Rd: Abnahme mit der 4. Nd.
93. Rd: Abnahme mit der 1. Nd. Die Arbeit hat 49 M.

Wenn alle 101 Rd für den Schaft gestrickt sind, die M wie folgt auf den Nd verteilen: 12-13-12-12.

FERSE

Die Fersenwand in Grün beginnen, die M der 1. Nd re auf die 4. Nd stricken (insg. 24 M). Die übrigen M bleiben ungestrickt. Die Arbeit wenden, die 1. M li abheben, ohne sie zu stricken, dann 1 M re, 3 M li, 1 M re, 3 M li, 1 M re, 3 M li, 1 M re, 2 M li, 2 M li zus, 1 M re, 3 M li, 1 M re, 1 M li (die Fersenwand hat jetzt 23 M).

Die Fersenwand laut Strickschrift B (insg. 22 R) stricken. Die Fersenwand wird in Reihen gearbeitet, d.h., die Strickschrift wird in den Hin-R (ungerade) von re nach li und in den Rück-R (gerade) von li nach re gelesen.
Dabei in den Hin-R immer die 1. M re, in den Rück-R die 1. M li abheben, ohne sie zu stricken. Die Umschläge in der nächsten R verschränkt (li verschränkt) abstricken, damit im falschen Zopfmuster keine Löcher entstehen.

Für die Käppchenabnahmen glatt re stricken. Auf der rechten Seite der Arbeit beginnen, bis noch 7 M auf der Nd sind. 1 Übz stricken, die Arbeit wenden. Auf der anderen Nd sind 5 M. 1 M li abheben, ohne sie zu stricken, linke M stricken, bis 7 M übrig sind. 2 M li zusammenstricken, die Arbeit wenden. 1 M re abheben, ohne sie zu stricken, re stricken, bis noch 6 M auf der Nd sind. 1 Übz stricken, die Arbeit wenden. 1 M li abheben, ohne sie zu stricken, li stricken, bis 6 M übrig sind. 2 M li zusammenstricken, die Arbeit wenden.
Auf diese Weise fortfahren, dabei werden die äußeren M in jeder R reduziert, die mittleren M bleiben gleich (11 M). Wenn die äußeren M aufgebraucht sind, die M der Fersenwand auf 2 Nd verteilen (6-5). Auf der 4. Nd noch 4 M re, 2 M re zusammenstricken, sodass der Faden zwischen den Nd liegt.
13 M aus dem Fersenrand aufnehmen, auf die 1. Nd heben, 13 M aus dem anderen Fersenrand aufnehmen und auf die 4. Nd heben. Die Arbeit hat jetzt 61 M.

FUSSTEIL

Weiter das Einstrickmuster ab der 1. Rd laut Strickschrift C stricken. Die aus dem Fersenrand aufgefassten M re verschränkt stricken. Die Zwickelabnahmen stricken, dabei am Ende der 1. Nd 2 M re zusammenstricken und am Anfang der 4. Nd 1 Übz in den Rd stricken, die in Strickschrift C angegeben sind (d.h. in der 2., 4., 6., 8., 10. und 12. Rd). Nach den Zwickelabnahmen sind noch 49 M übrig (12-13-12-12). Weiter laut Strickschrift stricken.

Wenn 38 Rd gestrickt sind, die Socken in Grün fertig stricken und eine breite Bandspitze arbeiten:

Am Ende der 1. und 3. Nd jeweils 2 M re zusammenstricken, 1 M re. Am Anfang der 2. und 4. Nd jeweils 1 M re und 1 Übz stricken.

Die Abnahmen in jeder 2. Rd stricken, bis noch 37 M übrig sind (9-10-9-9), danach die Abnahmen in jeder Rd stricken.

Wenn noch 9 M übrig sind, den Faden abschneiden und durch die restlichen M ziehen. Die Fadenenden vernähen und die Socken leicht dämpfen.

STRICKSCHRIFT A1, SCHAFT (65 M)

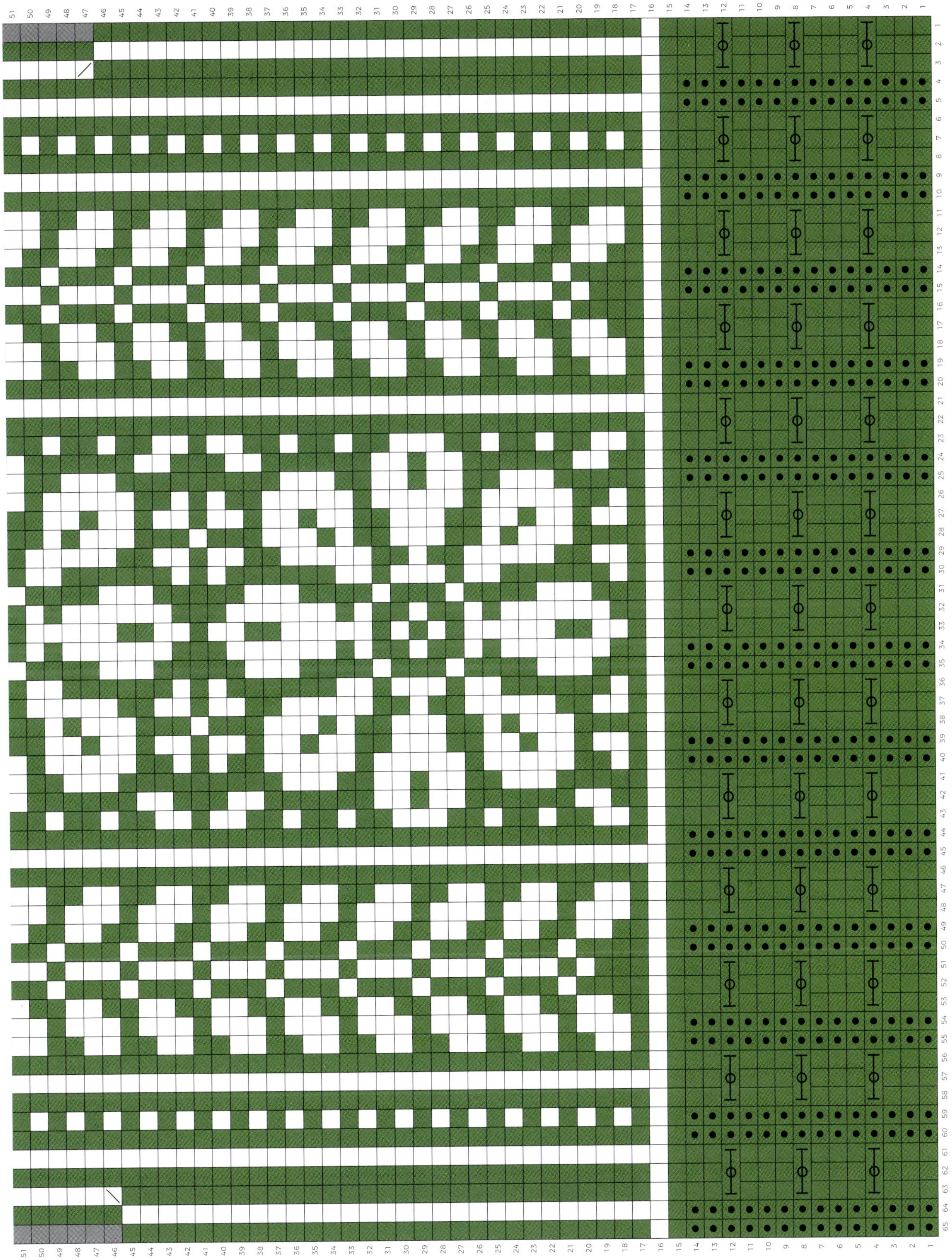

STRICKSCHRIFT A2, SCHAFT (73 M)

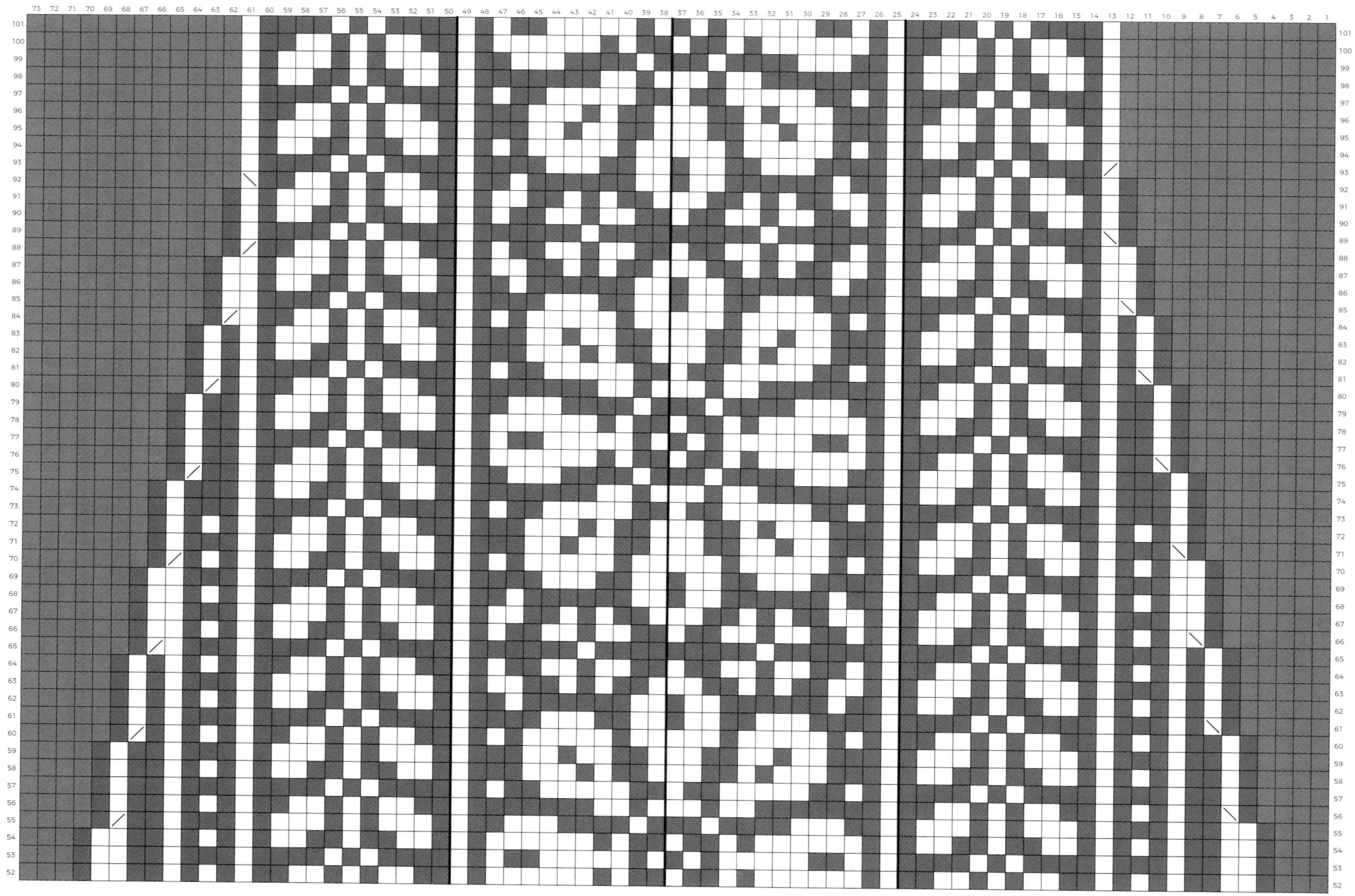

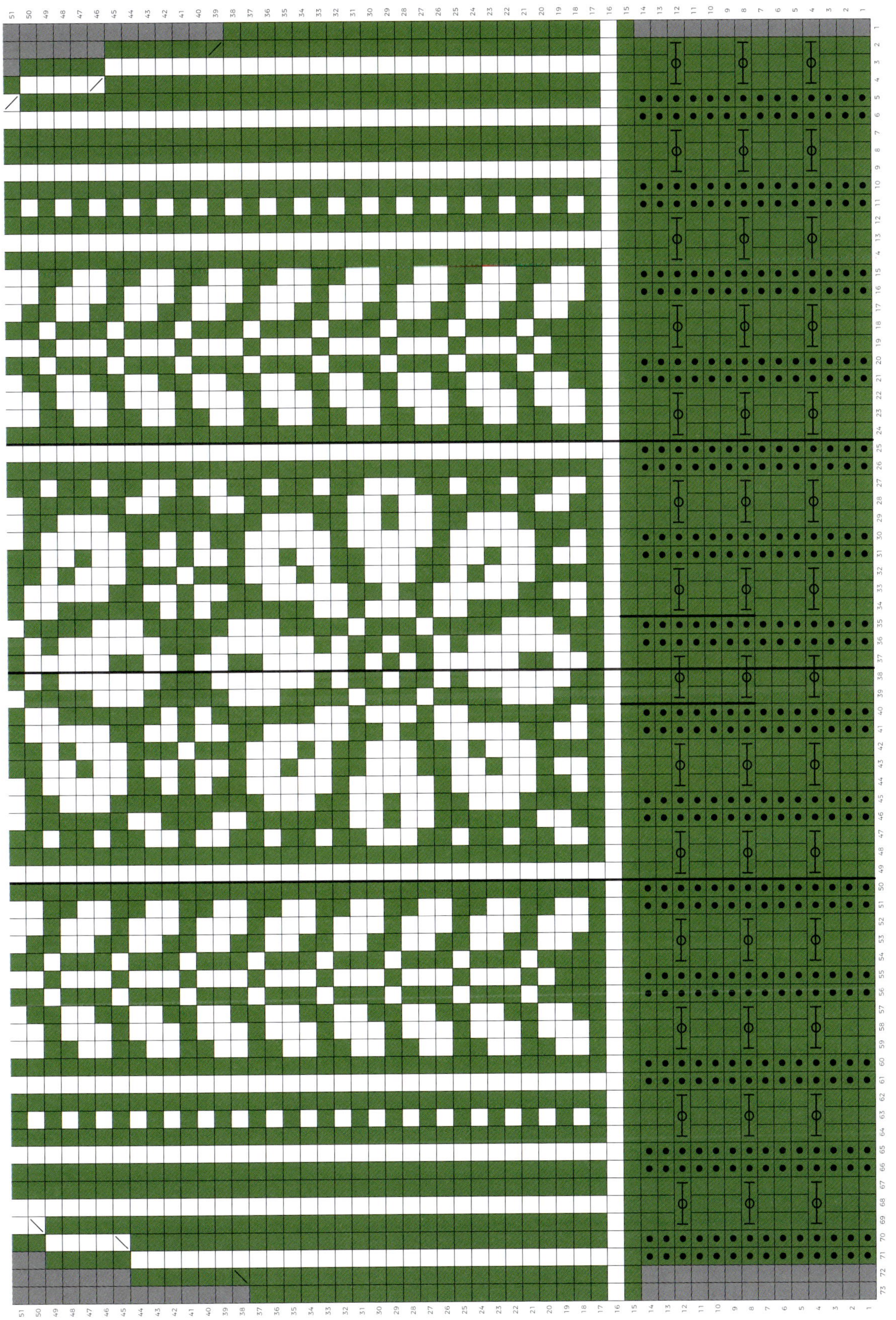

re in Weiß

re in Grün

li in Grün

3 M auf die rechte Nd heben, ohne sie zu stricken, die M ganz re über die beiden folgenden M ziehen, die 2 übrigen M zurück auf die linke Nd setzen und 1 M re, U, 1 M re

2 M einzeln wie zum Rechtsstricken abheben, zurück auf die linke Nd setzen und re verschränkt zusammenstricken

2 M re zusammenstricken

keine M

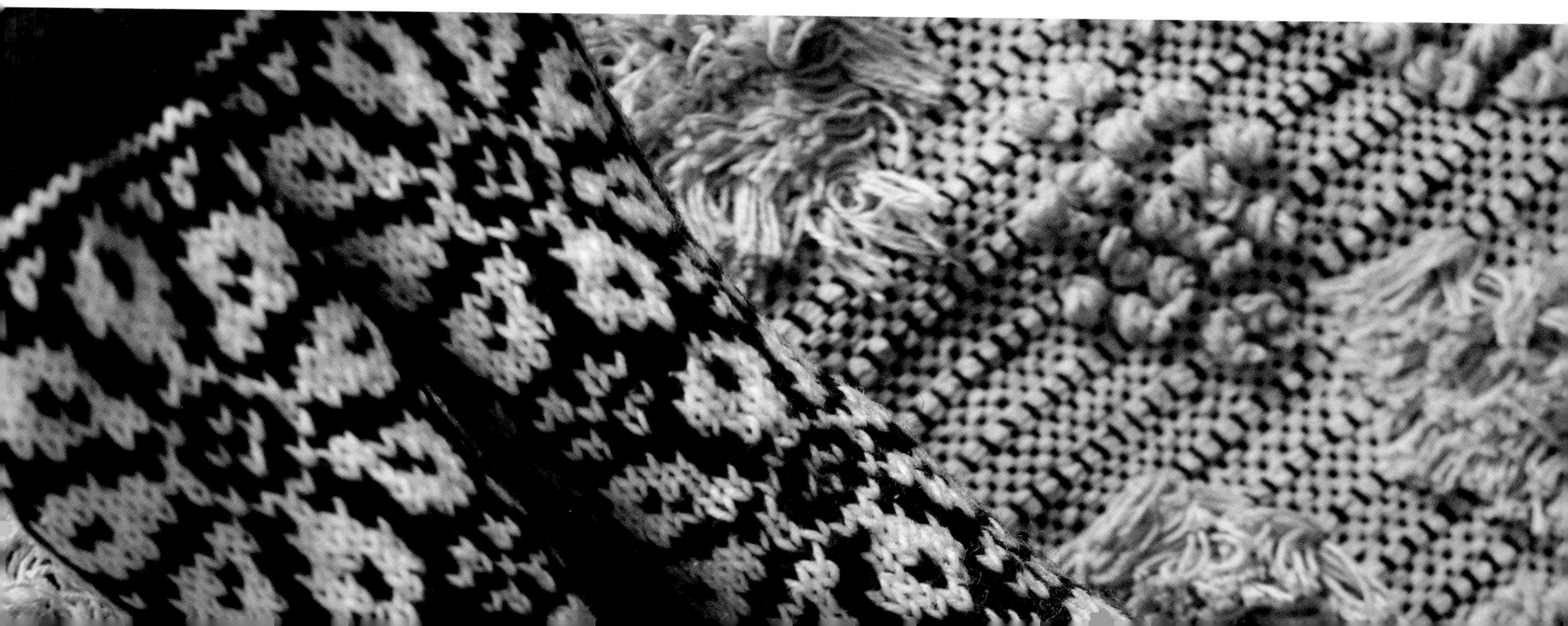

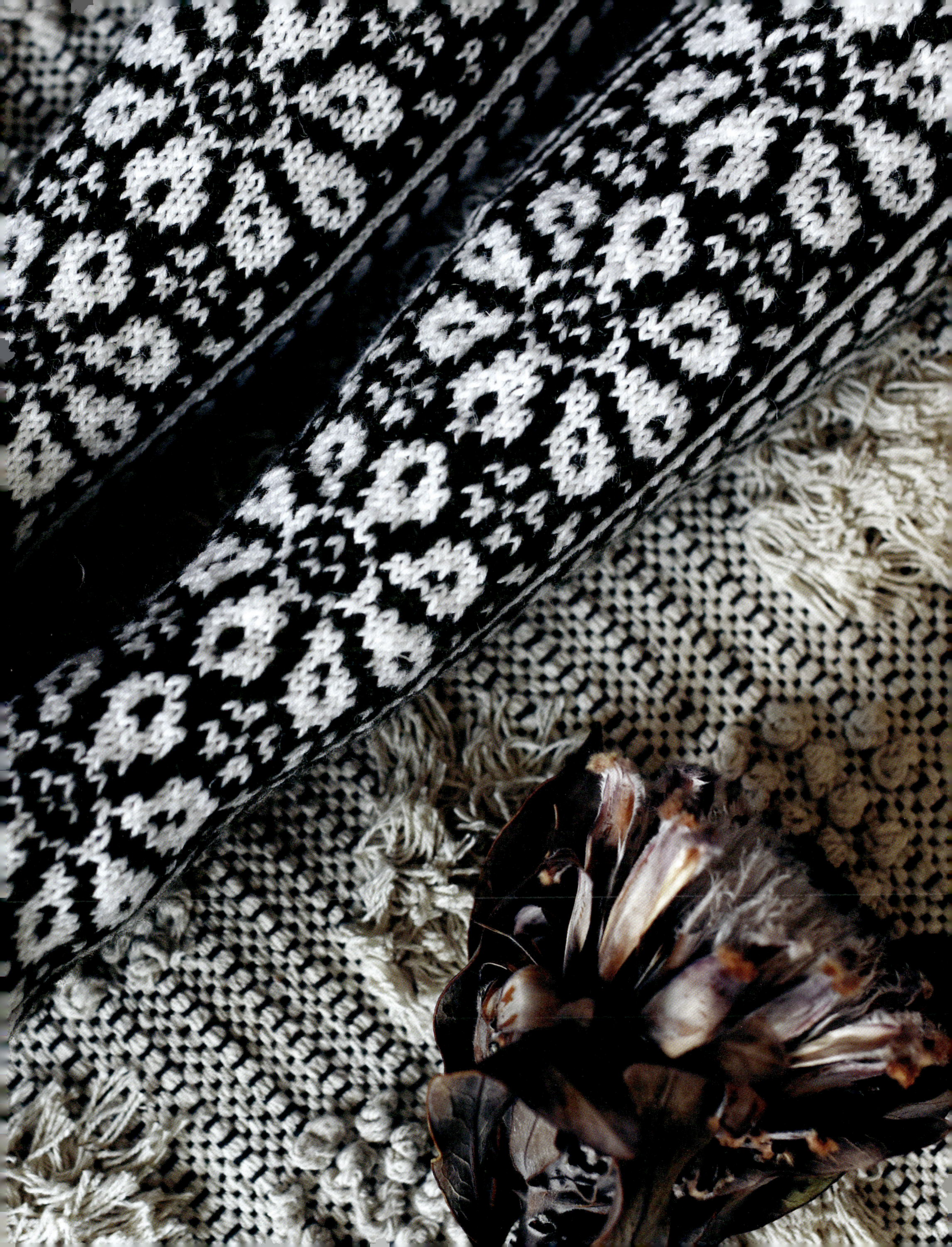

STRICKSCHRIFT B, FERSE

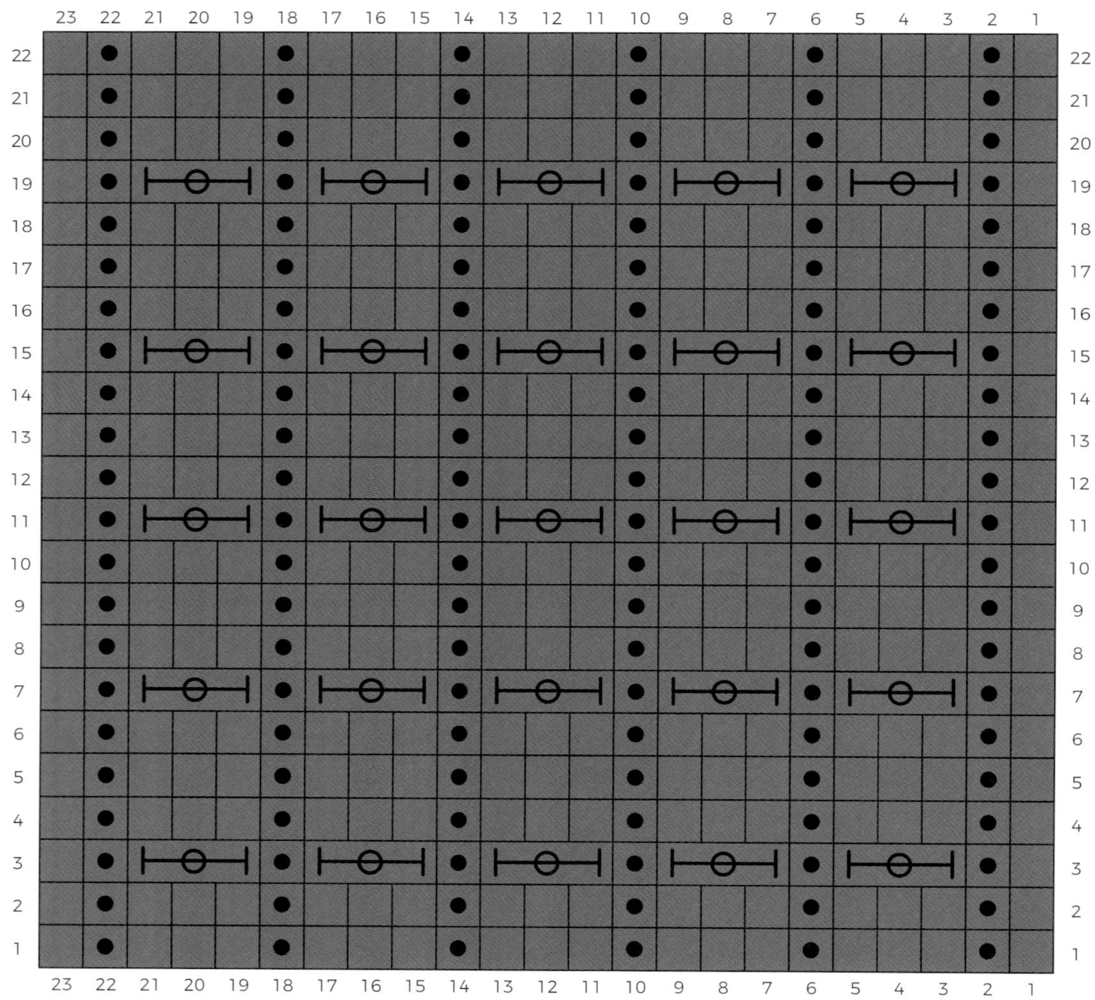

- re in der Hin-R, li in der Rück-R
- 3 M auf die rechte Nd heben, ohne sie zu stricken, die M ganz re über die beiden folgenden M ziehen, die 2 übrigen M zurück auf die linke Nd setzen und 1 M re, U, 1 M re
- li in der Hin-R, re in der Rück-R

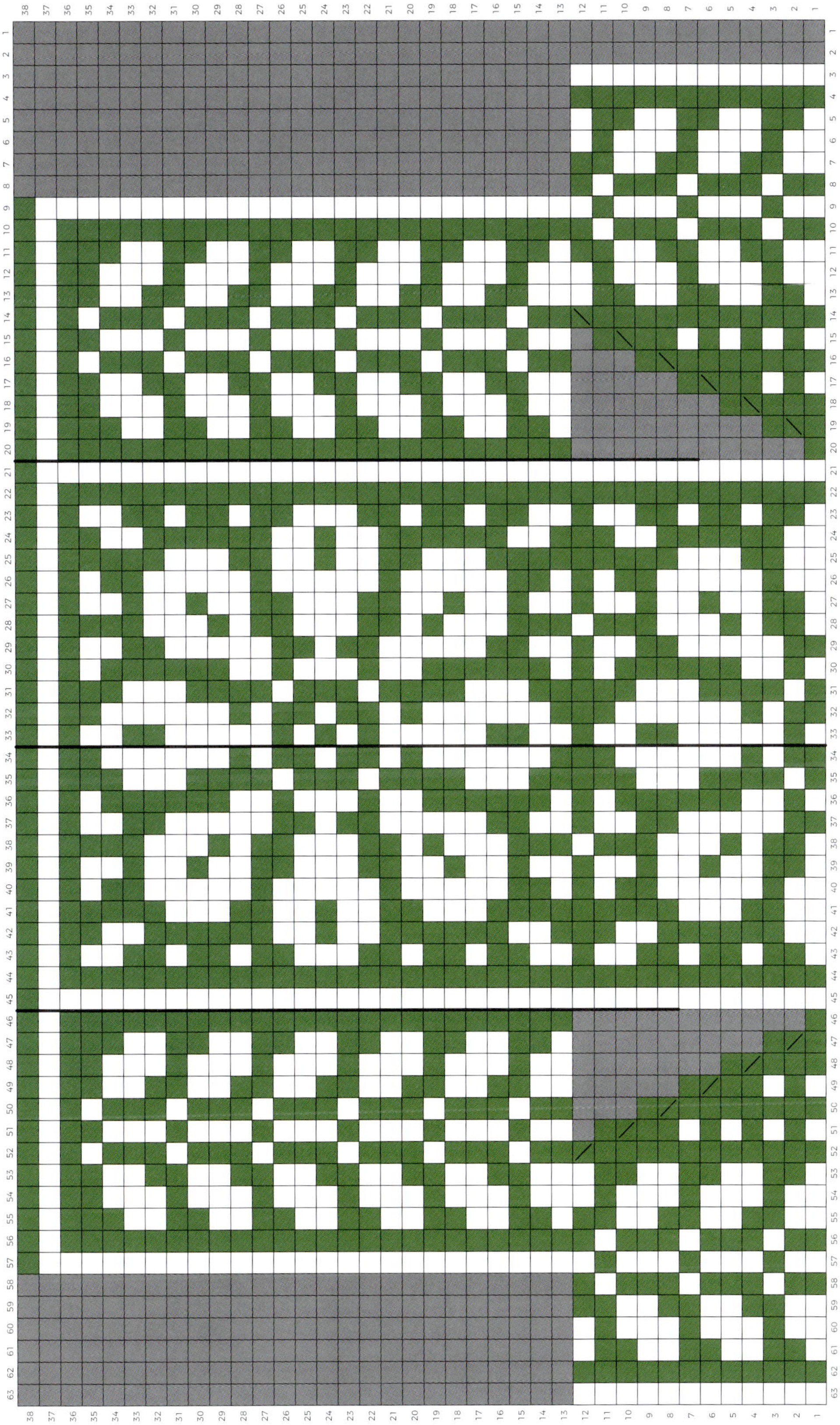

STRICKSCHRIFT C, FUSSRÜCKEN

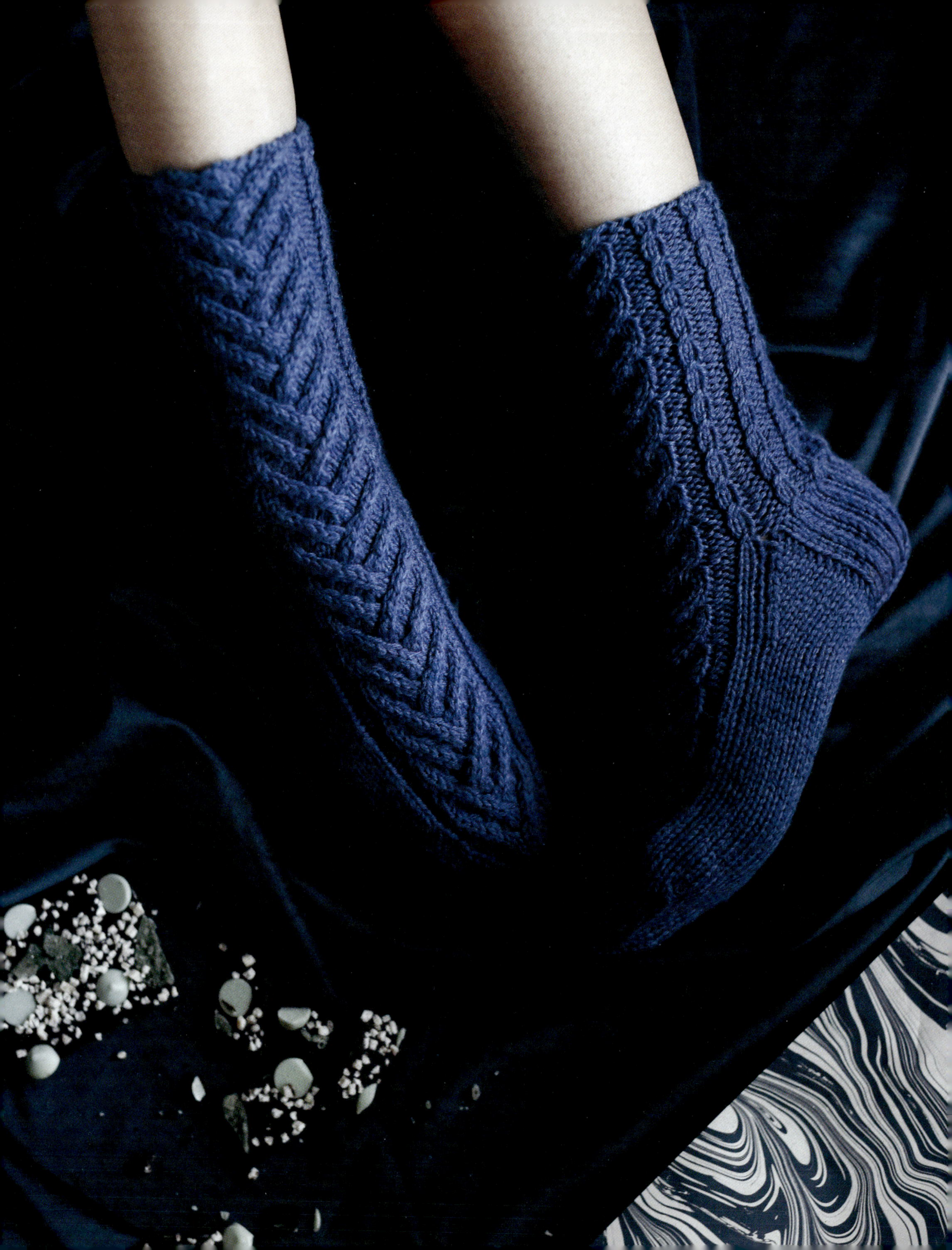

Dieses Modell wurde inspiriert von dem Moment, wenn sich der Herbst in den Winter verwandelt, die ersten kalten Winde aus dem Norden kommen und es bei Nachtfrost in den Zehen kribbelt. Das üppige Zopfmuster ist dem Wind nachempfunden, die kühle blaue Farbe verspricht klare, dunkle Winternächte.

Nordwind

Größe: 38/39
Garn: Kaupunkilanka Kivijalka, Dunkelblau (Fb. 51)
Nadelspiel: Nr. 3,5, 1 Hilfsnadel
Garnverbrauch: 100 g
Maschenprobe: 21 M und 26 R = 10 cm × 10 cm

BEVOR SIE BEGINNEN

Das Muster ist sehr kompakt. Wenn die Zopfschlingen zu sehr spannen, verwenden Sie ein Nadelspiel Nr. 4.

SCHAFT

48 M anschlagen. Die M auf den Nd verteilen: 14-12-12-10. Mit dem Muster laut Strickschrift A am rechten unteren Rand mit Rd 1 beginnen. Die 1. bis 12. Rd wdh.

Wenn für den Schaft 48 Rd und zuletzt die 12. Rd laut Strickschrift gestrickt sind, noch 1 Rd wie folgt stricken: mit der 1. und 4. Nd re, mit der 2. und 3. Nd Rd 1 laut Strickschrift B.

FERSE

Mit der verstärkten Fersenwand beginnen, dazu die M der 1. Nadel rechts auf die 4. Nadel stricken (insg. 24 M). Die restlichen M bleiben ungestrickt. Die Arbeit wenden und die 1. M links abheben ohne sie zu stricken, die übrigen M links stricken.

1. R (Hin-R): Die Arbeit wenden, *1 M re abheben, ohne sie zu stricken, 1 M re*, ab * bis R-Ende wdh.
2. R (Rück-R): Die Arbeit wenden, die 1. M li abheben, ohne sie zu stricken, die übrigen M li stricken.

Diese beiden R wdh., bis für die Fersenwand 24 R gestrickt und zuletzt 1 Rück-R gestrickt sind.

Für die Käppchenabnahmen weiter verstärkt stricken. Auf der rechten Seite der Arbeit beginnen, bis noch 9 M auf der Nd sind. 1 Übz stricken, die Arbeit wenden. Auf der anderen Nd sind 7 M. 1 M li abheben, ohne sie zu stricken, linke M stricken, bis 9 M übrig sind. 2 M li zusammenstricken, die Arbeit wenden. 1 M abheben, ohne sie zu stricken, verstärkt stricken, bis noch 8 M auf der Nd sind. 1 Übz stricken, die Arbeit wenden. 1 M li abheben, ohne sie zu stricken, li stricken, bis 8 M übrig sind. 2 M li zusammenstricken, die Arbeit wenden.
Auf diese Weise fortfahren, dabei werden die äußeren M in jeder R reduziert, die mittleren M bleiben gleich (8 M). Wenn die äußeren M aufgebraucht sind, die M der Fersenwand auf 2 Nd verteilen (4-4). Die 4 M auf der 4. Nd re stricken, sodass der Faden zwischen den Nd liegt.

FUSSTEIL

Aus dem linken Fersenrand mit der freien Nd 14 M auffassen, die 4 M der 1. Nd stricken, danach die 14 aufgefassten M re verschränkt stricken. Mit der 2. und 3. Nd das Muster laut Strickschrift B arbeiten, mit der 2. Rd fortfahren. Aus dem rechten Fersenrand 14 M auffassen, re verschränkt stricken, dabei noch die 4 M der 4. Nd auf dieselbe Nd stricken. Die Arbeit hat 60 M.

Mit den Zwickelabnahmen beginnen: Am Ende der 1. Nd 2 M re zusammenstricken, am Anfang der 4. Nd in jeder 2. Rd 1 Übz stricken. Mit der 2. und 3. Nd weiter im Muster stricken. Mit den Zwickelabnahmen fortfahren, bis noch 48 M (= 12 M je Nd) übrig sind. Die Zwickelabnahmen beenden, mit der 1. und 4. Nd re sowie mit der 2. und 3. Nd weiter im Muster stricken.

Wenn ab der Fersenwand 46 Rd gestrickt und zuletzt die 11. Rd der Strickschrift gestrickt sind, mit den Abnahmen für die Spitze beginnen.

1. Rd:

1. Nd: 9 M re, 2 M re zus, 1 M re.
2. Nd: 1 M re, Übz, 1 M li, 4 M re, 2 M auf eine Hilfsnadel vor die Arbeit heben, 2 M re und die 2 M der Hilfsnadel re.
3. Nd: 2 M auf eine Hilfsnadel hinter die Arbeit heben, 2 M re und die 2 M der Hilfsnadel re, 4 M re, 1 M li, 2 M re zus, 1 M re.
4. Nd: 1 M re, Übz, 9 M re.

2. Rd:

1. Nd: 11 M re.
2. Nd: 2 M re, 1 M li, 8 M re.
3. Nd: 8 M re, 1 M li, 2 M re.
4. Nd: 11 M re.

3. Rd:

1. Nd: 8 M re, 2 M re zus, 1 M re.
2. und 3. Nd: 1 M re, Übz, 2 M auf eine Hilfsnadel vor die Arbeit heben, 2 M re und die 2 M der Hilfsnadel re, 2 M

re, 2 M auf eine Hilfsnadel vor die Arbeit heben, 2 M re und die 2 M der Hilfsnadel re, 2 M re, 2 M auf eine Hilfsnadel hinter die Arbeit heben, 2 M re und die 2 M der Hilfsnadel re, 2 M re zus, 1 M re.
4. Nd: 1 M re, Übz, 8 M re.

4. Rd: Nur rechte M.

5. Rd:

1. Nd: 7 M re, 2 M re zus, 1 M re.
2. Nd: 1 M re, Übz, 1 M re, 2 M auf eine Hilfsnadel vor die Arbeit heben, 2 M re und die 2 M der Hilfsnadel re, 2 M re.
3. Nd: 2 M re, 2 M auf eine Hilfsnadel hinter die Arbeit heben, 2 M re und die 2 M der Hilfsnadel re, 1 M re, 2 M re zus, 1 M re.
4. Nd: 1 M re, Übz, 7 M re.

6. Rd: Nur rechte M.

7. Rd:

1. Nd: 6 M re, 2 M re zus, 1 M re.
2. Nd: 1 M re, Übz, 2 M re, 2 M auf eine Hilfsnadel vor die Arbeit heben, 2 M re und die 2 M der Hilfsnadel re.
3. Nd: 2 M auf eine Hilfsnadel hinter die Arbeit heben, 2 M re und die 2 M der Hilfsnadel re, 2 M re, 2 M re zus, 1 M re.
4. Nd: 1 M re, Übz, 6 M re.

8. Rd:

1. Nd: 5 M re, 2 M re zus, 1 M re.
2. Nd: 1 M re, Übz, 5 M re.
3. Nd: 5 M re, 2 M re zus, 1 M re.
4. Nd: 1 M re, Übz, 5 M re.

9. Rd:

1. Nd: 4 M re, 2 M re zus, 1 M re.
2. Nd: 1 M re, Übz, 4 M re.
3. Nd: 4 M re, 2 M re zus, 1 M re.
4. Nd: 1 M re, Übz, 4 M re.

10. Rd:

1. Nd: 3 M re, 2 M re zus, 1 M re.
2. Nd: 1 M re, Übz, 3 M re.
3. Nd: 3 M re, 2 M re zus, 1 M re.
4. Nd: 1 M re, Übz, 3 M re.

11. Rd:

1. Nd: 2 M re, 2 M re zus, 1 M re.
2. Nd: 1 M re, Übz, 2 M re.
3. Nd: 2 M re, 2 M re zus, 1 M re.
4. Nd: 1 M re, Übz, 2 M re.

12. Rd:

1. Nd: 1 M re, 2 M re zus, 1 M re.
2. Nd: 1 M re, Übz, 1 M re.
3. Nd: 1 M re, 2 M re zus, 1 M re.
4. Nd: 1 M re, Übz, 1 M re.

13. Rd:

1. Nd: 2 M re zus, 1 M re.
2. Nd: 1 M re, Übz.
3. Nd: 2 M re zus, 1 M re.
4. Nd: 1 M re, Übz.

Es sind noch 8 M übrig. Den Faden abschneiden und durch die restlichen M ziehen. Die Fadenenden vernähen und die Socken leicht dämpfen.

STRICKSCHRIFT A, SCHAFT

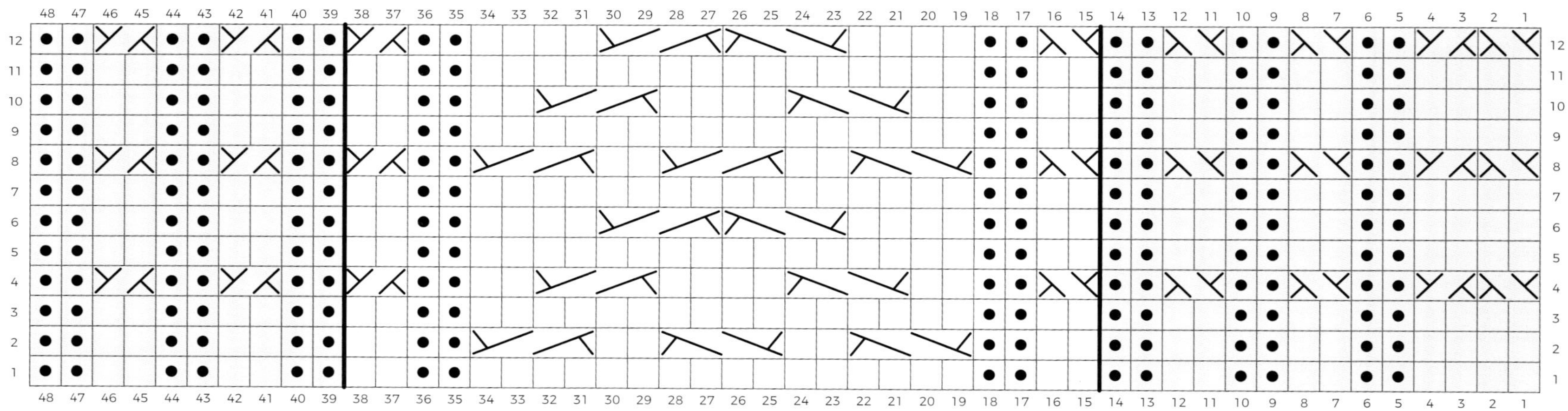

STRICKSCHRIFT B, FUSSRÜCKEN

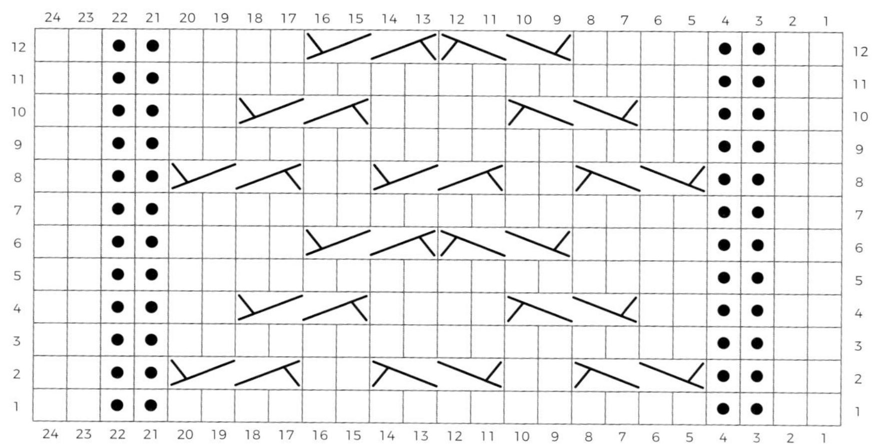

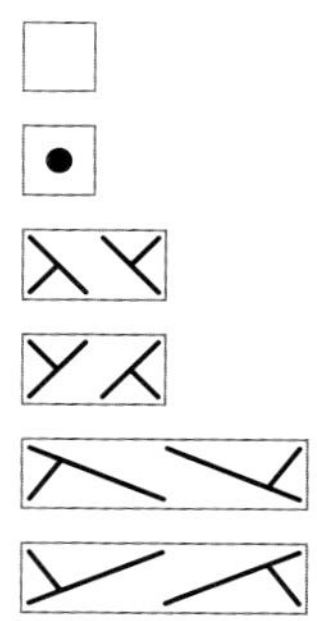

re

li

1 M auf eine Hilfsnadel vor die Arbeit heben, 1 M re und die M der Hilfsnadel re

1 M auf eine Hilfsnadel hinter die Arbeit heben, 1 M re und die M der Hilfsnadel re

2 M auf eine Hilfsnadel vor die Arbeit heben, 2 M re und die 2 M der Hilfsnadel re

2 M auf eine Hilfsnadel hinter die Arbeit heben, 2 M re und die 2 M der Hilfsnadel re

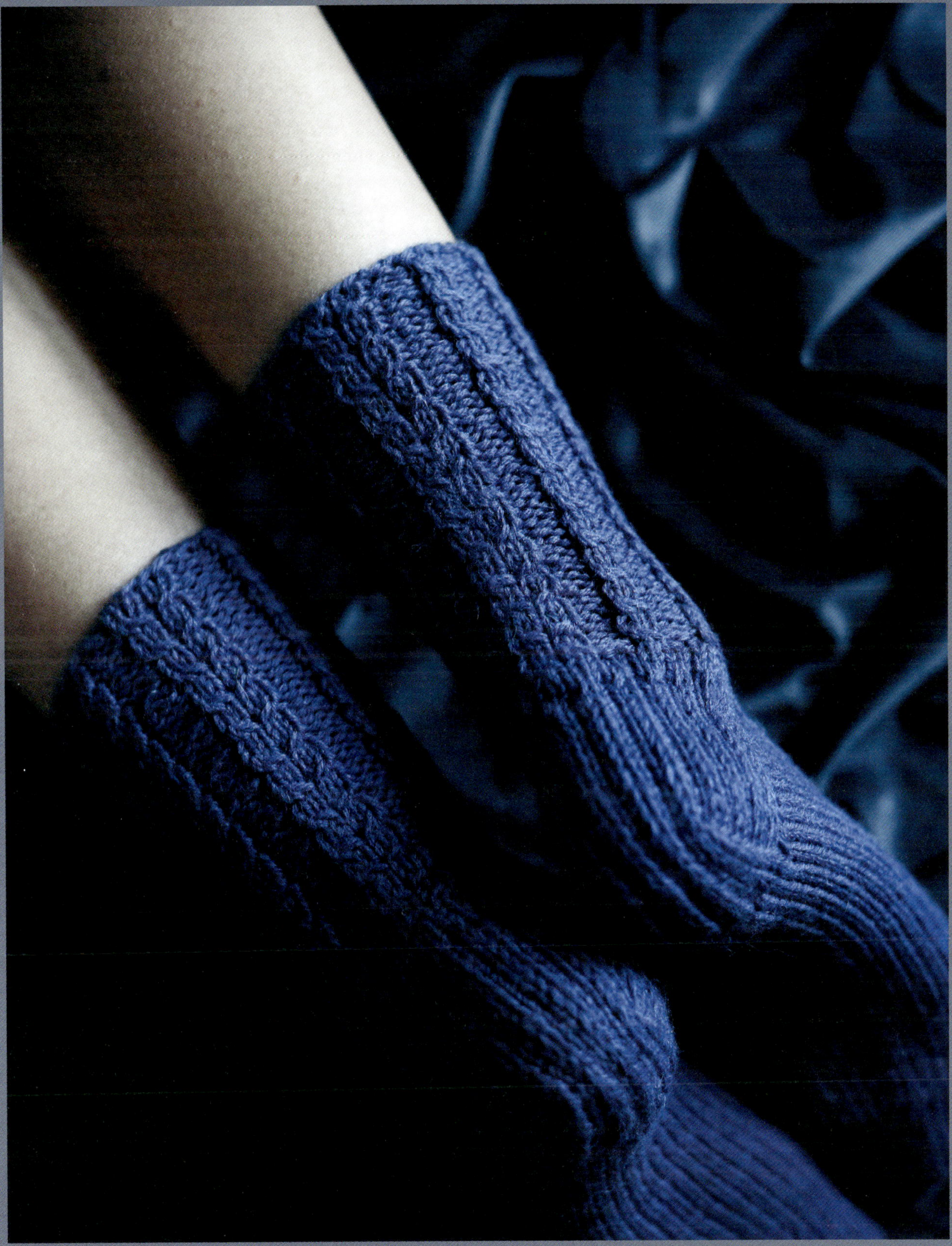

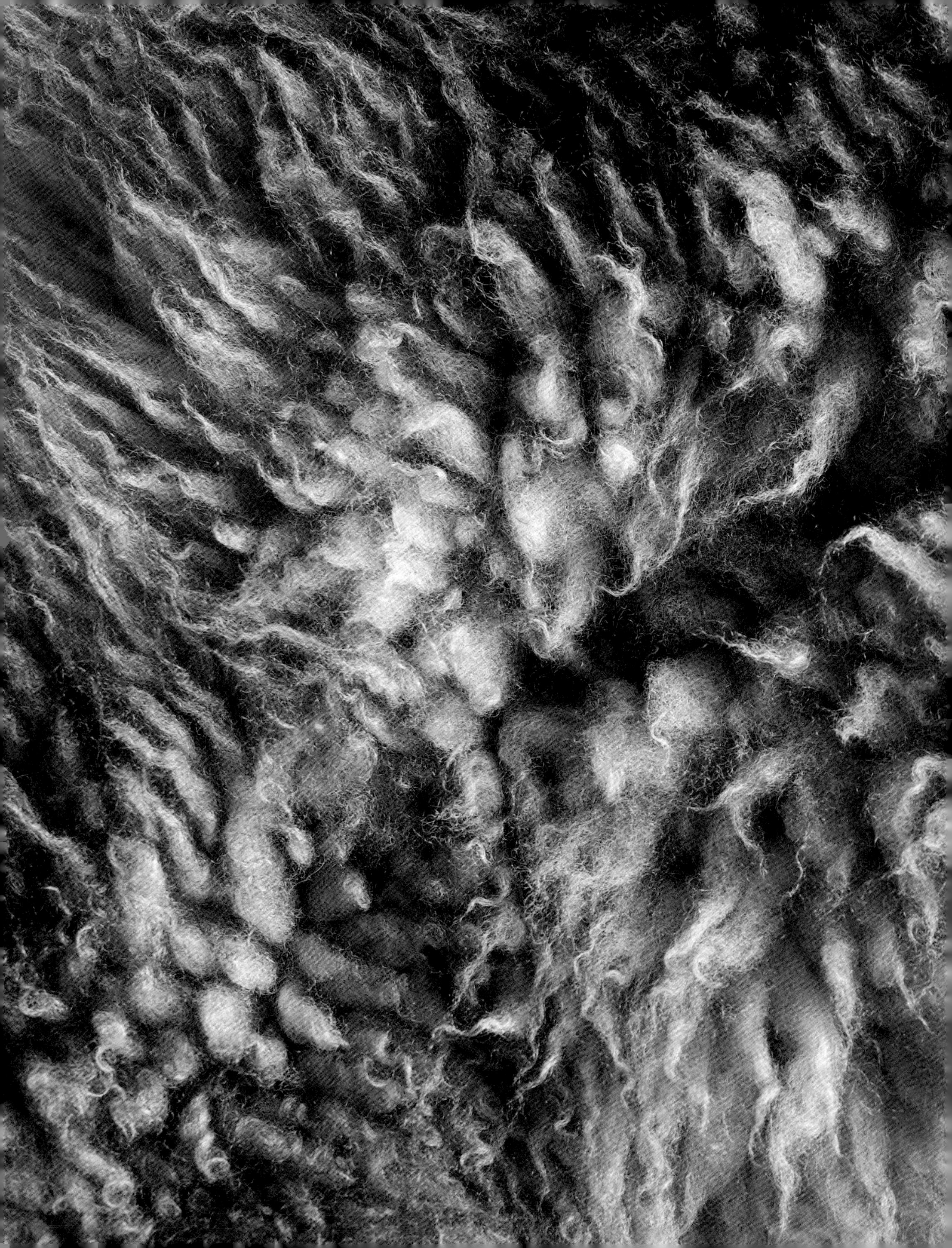

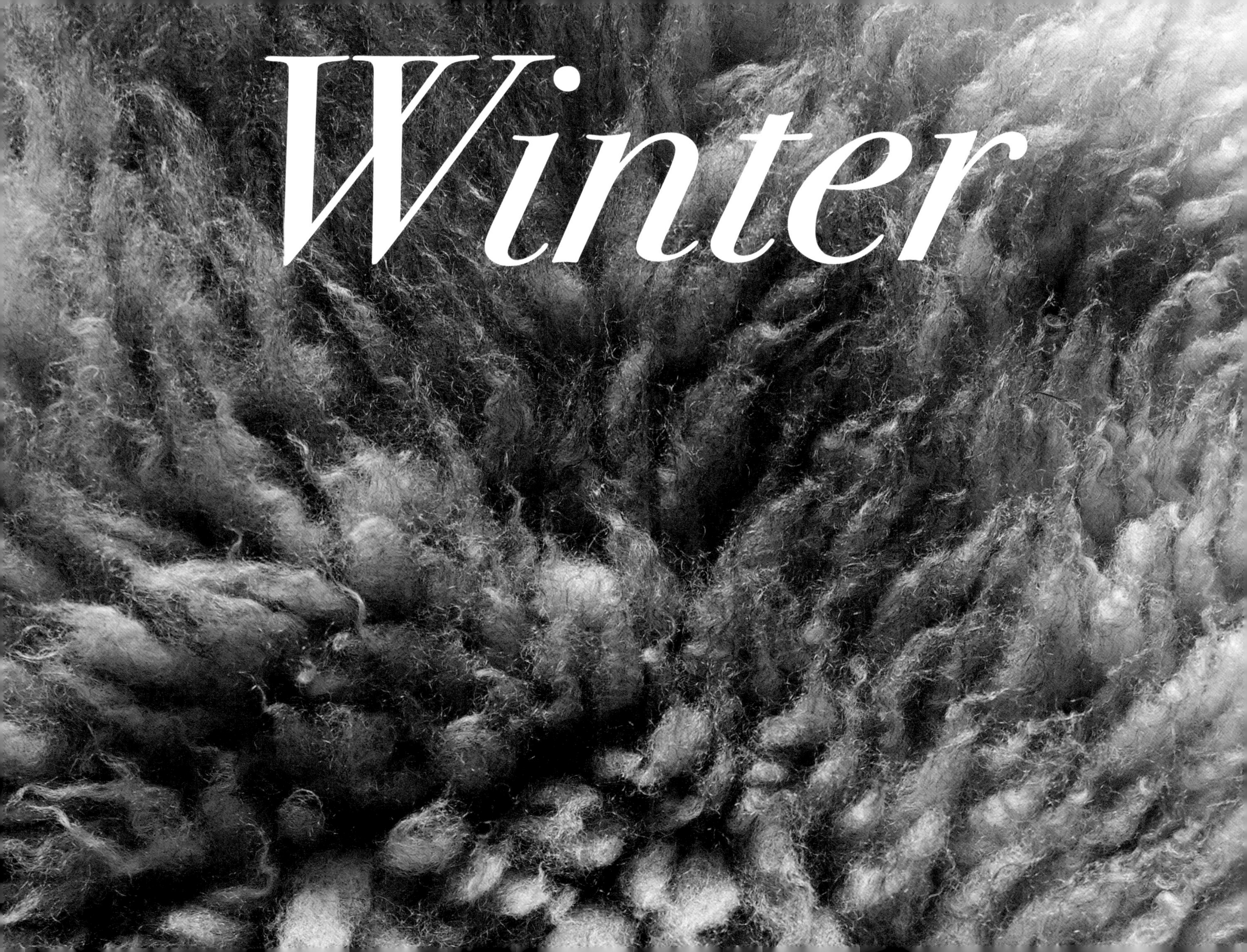
Winter

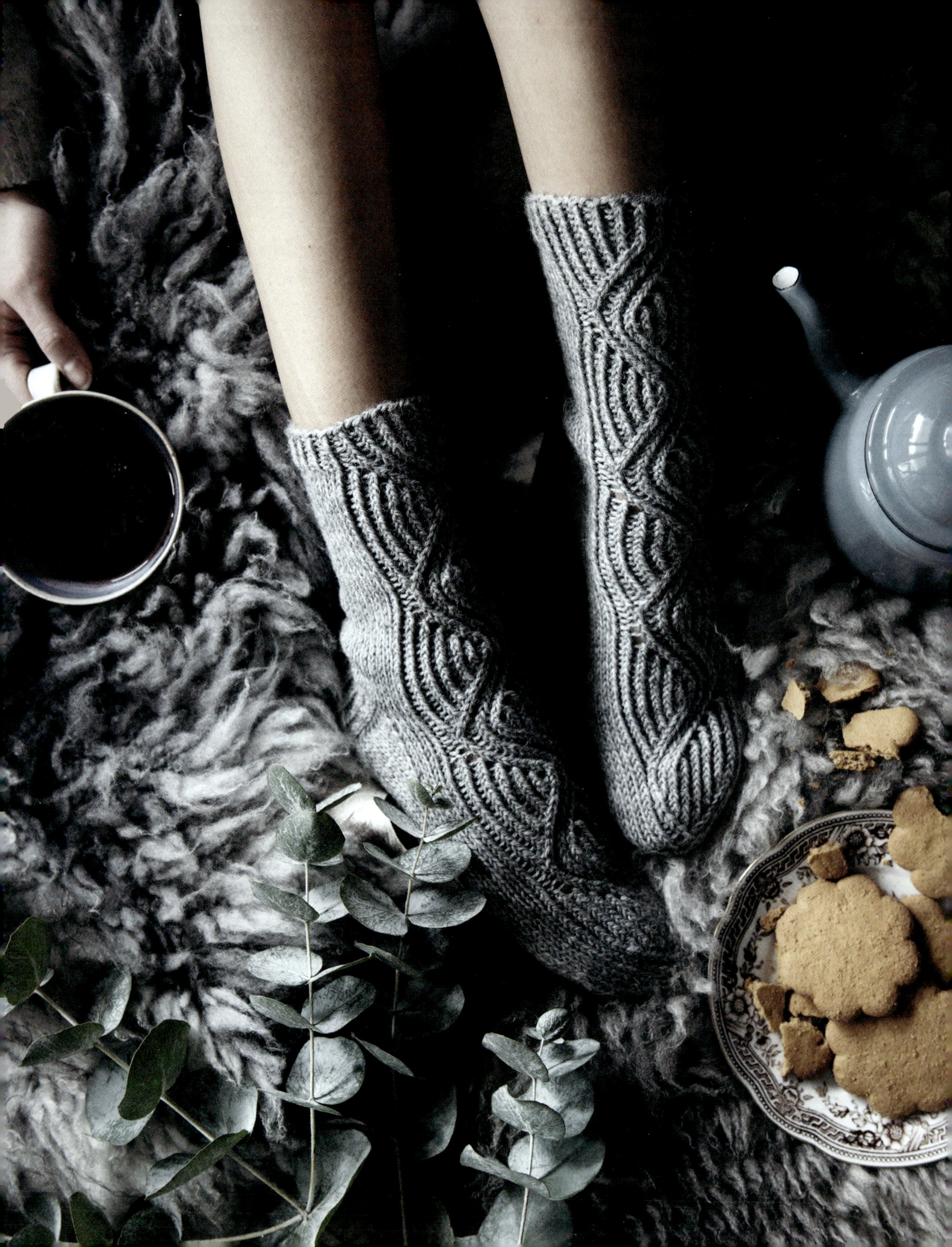

Wenn man ganz ruhig stehen bleibt und der erste Schnee auf die dunkle Erde fällt, wird die Welt wieder heller. Das fließende Spitzenmuster der Socken birgt das Versprechen von einem weißen Winter, langen Skitouren und Schlittenfahrten.

Ganz ruhig

Größe: 37 (39)
Garn: Novita 7 veljestä, Feldstein (Fb. 043)
Nadelspiel: Nr. 3,5
Garnverbrauch: 95 g (105 g)
Maschenprobe: 21 M und 26 R = 10 cm × 10 cm

BEVOR SIE BEGINNEN

Die Socken werden gegengleich gestrickt. Für die rechte Socke gilt Strickschrift A, für die linke Strickschrift B. Die Anleitung ist ansonsten für beide Socken gleich.

Die Anleitung enthält zwei Größen. Beide Größen werden nach derselben Anleitung gestrickt, die Abweichungen für Größe 39 sind grau markiert.

Im Spitzenmuster entsteht ein Loch immer dann, wenn über dem Umschlag eine linke Masche gestrickt wird. Wird über dem Umschlag eine rechts verschränkte Masche gestrickt, verdreht sich der Umschlag, und es entsteht kein Loch.

SCHAFT

48 M anschlagen. Die M auf den Nd verteilen: 11-13-12-12.

6 Rd im Bündchenmuster stricken: 1 M re verschränkt, 1 M li im Wechsel. Danach mit der 1. und 4. Nd re, mit der 2. und 3. Nd das Muster laut Strickschrift A/B mit der 1. Rd beginnen, die 1. bis 24. Rd stricken.

FERSE

Wenn für den Schaft 49 Rd (45 Rd) und zuletzt die 19. (15.) Rd laut Strickschrift gestrickt sind, mit der verstärkten Fersenwand beginnen, dazu die M der 1. Nd re auf die 4. Nd stricken (insg. 23 M). Die restlichen M bleiben ungestrickt.

Die Arbeit wenden, die 1. M li abheben, ohne sie zu stricken, die übrigen M li stricken. Gleichzeitig 1 M zunehmen, damit die Ferse nun insgesamt 24 M hat.

1. R (Hin-R): Die Arbeit wenden, *1 M abheben, 1 M re*, ab * bis R-Ende wdh.

2. R (Rück-R): Die Arbeit wenden, die 1. M li abheben, ohne sie zu stricken, die übrigen M li stricken.

Diese beiden R wdh., bis für die Fersenwand 24 R gestrickt und zuletzt 1 Rück-R gestrickt sind.

Für die Käppchenabnahmen weiter verstärkt stricken. Auf der rechten Seite der Arbeit beginnen, bis noch 9 M auf der Nd sind. 1 Übz stricken, die Arbeit wenden. Auf der anderen Nd sind 7 M. 1 M li abheben, ohne sie zu stricken, linke M stricken, bis 9 M übrig sind. 2 M li zusammenstricken, die Arbeit wenden. 1 M abheben, ohne sie zu stricken, verstärkt stricken, bis noch 8 M auf der Nd sind. 1 Übz stricken und die Arbeit wenden. 1 M li abheben, ohne sie zu stricken, li stricken, bis 8 M übrig sind. 2 M li zusammenstricken, die Arbeit wenden.

Auf diese Weise fortfahren, dabei werden die äußeren M in jeder R reduziert, die mittleren M bleiben gleich (8 M). Wenn die äußeren M aufgebraucht sind, die M der Fersenwand auf 2 Nd verteilen (4-4). Die 4 M auf der 4. Nd re stricken, sodass der Faden zwischen den Nd liegt.

FUSSTEIL

Aus dem linken Fersenrand mit der freien Nd 14 M auffassen, die 4 M der 1. Nd stricken, danach die 14 aufgefassten M re verschränkt stricken. Mit 2. und 3. Nd das Muster laut Strickschrift A/B arbeiten, mit der 20. (16.) Rd fortfahren. Aus dem rechten Fersenrand 14 M auffassen, re verschränkt stricken, dabei noch die 4 M der 4. Nd auf dieselbe Nd stricken. Die Arbeit hat jetzt 61 M.

Mit den Zwickelabnahmen beginnen: Am Ende der 1. Nd 2 M re zusammenstricken, am Anfang der 4. Nd in jeder 2. Rd 1 Übz stricken. Mit der 2. und 3. Nd weiter im Muster stricken. Mit den Zwickelabnahmen fortfahren, bis noch 45 M (Verteilung auf den Nd: 10-13-12-10) (47 M – Verteilung auf den Nd: 11-13-12-11) übrig sind. Die Zwickelabnahmen beenden, mit der 1. und 4. Nd re sowie mit der 2. und 3. Nd weiter im Muster stricken.

Wenn nach der Fersenwand 41 Rd (45 Rd) gestrickt und zuletzt die 12. (12.) Rd der Strickschrift gestrickt sind, mit den Abnahmen für die Spitze beginnen.

1. Rd:

1. Nd: 10 M re. (11 M re.)

2. und 3. Nd: Strickschrift C Rd 1.

4. Nd: 10 M re. (11 M re.)

2. Rd:

1. Nd: 10 M re. (11 M re.)

2. und 3. Nd: Strickschrift C Rd 2.

4. Nd: 10 M re. (11 M re.)

3. Rd:

1. Nd: 10 M re. (8 M re, 2 M re zus, 1 M re.)

2. und 3. Nd: Strickschrift C Rd 3.

4. Nd: 10 M re. (1 M re, Übz, 8 M re.)

Die Socken werden ab jetzt in beiden Größen nach derselben Anleitung gestrickt:

4. Rd:

1. Nd: 10 M re.

2. und 3. Nd: Strickschrift C Rd 4.

4. Nd: 10 M re.

5. Rd:

1. Nd: 7 M re, 2 M re zus, 1 M re.

2. und 3. Nd: Strickschrift C Rd 5.

4. Nd: 1 M re, Übz, 7 M re.

6. Rd:

1. Nd: 6 M re, 2 M re zus, 1 M re.

2. und 3. Nd: Strickschrift C Rd 6.

4. Nd: 1 M re, Übz, 6 M re.

7. Rd:

1. Nd: 5 M re, 2 M re zus, 1 M re.

2. und 3. Nd: Strickschrift C Rd 7.

4. Nd: 1 M re, Übz, 5 M re.

8. Rd:

1. Nd: 4 M re, 2 M re zus, 1 M re.

2. und 3. Nd: Strickschrift C Rd 8.

4. Nd: 1 M re, Übz, 4 M re.

9. Rd:

1. Nd: 3 M re, 2 M re zus, 1 M re.

2. und 3. Nd: Strickschrift C Rd 9.

4. Nd: 1 M re, Übz, 3 M re.

10. Rd:

1. Nd: 2 M re, 2 M re zus, 1 M re.

2. und 3. Nd: Strickschrift C Rd 10.

4. Nd: 1 M re, Übz, 2 M re.

11. Rd:

1. Nd: 1 M re, 2 M re zus, 1 M re.

2. und 3. Nd: Strickschrift C Rd 11.

4. Nd: 1 M re, Übz, 1 M re.

12. Rd:

1. Nd: 2 M re zus, 1 M re.

2. und 3. Nd: Strickschrift C Rd 12.

4. Nd: 1 M re, Übz.

Es sind noch 9 M übrig. Den Faden abschneiden und durch die restlichen M ziehen. Die Fadenenden vernähen und die Socken leicht dämpfen.

STRICKSCHRIFT A, RECHTS

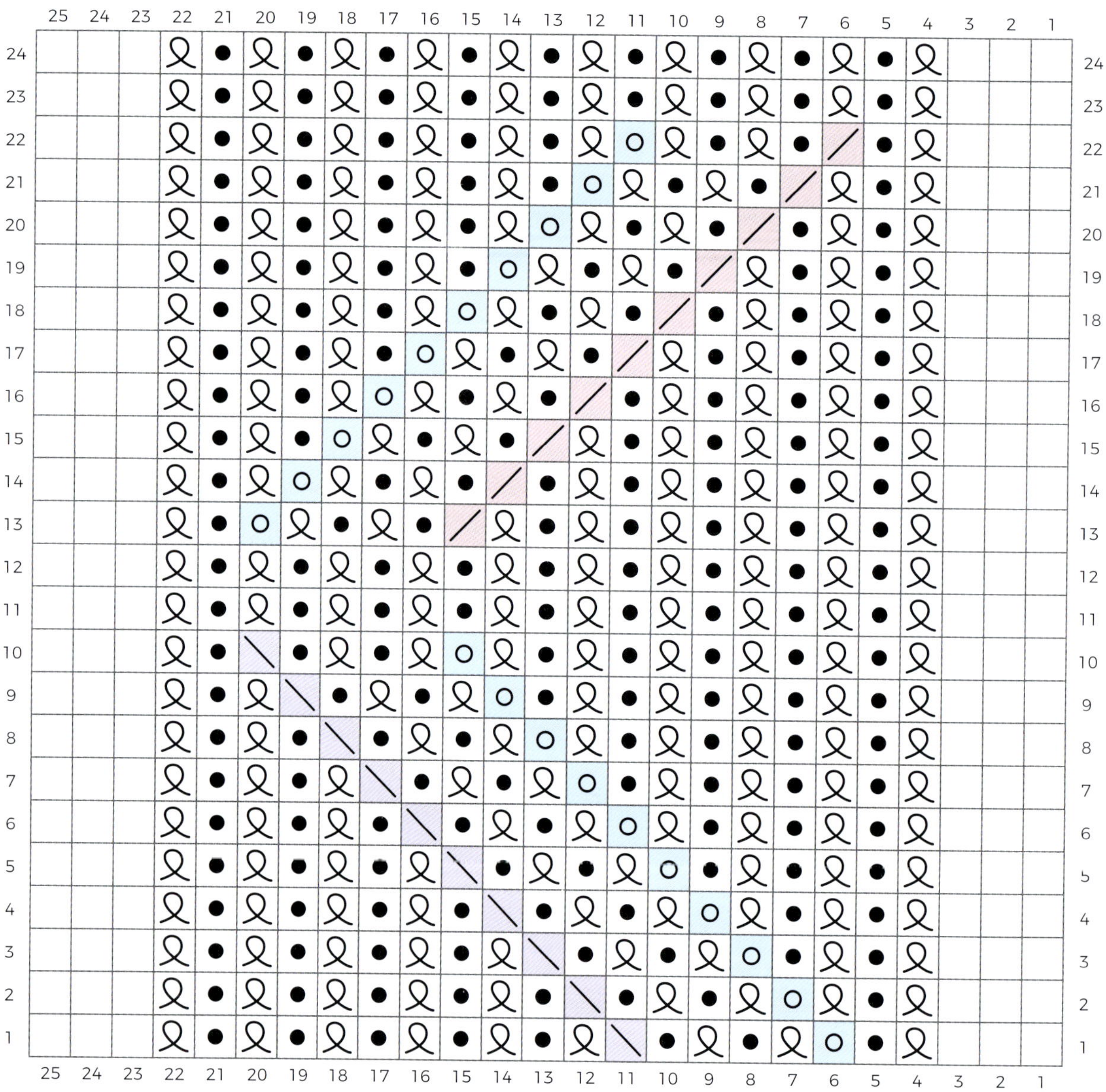

STRICKSCHRIFT B, LINKS

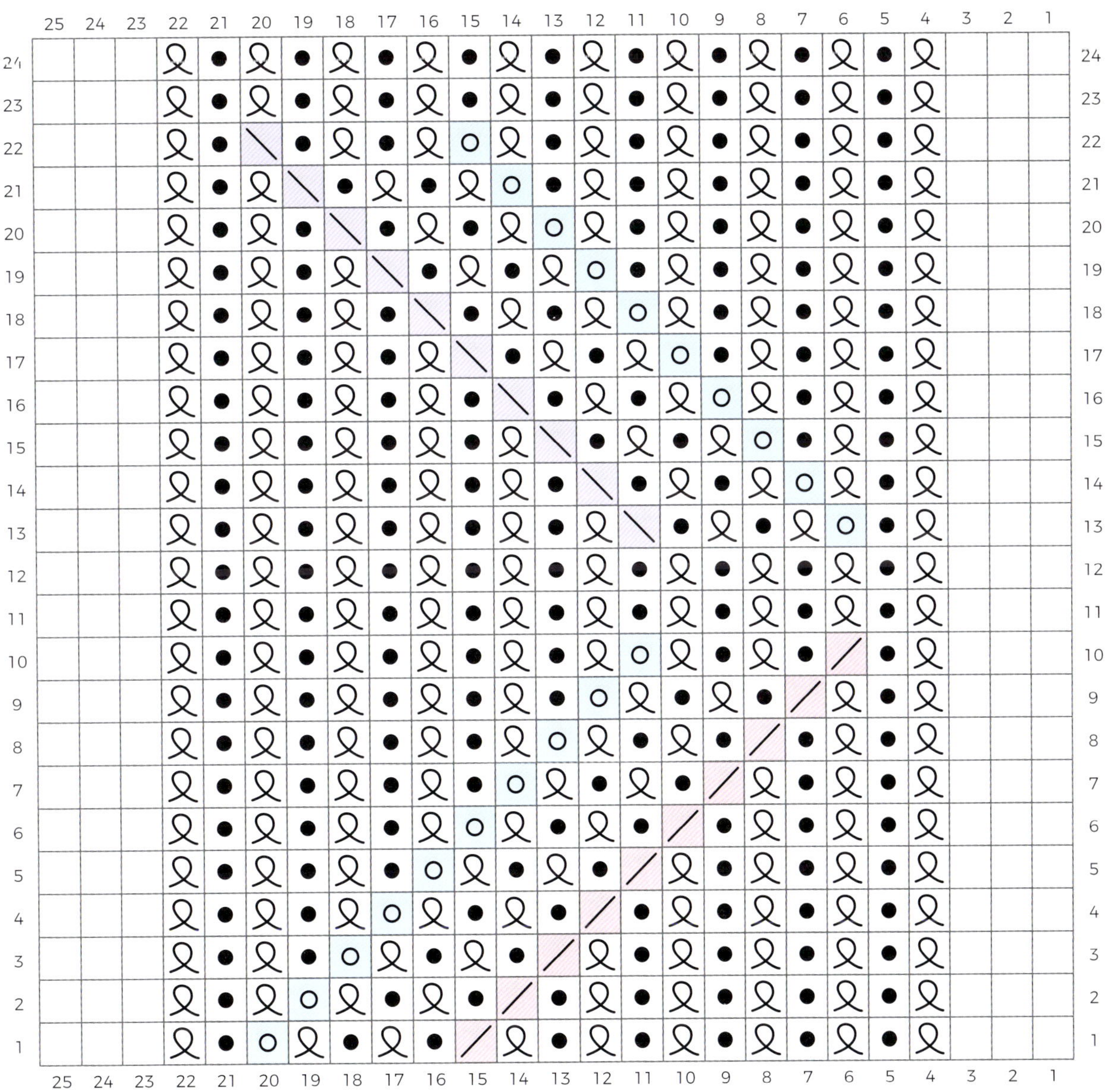

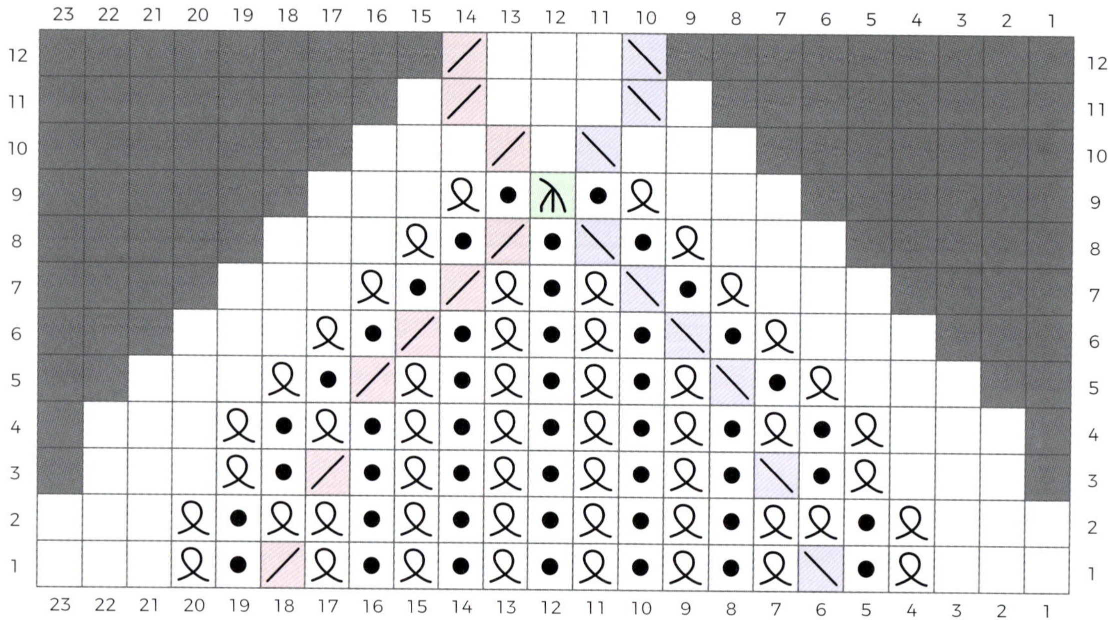

- keine M
- re
- ● li
- O Umschlag
- 2 M wie zum Rechtsstricken auf die rechte Nd heben, zurück auf die linke Nd setzen und re verschränkt zusammenstricken
- 2 M re zusammenstricken
- re verschränkt
- 1 M abheben, 2 M re zusammenstricken, die abgehobene M über die gestrickten M ziehen

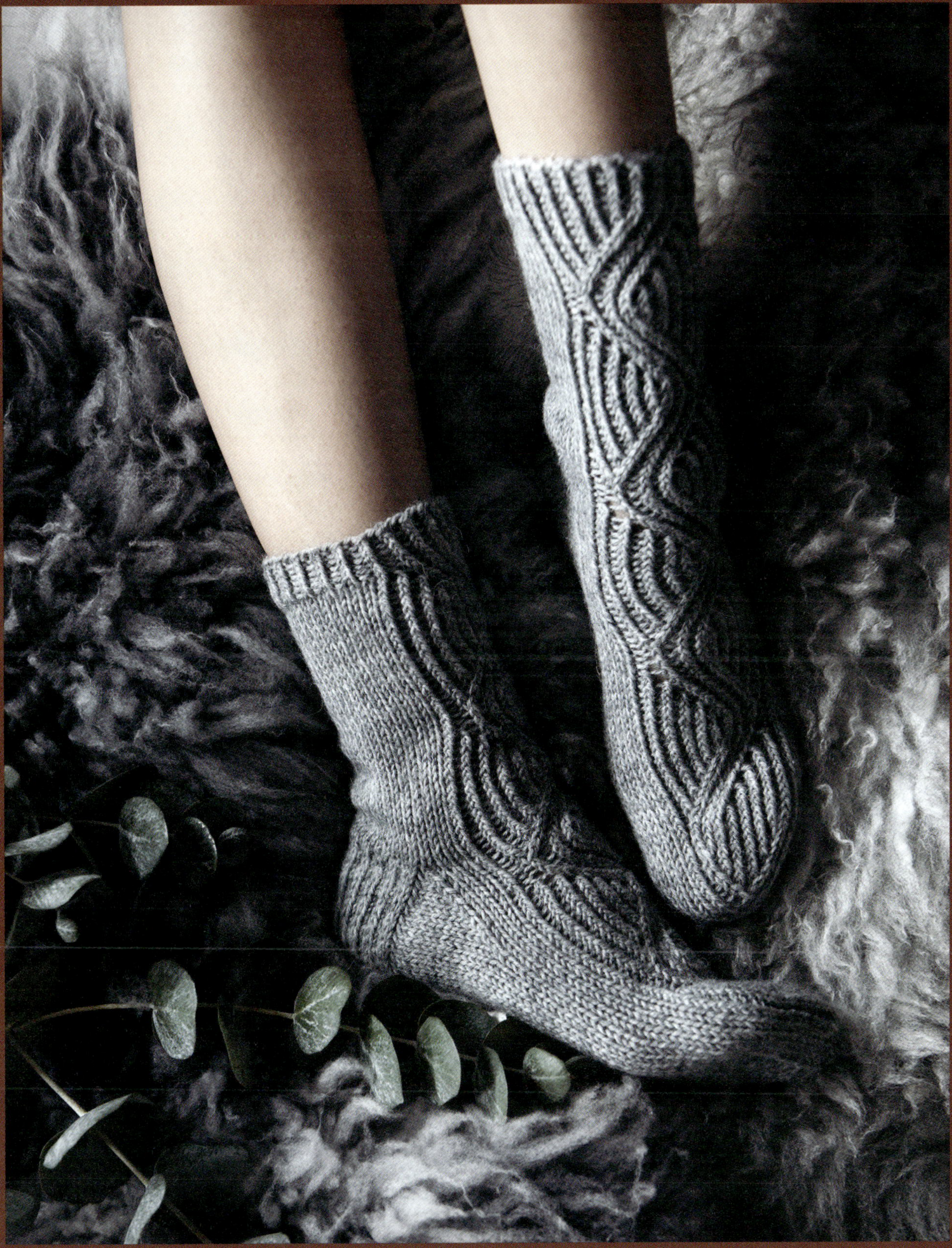

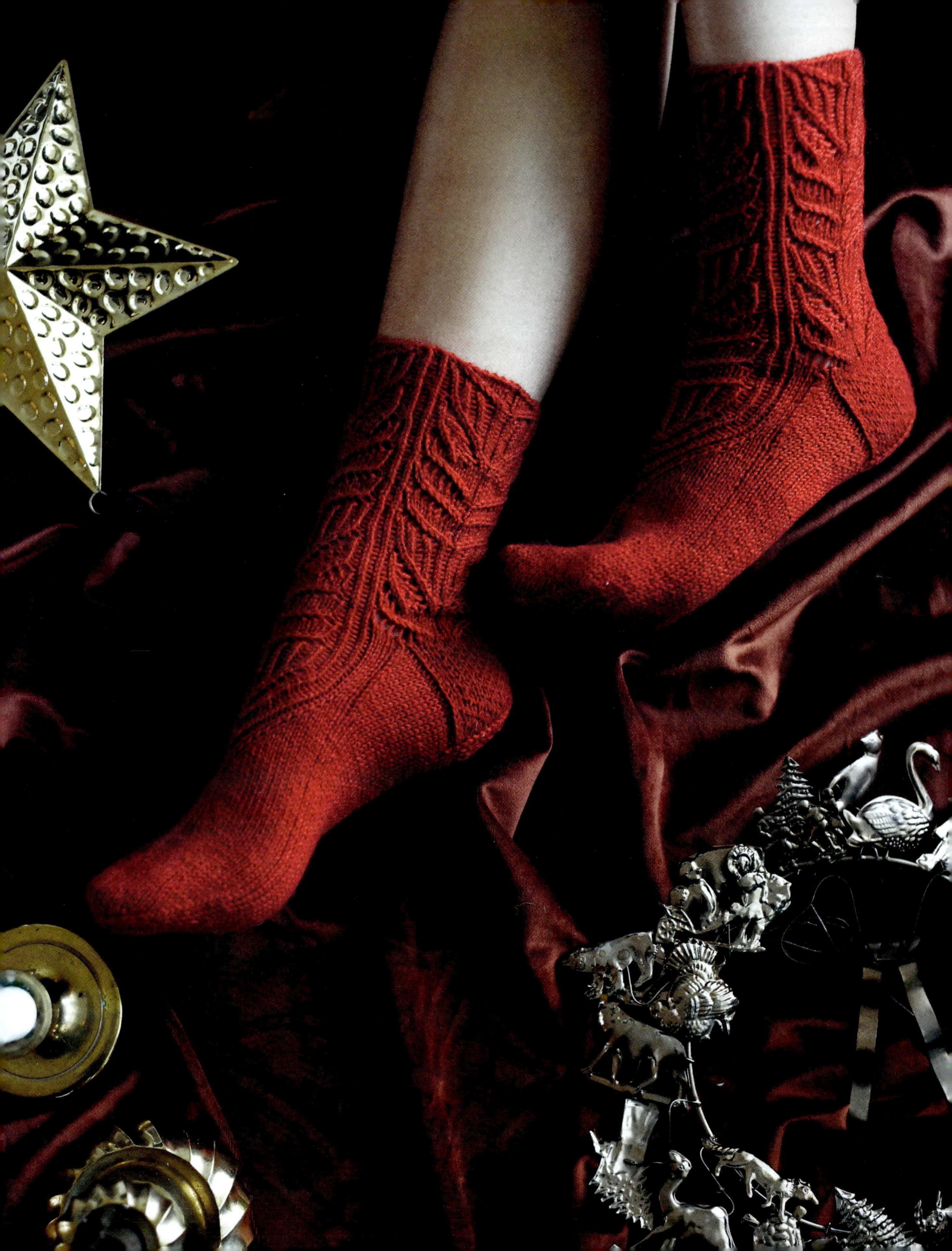

Wenn der größte Weihnachtsrummel vorbei ist und man wieder Zeit und Muße zum Stricken hat, ist das Modell „Weihnachtsmorgen" dafür sehr gut geeignet. Trotz des dünnen Garns lassen sich die Socken schnell stricken. In dem zarten Spitzenmuster findet sich die Schönheit der Blumen zur Weihnachtszeit wieder.

Weihnachtsmorgen

Größe: 37 (39)

Garn: Novita Venla, Tomate (Fb. 543)

Nadelspiel: Nr. 2,5

Garnverbrauch: 60 g

Maschenprobe: 28 M und 36 R = 10 cm × 10 cm

BEVOR SIE BEGINNEN

Beide Größen werden nach derselben Anleitung bis zum Ende von Strickschrift B gestrickt. Danach sind die Abweichungen für Größe 39 grau markiert.

Strickschrift A weist graue Karos auf, dort befinden sich keine Maschen. Sie können diese Stellen einfach überspringen. Deshalb hat die Arbeit auch eine unterschiedliche Anzahl von Maschen in den verschiedenen Runden.

Die Maschenverteilung auf den Nadeln ändert sich im Verlauf der Arbeit, da ein Teil der Abnahmen und Zunahmen zwischen den Nadeln verläuft. Achten Sie darauf, dass die Gesamtzahl der Maschen gleich bleibt:
60 Maschen in den Runden 1–21 und 30–55,
66 Maschen in den Runden 22–29 und 56–63.

SCHAFT

60 M anschlagen. Die M auf den Nd verteilen: 14-16-15-15.

Laut Strickschrift A arbeiten und die 1. bis 63. Rd für den Schaft stricken. In der letzten Rd hat die Arbeit 66 M mit folgender Verteilung: 16-17-16-17.

FERSE

Mit der Fersenwand beginnen: Die M der 1. Nd re auf die 4. Nd stricken (insgesamt 33 M). Die restlichen M bleiben ungestrickt. Die Arbeit wenden, die 1. M li abheben, ohne sie zu stricken, die übrigen M li stricken. Gleichzeitig 1 M abnehmen, damit die Ferse nun insgesamt 32 M hat.

1. R (Hin-R): Wenden, *1 M abheben, 1 M re*, ab * bis R-Ende wdh.
2. R (Rück-R): Wenden, die 1. M li abheben, ohne sie zu stricken, die übrigen M li stricken.
3. R (Hin-R): Wenden, 1 M abheben, 1 M re, *1 M re, 1 M abheben*, ab * wdh., bis noch 2 M übrig sind, 2 M re
4. R (Rück-R): Wenden, die 1. M li abheben, ohne sie zu stricken, die übrigen M li stricken.

Diese 4 R wdh., bis für die Fersenwand 32 R gestrickt und zuletzt 1 Rück-R gestrickt sind.

Für die Käppchenabnahmen weiter verstärkt stricken. Auf der rechten Seite beginnen, bis noch 11 M auf der Nd sind. 1 Übz stricken, die Arbeit wenden. Auf der anderen Nd sind 9 M. 1 M li abheben, ohne sie zu stricken, linke M stricken, bis 11 M übrig sind. 2 M li zusammenstricken, die Arbeit wenden. 1 M re abheben, ohne sie zu stricken, verstärkt stricken, bis noch 10 M auf der Nd sind. 1 Übz stricken, die Arbeit wenden. 1 M li abheben, ohne sie zu stricken, li stricken, bis 10 M übrig sind. 2 M li zusammenstricken, die Arbeit wenden.

So fortfahren, dabei werden die äußeren M in jeder R reduziert, die mittleren M bleiben gleich (12 M). Wenn die äußeren M aufgebraucht sind, die M der Fersenwand auf 2 Nd verteilen (6-6). 6 M re stricken, damit der Faden zwischen der 1. und 4. Nd liegt.

FUSSTEIL

Aus dem linken Fersenrand mit der freien Nd 18 M auffassen, die 6 M der 1. Nd stricken, danach die 18 aufgefassten M re verschränkt stricken. Mit 2. und 3. Nd das Muster laut Strickschrift B arbeiten, mit der 1. Rd beginnen. Beachten Sie, dass nach der Ferse auf der 2. und 3. Nd 33 M übrig sind, aber in der 1. R von Strickschrift B 2 M abgenommen werden. Aus dem rechten Fersenrand 18 M auffassen, re verschränkt stricken, dabei noch die 6 M der 4. Nd auf dieselbe Nd stricken. Die Arbeit hat 79 M.

Mit den Zwickelabnahmen beginnen: Am Ende der 1. Nd 2 M re zusammenstricken, am Anfang der 4. Nd in jeder 2. Rd 1 Übz stricken. Mit der 2. und 3. Nd weiter im Muster laut Strickschrift B stricken. Mit den Zwickelabnahmen fortfahren, bis noch 63 M (16-16-15-16) übrig sind. Mit der 1. und 4. Nd re, mit der 2. und 3. Nd im Muster stricken. Wenn alle 41 Rd laut Strickschrift B gestrickt sind, für Größe 37 noch 13 Rd re stricken (nach der Ferse sind es insgesamt 54 Rd) und für Größe 39 noch 17 Rd re stricken (nach der Ferse sind es insgesamt 58 Rd).

Für beide Größen eine breite Bandspitze arbeiten: Am Ende der 1. und 3. Nd jeweils 2 M re zusammenstricken, 1 M re. Am Anfang der 2. und 4. Nd jeweils 1 M re, 1 Übz stricken.

Die Abnahmen in jeder 2. Rd wdh., bis noch 35 M (9-9-8-9) übrig sind. Danach in jeder Rd abnehmen.
Wenn noch 11 M übrig sind, den Faden abschneiden und durch die restlichen M ziehen. Die Fadenenden vernähen und die Socken leicht dämpfen.

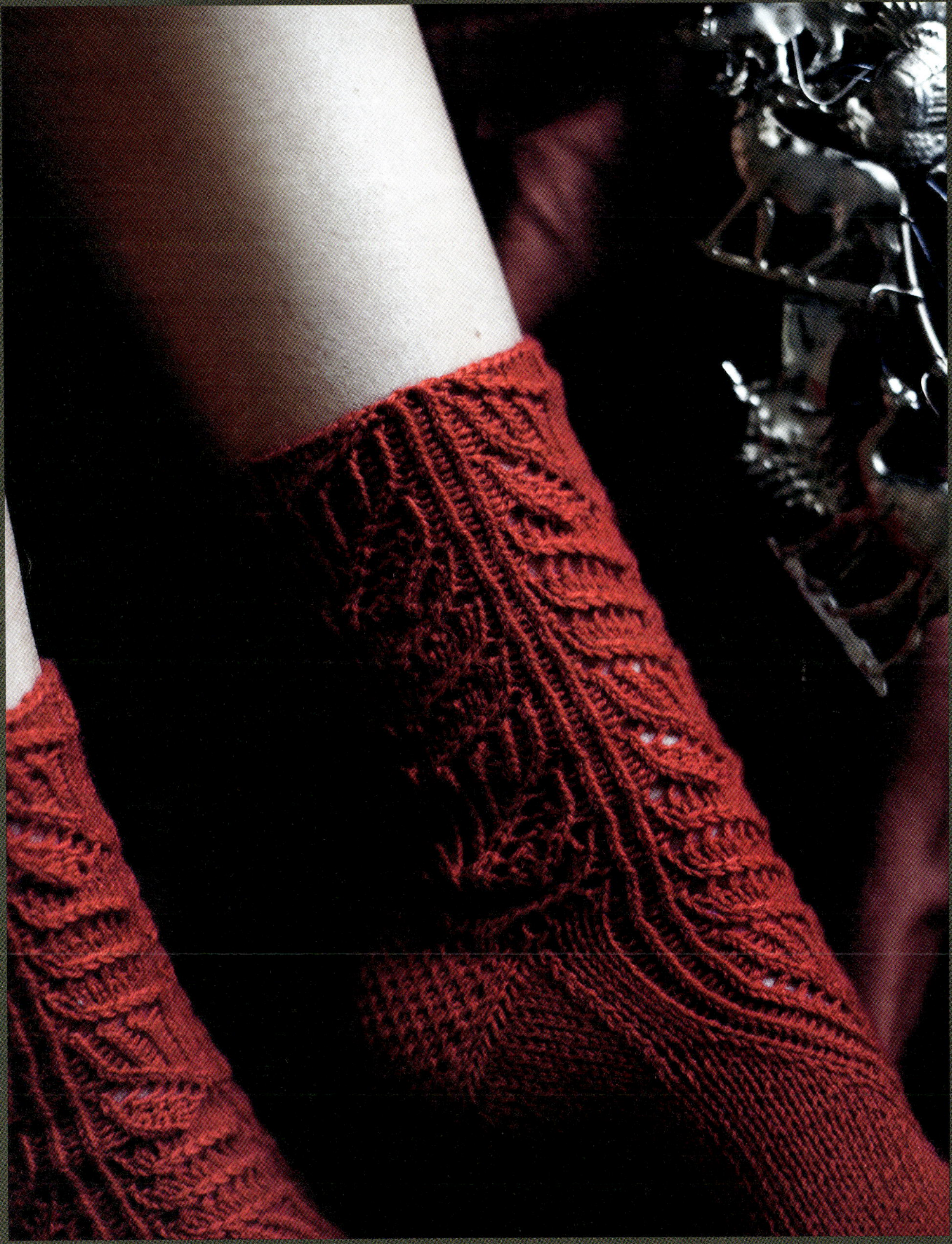

STRICKSCHRIFT A, SCHAFT

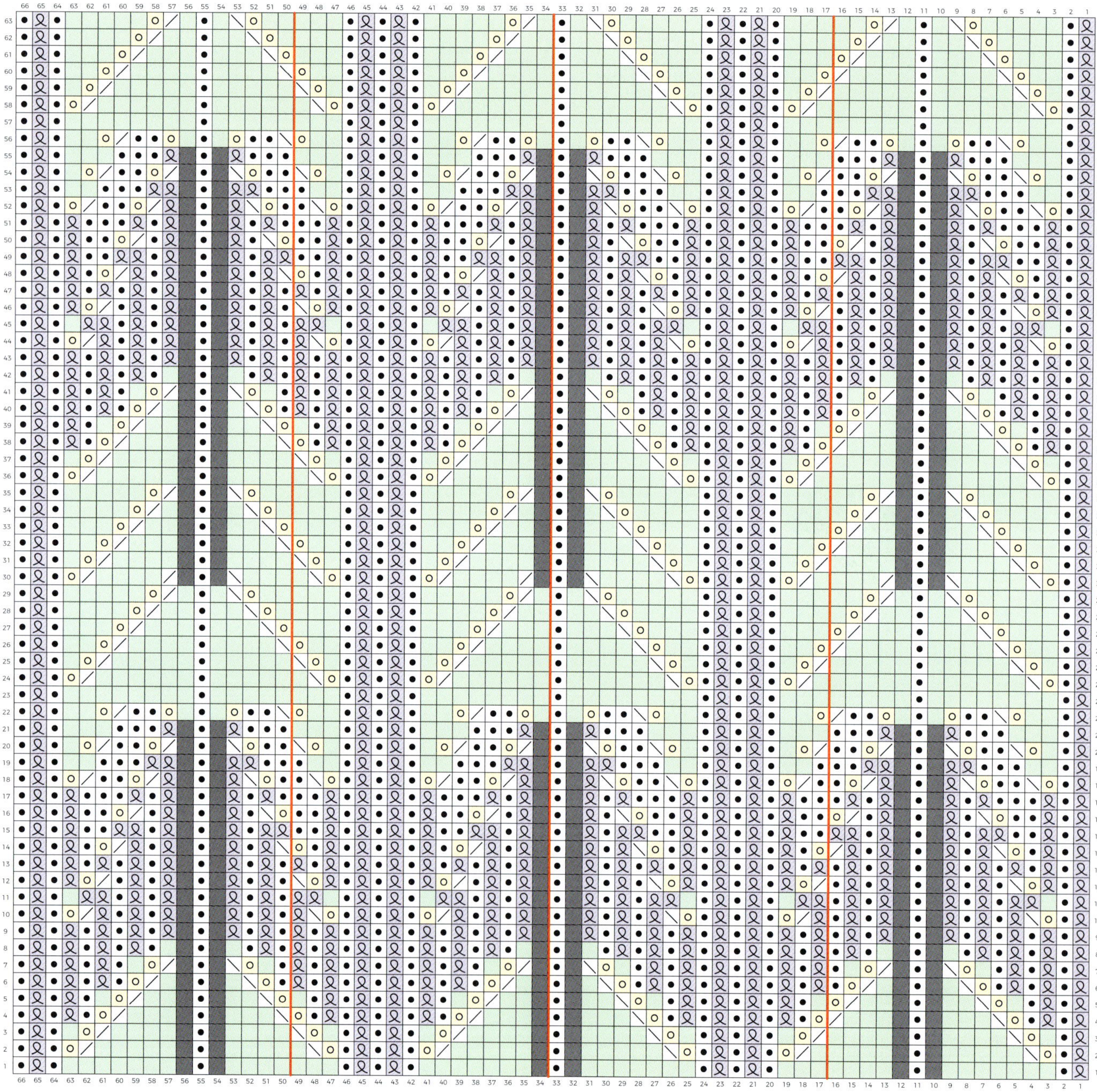

STRICKSCHRIFT B, FUSSRÜCKEN

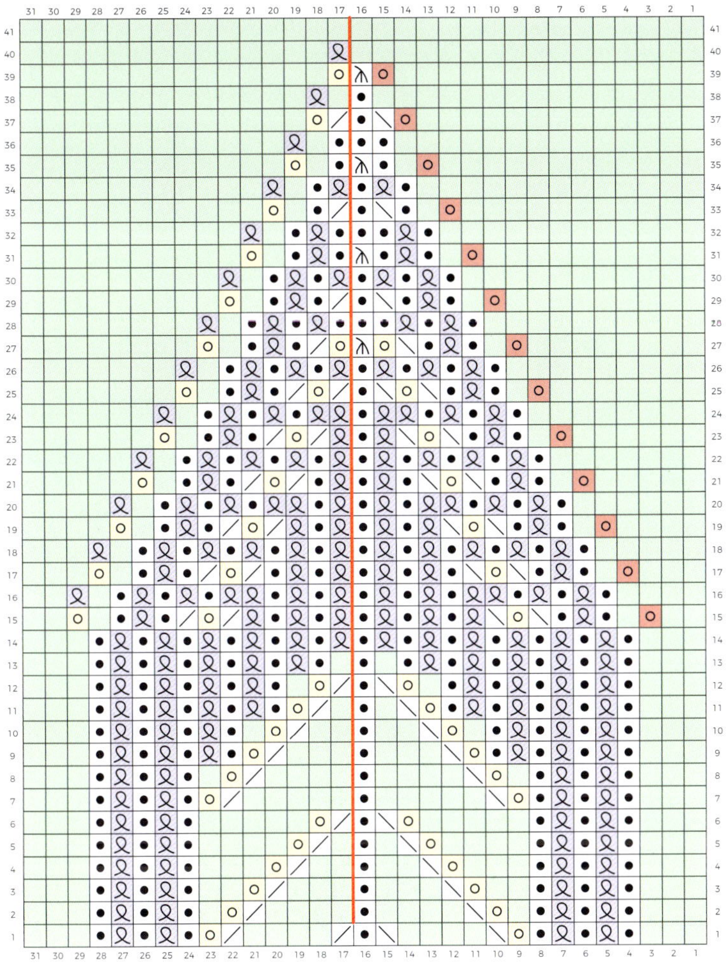

re

li

2 M einzeln wie zum Rechtsstricken abheben, zurück auf die linke Nd setzen und verschränkt zusammenstricken

2 M re zusammenstricken

Umschlag

keine Masche

re verschränkt

Nadelverteilung

Umschlag von vorn; in der nächsten Rd 1 rechte M aus dem vorderen Maschenglied stricken, damit sich die M verschränkt

1 M abheben, ohne sie zu stricken, 2 M re zusammenstricken, die abgehobene M über die gestrickten M ziehen

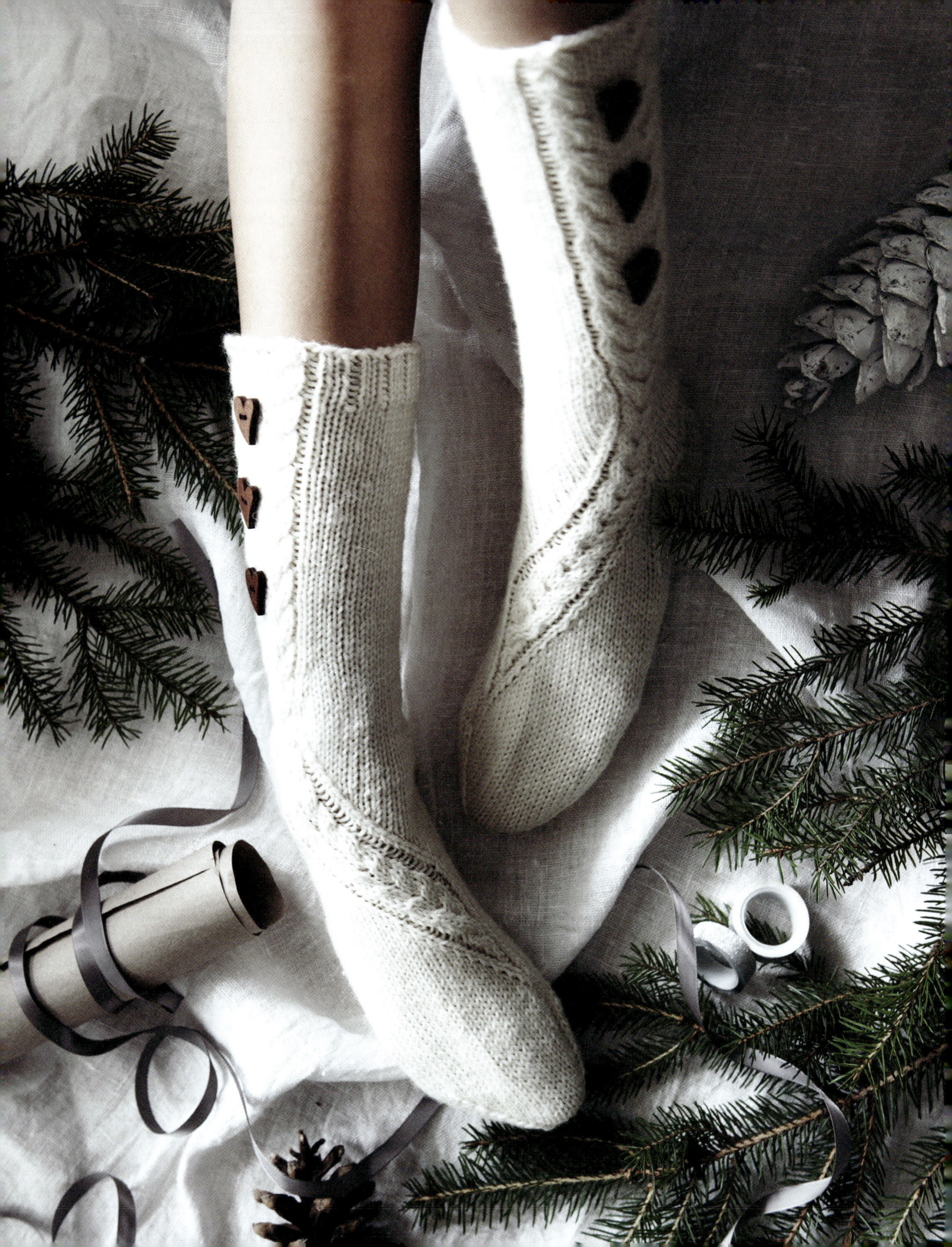

Der Frost beißt in die Wangen, Tierspuren verlaufen quer über der Schneedecke.
Im Morgengrauen glänzt die Oberfläche des Schnees, vom Frost überfroren.
Die Schneedecke trägt, wie auch das Leben, nicht wahr?

Schneebedeckt

Größe: 37 (39)
Garn: Novita 7 veljestä, Naturweiß (Fb. 010)
Nadelspiel: Nr. 3,5, 1 Hilfsnadel
Sonstiges: 6 Holzknöpfe
Garnverbrauch: 115 g (120 g)
Maschenprobe: 21 M und 26 R = 10 cm × 10 cm

BEVOR SIE BEGINNEN

Beide Größen werden bis zu den Spitzenabnahmen nach derselben Anleitung gestrickt.

Wenn Sie einen breiteren Schaft wünschen, können Sie am Anfang der 1. Nadel und am Ende der 4. Nadel die Maschenanzahl entsprechend erhöhen und vor der Ferse wieder abnehmen.

Die Socken werden gegengleich gearbeitet: Für die rechte Socke laut Strickschrift A1 und B1, für die linke Socke laut Strickschrift A2 und B2 stricken.

Die Strickschriften sind in Runden gezeichnet, d. h., Sie können die Runden mit den Vorrunden vergleichen. In der Regel werden beispielsweise linke Maschen über linken Maschen gestrickt, selbst wenn sie sich an einer anderen Stelle in der Strickschrift befinden, wenn der Zopf nach rechts oder links geht. Es ist daher ratsam, die Strickschrift von Runde zu Runde zu stricken.

SCHAFT

49 M anschlagen, die M für die rechte Socke zu 12-13-12-12, die M für die linke Socke zu 12-12-13-12 verteilen. Am rechten unteren Rand mit der 1. Rd der Strickschrift A1/A2 beginnen, alle 68 Rd arbeiten. Beachten Sie, dass in der 54. Rd 1 M auf 48 M abgenommen wird (12-12-12-12).

FERSE

Mit der Fersenwand im Strukturmuster beginnen: Dazu die M der 1. Nd auf die 4. Nd stricken (insg 24 M). Die restlichen M bleiben ungestrickt. Die Arbeit wenden, die 1. M li abheben, ohne sie zu stricken, *1 M li, 1 M re*, ab * wdh., bis noch 4 M übrig sind, 1 M re, 2 M li zusammenstricken und 1 M li. Die Ferse hat jetzt 23 M.

1. R (Hin-R): Die Arbeit wenden, 1 M re abheben, ohne sie zu stricken, 1 M re, *1 M li, 1 M abheben mit dem Faden vor der Arbeit*, ab * wdh. bis noch 3 M übrig sind, 1 M li und 2 M re.
2. R (Rück-R): Die Arbeit wenden, die 1. M li abheben, ohne sie zu stricken, *1 M li, 1 M re*, ab * wdh., bis noch 2 M übrig sind, 2 M li.

Diese beiden R wdh., bis für die Fersenwand 24 R gestrickt und zuletzt 1 Rück-R gestrickt wurde.

Für die Käppchenabnahmen auf der rechten Seite der Arbeit beginnen: 1 M re abheben, ohne sie zu stricken, *1 M re, 1 M li*, ab * wdh., bis noch 8 M auf der Nd sind. 1 Übz stricken, die Arbeit wenden. Auf der anderen Nd sind 6 M. 1 M li abheben, ohne sie zu stricken, *1 M re, 1 M li*, ab * wdh., bis noch 8 M auf der Nd sind. 2 M li zusammenstricken, die Arbeit wenden. 1 M re abheben, ohne sie zu stricken, *1 M re, 1 M li*, ab * wdh., bis noch 7 M übrig sind. 1 Übz stricken, die Arbeit wenden. 1 M li abheben, ohne sie zu stricken, *1 M re, 1 M li*, ab * wdh. bis noch 7 M auf der Nd sind. 2 M li zusammenstricken, wenden.

So fortfahren, dabei werden die äußeren M in jeder R reduziert, die mittleren M bleiben gleich (9 M). Wenn die äußeren M aufgebraucht sind, die M der Fersenwand auf 2 Nd verteilen (5-4). Mit der 4. Nd 3 M re, 2 M re zusammenstricken, der Faden liegt zwischen den Nd.

FUSSTEIL

Aus dem linken Fersenrand mit der freien Nd 14 M auffassen, die 4 M der 1. Nd stricken, danach die 14 aufgefassten M re verschränkt stricken. Mit der 2. und 3. Nd das Muster laut Strickschrift B1/B2 arbeiten, mit der 1. Rd beginnen. Aus dem rechten Fersenrand 14 M auffassen, re verschränkt stricken, dabei noch die 4 M der 4. Nd auf dieselbe Nd stricken. Die Arbeit hat 60 M.

Mit den Zwickelabnahmen beginnen: Am Ende der 1. Nd 2 M re zusammenstricken, am Anfang der 4. Nd in jeder 2. Rd 1 Übz stricken. Mit der 2. und 3. Nd weiter im Muster stricken. Mit den Zwickelabnahmen fortfahren, bis noch 48 M (12-12-12-12) übrig sind. Die Zwickelabnahmen beenden, mit der 1. und 4. Nd re sowie mit der 2. und 3. Nd weiter im Muster stricken.

Wenn alle 41 Rd laut Strickschrift B1/B2 gestrickt sind, für Größe 37 die Abnahmen für die Spitze beginnen, für Größe 39 noch 5 Rd re stricken.

Weiter re stricken, eine breite Bandspitze arbeiten: Am Ende der 1. und 3. Nd 2 M re zusammenstricken, 1 M re. Am Anfang der 2. und 4. Nd 1 M re, 1 Übz stricken. Die Abnahmen zunächst in jeder 2. Rd wdh. Wenn noch 36 M (8 M je Nd) übrig sind, in jeder Rd abnehmen.

Wenn noch 8 M übrig sind, den Faden abschneiden und durch die restlichen M ziehen. Die Fadenenden vernähen und die Socken leicht dämpfen. Die Knöpfe gleichmäßig verteilt am Schaft annähen.

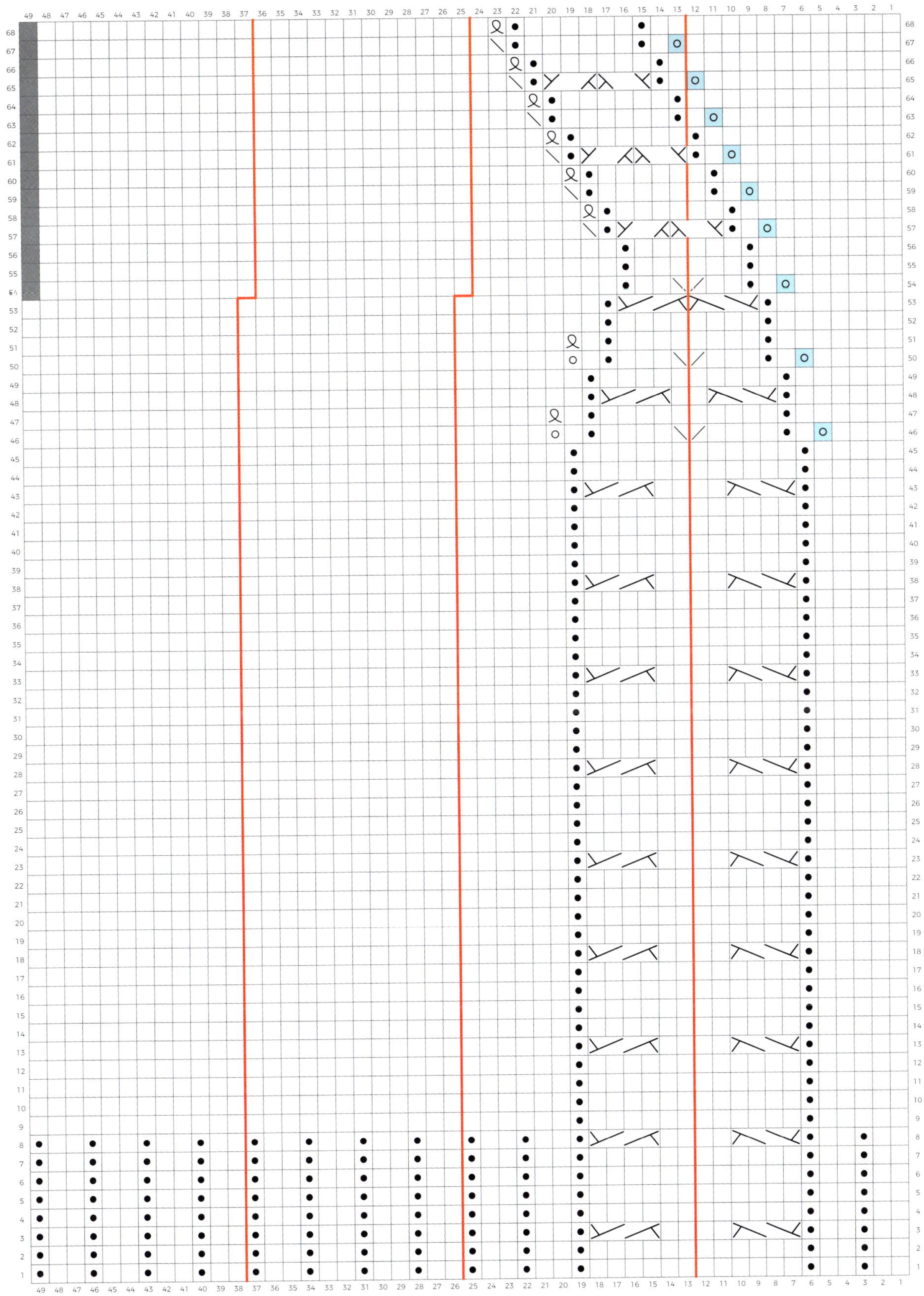

STRICKSCHRIFT A1. RECHTS. SCHAFT

STRICKSCHRIFT A2, LINKS, SCHAFT

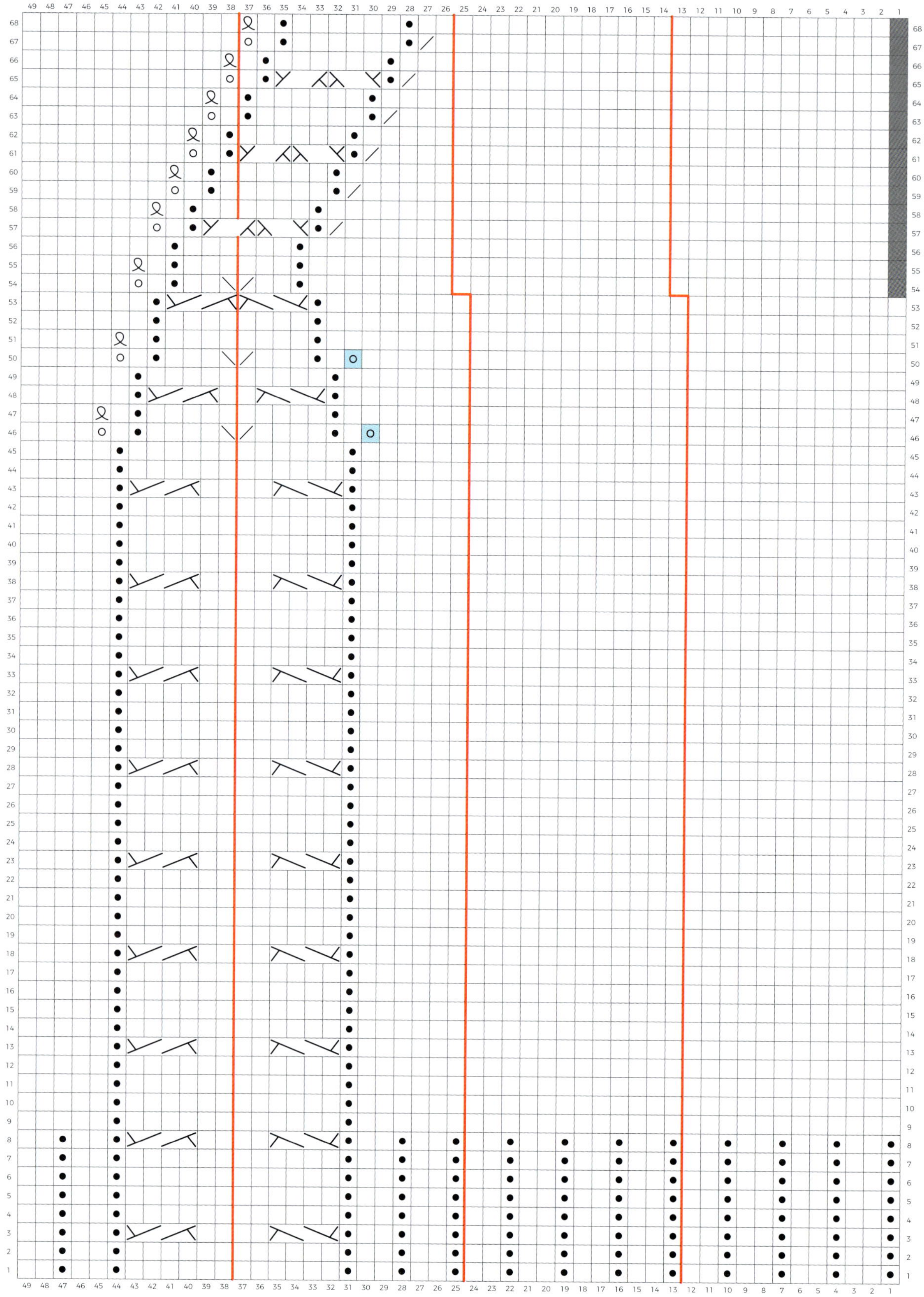

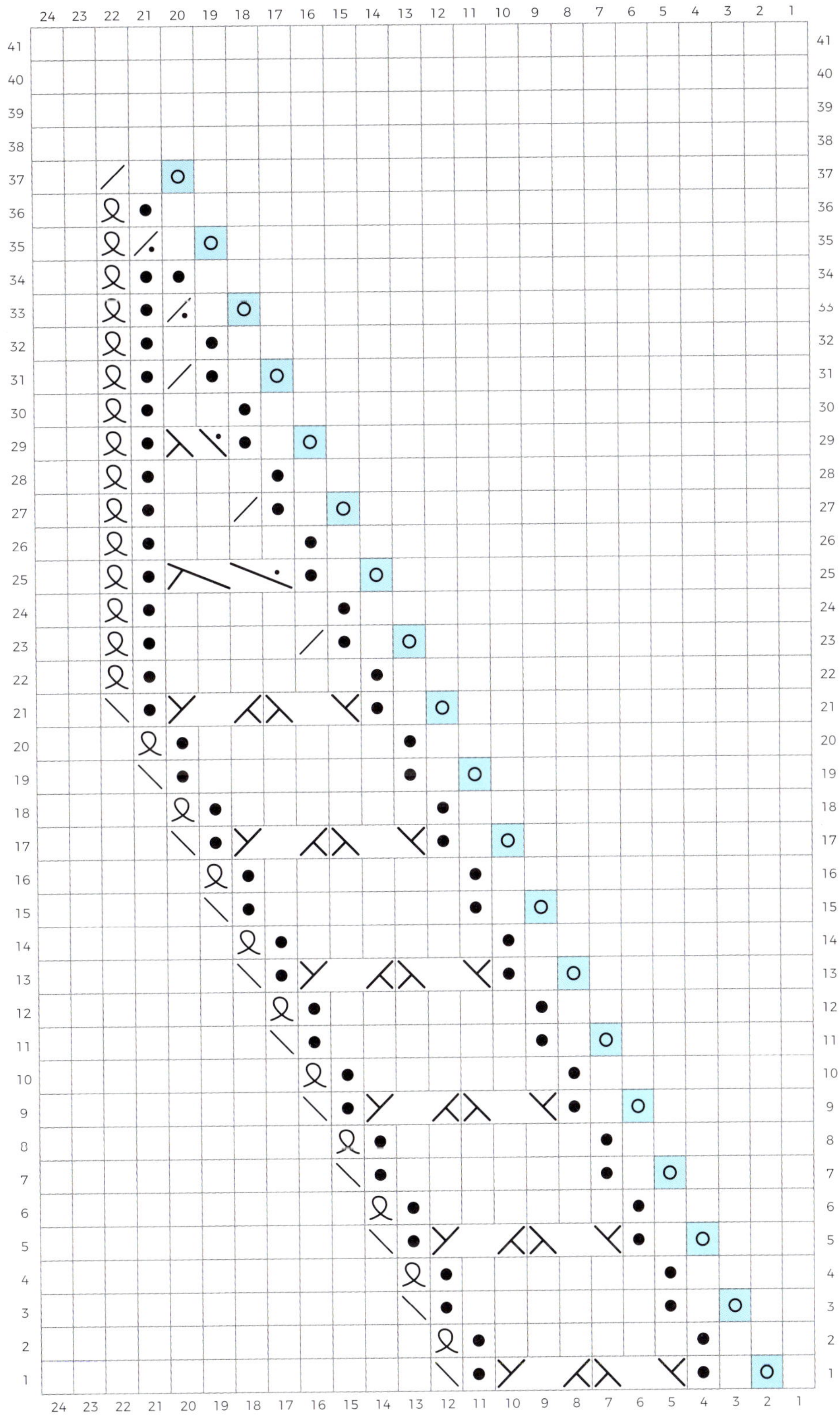

STRICKSCHRIFT BL. RECHTS, FUSSRÜCKEN

STRICKSCHRIFT B2, LINKS, FUSSRÜCKEN

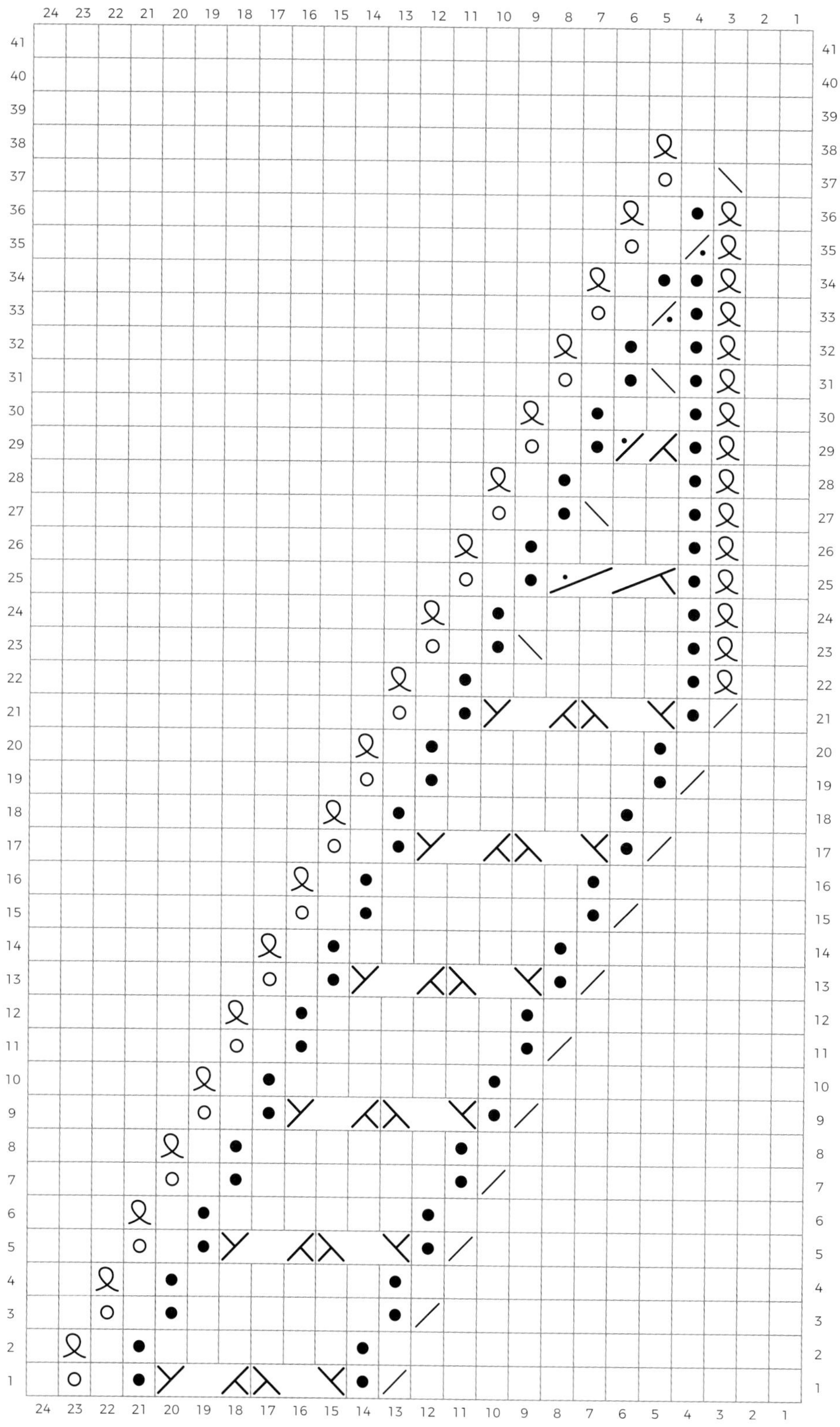

Nadelverteilung

keine Masche

re

re verschränkt

li

Umschlag

Umschlag von vorn; in der nächsten Rd 1 re M aus dem vorderen Maschenglied stricken, damit die M sich verschränkt

2 M einzeln wie zum Rechtsstricken auf die rechte Nd heben, zurück auf die linke Nd legen und verschränkt zusammenstricken

2 M re zusammenstricken

2 M li zusammenstricken

2 M auf eine Hilfsnadel vor die Arbeit legen, 2 M re, die 2 M der Hilfsnadel re

2 M auf eine Hilfsnadel hinter die Arbeit legen, 2 M re, die 2 M der Hilfsnadel re

2 M auf eine Hilfsnadel vor die Arbeit legen, 1 M re, die 2 M der Hilfsnadel re

1 M auf eine Hilfsnadel hinter die Arbeit legen, 2 M re, die 1 M der Hilfsnadel re

2 M auf eine Hilfsnadel vor die Arbeit legen, 2 M re zusammenstricken, 1 M re, die 2 M der Hilfsnadel re

1 M auf eine Hilfsnadel vor die Arbeit legen, 2 M re zusammenstricken, die 1 M der Hilfsnadel re

3 M auf eine Hilfsnadel hinter die Arbeit legen, 2 M re, von der Hilfsnadel 1 M re und 1 einfachen Übz

2 M auf eine Hilfsnadel hinter die Arbeit legen, 1 M re, von der Hilfsnadel 1 einfachen Übz

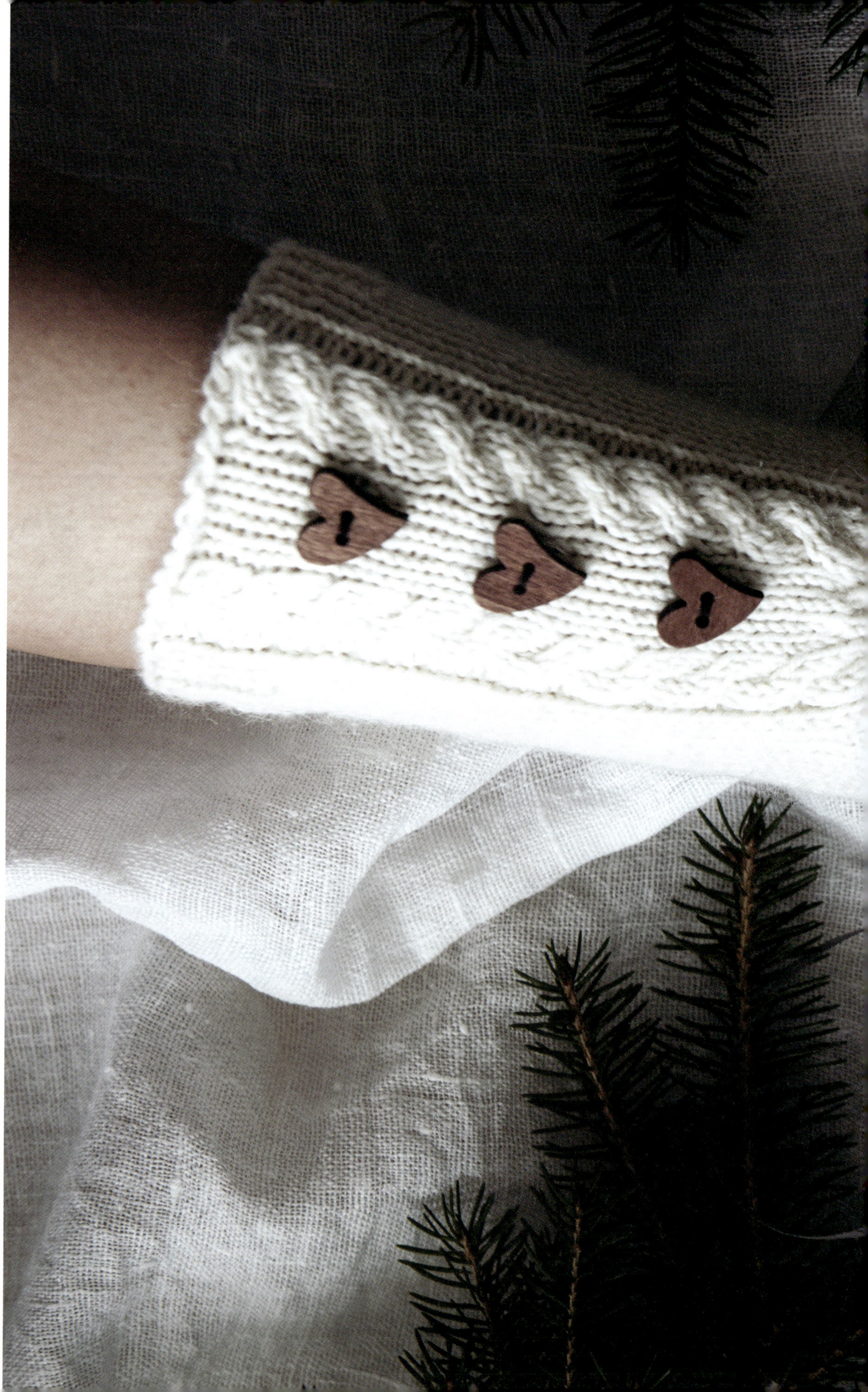

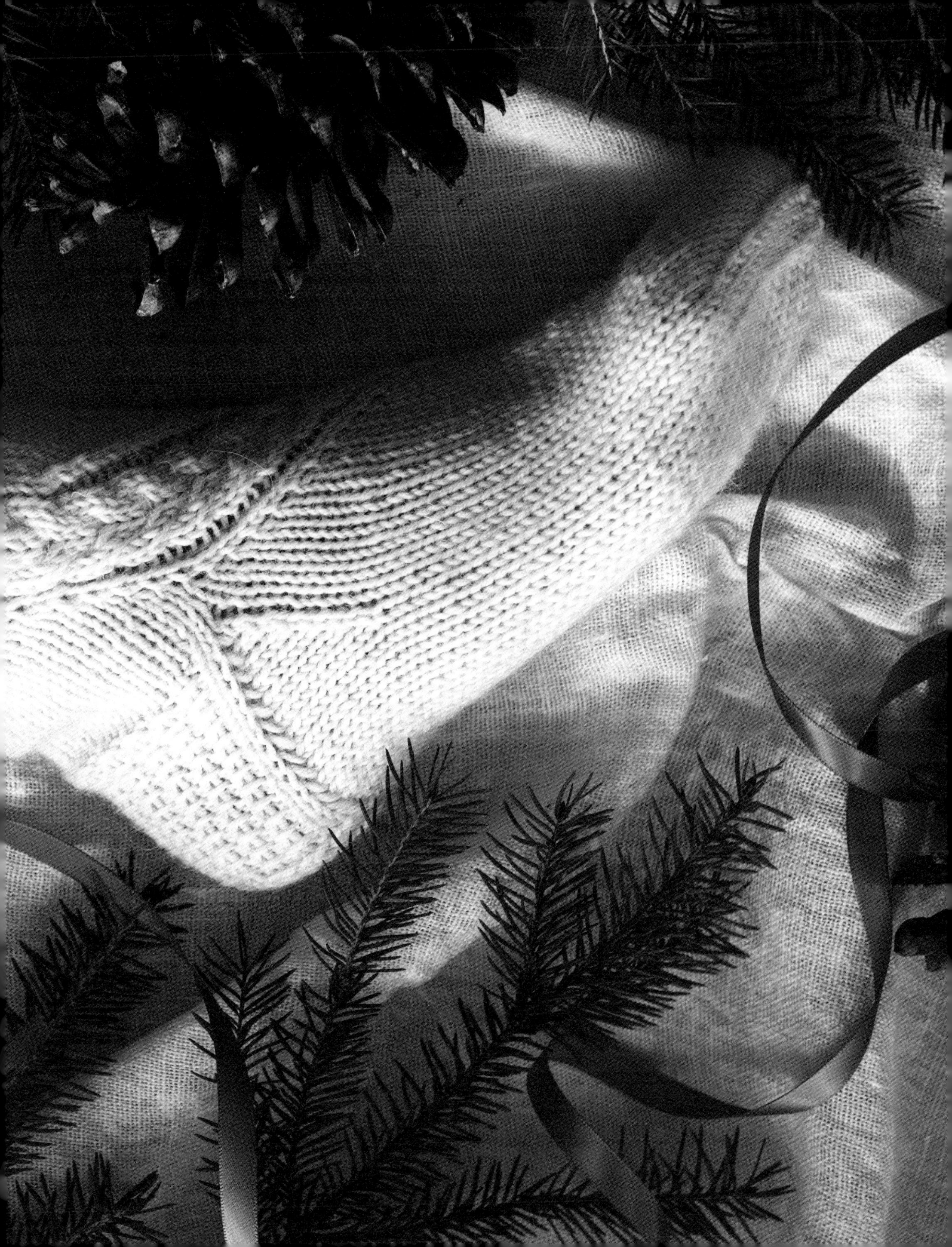

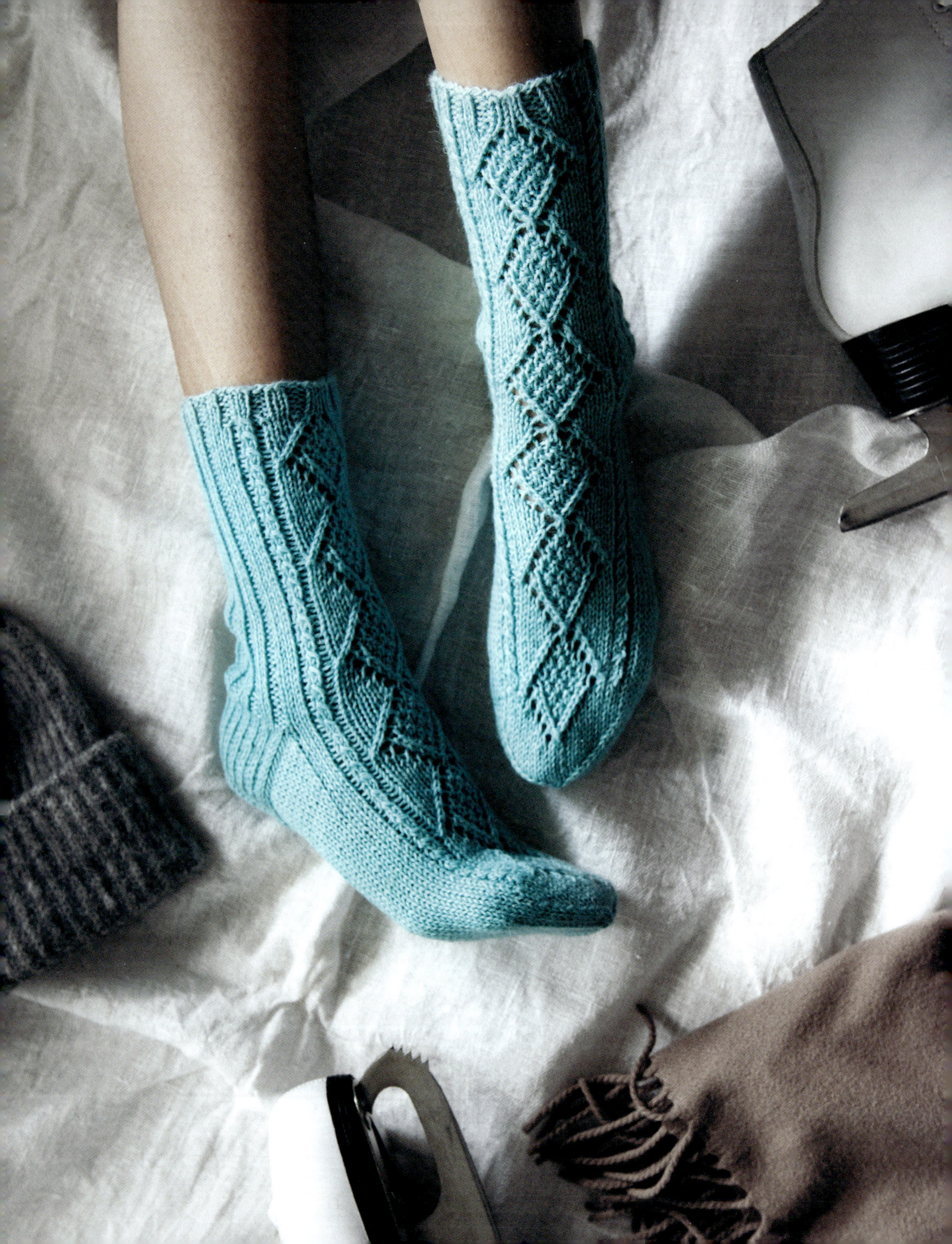

Schneeflocken, beschlagene Fenster und Eiskristalle. Der Zauber des Winters und die Wunder der Natur, die von ihm geschaffen werden, inspirierten mich zu diesem etwas groben Spitzenmuster. Trotz ihres Namens wärmen die Eiskristall-Socken die Zehen selbst bei starkem Frost.

Eiskristall

Größe: 38/39

Garn: Kaupunkilanka Rotvalli, Mint (Fb. 21)

Nadelspiel: Nr. 3, 1 Hilfsnadel

Garnverbrauch: 80 g

Maschenprobe: 24 M und 32 R = 10 cm × 10 cm

SCHAFT

57 M anschlagen und die M auf den Nd verteilen: 16-14-13-14.

6 Rd im Bündchenmuster stricken:

1. Nd: 2 M re, 2 M li, 2 M re, 2 M li, 2 M re, 2 M li, 2 M re, 2 M li.

2. Nd: 2 M re, 2 M li, 2 M re, 2 M li, 2 M re, 2 M li, 2 M re.

3. Nd: 1 M re, 2 M li, 2 M re, 2 M li, 2 M re, 2 M li, 2 M re.

4. Nd: 2 M li, 2 M re, 2 M li, 2 M re, 2 M li, 2 M re, 2 M li.

Nach dem Bündchen mit der 1. und 4. Nd weiter im Bündchenmuster stricken, mit der 2. und 3. Nd das Muster laut Strickschrift mit der 1. Rd beginnen, die 1. bis 18. Rd stricken.

Wenn für den Schaft 59 Rd gestrickt und zuletzt die 17. Rd laut Strickschrift gestrickt sind, noch 1 weitere Rd wie folgt stricken: mit der 1. und 4. Nd re, mit der 2. und 3. Nd im Muster (Rd 18).

FERSE

Mit der Fersenwand beginnen, dazu die M der 1. Nd re auf die 4. Nd stricken (insg. 30 M). Die restlichen M bleiben ungestrickt. Die Arbeit wenden, die 1. M li abheben, ohne sie zu stricken, die übrigen M li stricken.

1. R (Hin-R): Die Arbeit wenden, *1 M re abheben, ohne sie zu stricken, 1 M re*, ab * bis R-Ende wdh.

2. R (Rück-R): Die Arbeit wenden, die 1. M li abheben, ohne sie zu stricken, die übrigen M bis R-Ende li stricken. Diese beiden R wdh., bis für die Fersenwand 28 R gestrickt und zuletzt 1 Rück-R gestrickt sind.

Für die Käppchenabnahmen weiter verstärkt stricken. Auf der rechten Seite der Arbeit beginnen, bis noch 11 M auf der Nd sind. 1 Übz stricken, die Arbeit wenden. Auf der anderen Nd sind 9 M. 1 M li abheben, ohne sie zu stricken, und linke M stricken, bis 11 M übrig sind. 2 M li zusammenstricken und die Arbeit wenden. 1 M abheben, ohne sie zu stricken, verstärkt stricken, bis noch 10 M auf der Nd sind. 1 Übz stricken, die Arbeit wenden. 1 M li abheben, ohne sie zu stricken, li stricken, bis 10 M übrig sind. 2 M li zusammenstricken, die Arbeit wenden.

Auf diese Weise fortfahren, dabei werden die äußeren M in jeder R reduziert, die mittleren M bleiben gleich (10 M). Wenn die äußeren M aufgebraucht sind, die M der Fersenwand auf 2 Nd verteilen (5-5). Die 5 M der 4. Nd re stricken, damit der Faden zwischen den Nd liegt.

FUSSTEIL

Aus dem linken Fersenrand mit der freien Nd 16 M auffassen, die 5 M der 1. Nd stricken, danach die 16 aufgefassten M re verschränkt stricken. Mit der 2. und 3. Nd das Muster laut Strickschrift ab der 1. Rd arbeiten. Aus dem rechten Fersenrand 16 M auffassen, re verschränkt stricken, dabei noch die 5 M der 4. Nd auf dieselbe Nd stricken. Die Arbeit hat jetzt 69 M.

Mit den Zwickelabnahmen beginnen: Am Ende der 1. Nd 2 M re zusammenstricken, am Anfang der 4. Nd in jeder 2. Rd 1 Übz stricken. Mit der 2. und 3. Nd weiter im Muster stricken. Mit den Zwickelabnahmen fortfahren, bis noch 55 M (14-14-13- 14) übrig sind. Die Zwickelabnahmen beenden, mit der 1. und 4. Nd re sowie mit der 2. und 3. Nd weiter im Muster stricken.

Wenn nach der Fersenwand 46 Rd und zuletzt die 10. Rd der Strickschrift gestrickt sind, mit den Abnahmen für die Spitze beginnen.

1. Rd:
1. Nd: 11 M re, 2 M re zus, 1 M re.
2. Nd: 2 M re, Übz, 2 M re, 1 M li, 2 M re, U, Übz, 1 M li, 1 M re, 1 M li.
3. Nd: 1 M re, 1 M li, 2 M re zus, U, 2 M re, 1 M li, 2 M re, 2 M re zus, 2 M re.
4. Nd: 1 M re, Übz, 11 M re.

2. Rd:
1. Nd: 13 M re.
2. Nd: 5 M re, 1 M li, 4 M re, 1 M li, 1 M re, 1 M li.
3. Nd: 1 M re, 1 M li, 4 M re, 1 M li, 5 M re.
4. Nd: 13 M re.

3. Rd:
1. Nd: 10 M re, 2 M re zus, 1 M re.
2. Nd: 4 M re, Übz, 3 M re, U, Übz, 1 M li, 1 M re.
3. Nd: 1 M li, 2 M re zus, U, 3 M re, 2 M re zus, 4 M re.
4. Nd: 1 M re, Übz, 10 M re.

4. Rd:
1. Nd: 12 M re.
2. Nd: 10 M re, 1 M li, 1 M re.
3. Nd: 1 M li, 10 M re.
4. Nd: 12 M re.

5. Rd:
1. Nd: 9 M re, 2 M re zus, 1 M re.
2. Nd: 1 M re, Übz, 6 M re, U, Übz, 1 M li.
3. Nd: 2 M re zus, U, 6 M re, 2 M re zus, 1 M re.
4. Nd: 1 M re, Übz, 9 M re.

6. Rd:
1. Nd: 11 M re.
2. Nd: 10 M re, 1 M li.
3. Nd: 10 M re.
4. Nd: 11 M re.

7. Rd:
1. Nd: 8 M re, 2 M re zus, 1 M re.
2. und 3. Nd: 1 M re, Übz, 6 M re, U, 1 M abheben, 2 M re zusammenstricken und die abgehobene M über die gestrickten M ziehen, U, 6 M re, 2 M re zus, 1 M re.
4. Nd: 1 M re, Übz, 8 M re.

8. Rd: Nur rechte M stricken.

9. Rd:
1. Nd: 7 M re, 2 M re zus, 1 M re.
2. Nd: 1 M re, Übz, 7 M re.
3. Nd: 6 M re, 2 M re zus, 1 M re.
4. Nd: 1 M re, Übz, 7 M re.

10. Rd: Nur rechte M stricken.

11. Rd:
1. Nd: 6 M re, 2 M re zus, 1 M re.
2. Nd: 1 M re, Übz, 6 M re.
3. Nd: 5 M re, 2 M re zus, 1 M re.
4. Nd: 1 M re, Übz, 6 M re.

12. Rd:
1. Nd: 5 M re, 2 M re zus, 1 M re.
2. Nd: 1 M re, Übz, 5 M re.
3. Nd: 4 M re, 2 M re zus, 1 M re.
4. Nd: 1 M re, Übz, 5 M re.

13. Rd:
1. Nd: 4 M re, 2 M re zus, 1 M re.
2. Nd: 1 M re, Übz, 4 M re.
3. Nd: 3 M re, 2 M re zus, 1 M re.
4. Nd: 1 M re, Übz, 4 M re.

14. Rd:
1. Nd: 3 M re, 2 M re zus, 1 M re.
2. Nd: 1 M re, Übz, 3 M re.
3. Nd: 2 M re, 2 M re zus, 1 M re.
4. Nd: 1 M re, Übz, 3 M re.

15. Rd:
1. Nd: 2 M re, 2 M re zus, 1 M re.
2. Nd: 1 M re, Übz, 2 M re.
3. Nd: 1 M re, 2 M re zus, 1 M re.
4. Nd: 1 M re, Übz, 2 M re.

16. Rd:
1. Nd: 1 M re, 2 M re zus, 1 M re.
2. Nd: 1 M re, Übz, 1 M re.
3. Nd: 2 M re zus, 1 M re.
4. Nd: 1 M re, Übz, 1 M re.

Es sind noch 11 M übrig. Den Faden abschneiden und durch die restlichen M ziehen. Die Fadenenden vernähen und die Socken leicht dämpfen.

STRICKSCHRIFT

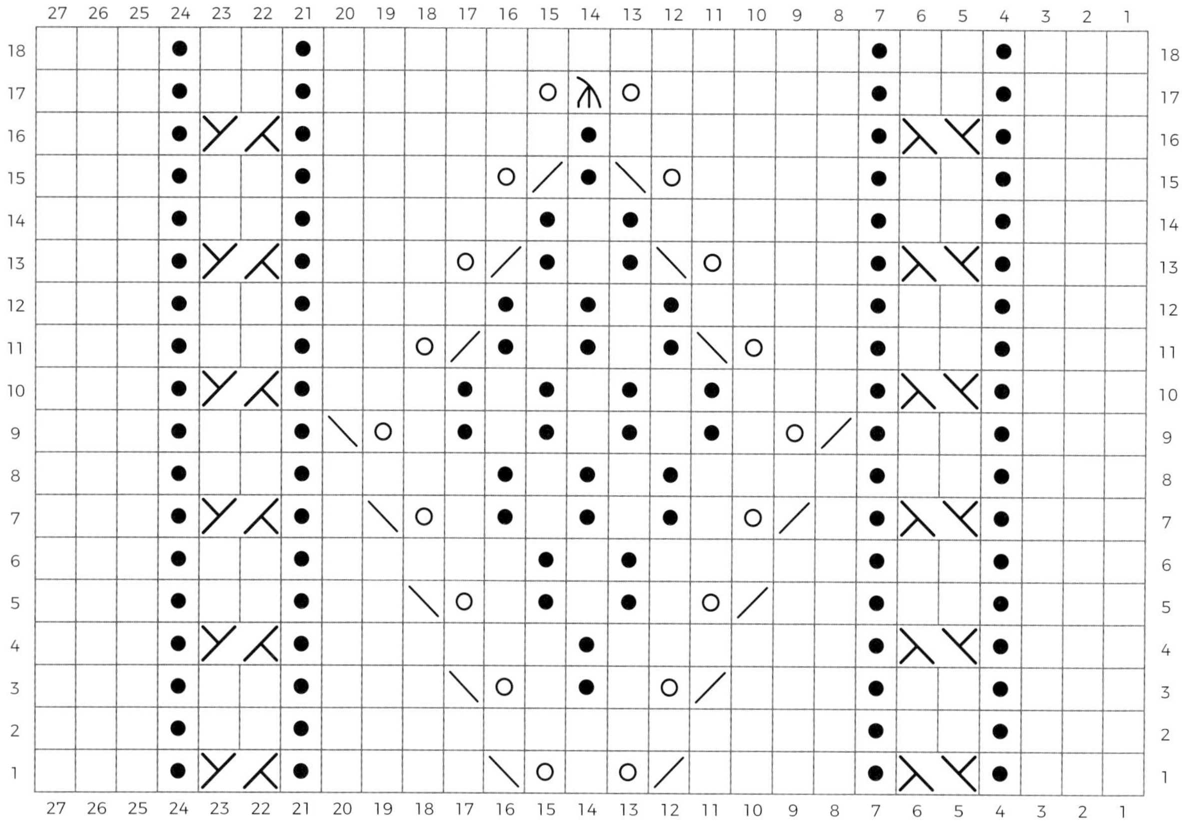

re

li

Umschlag

2 M einzeln wie zum Rechtsstricken abheben, zurück auf die linke Nd legen und verschränkt zusammenstricken

2 M re zusammenstricken

1 M auf eine Hilfsnadel vor die Arbeit legen, 1 M re, die 1 M der Hilfsnadel re

1 M auf eine Hilfsnadel hinter die Arbeit legen, 1 M re, die 1 M der Hilfsnadel re

1 M abheben, 2 M re zusammenstricken, die abgehobene M über die gestrickten M ziehen

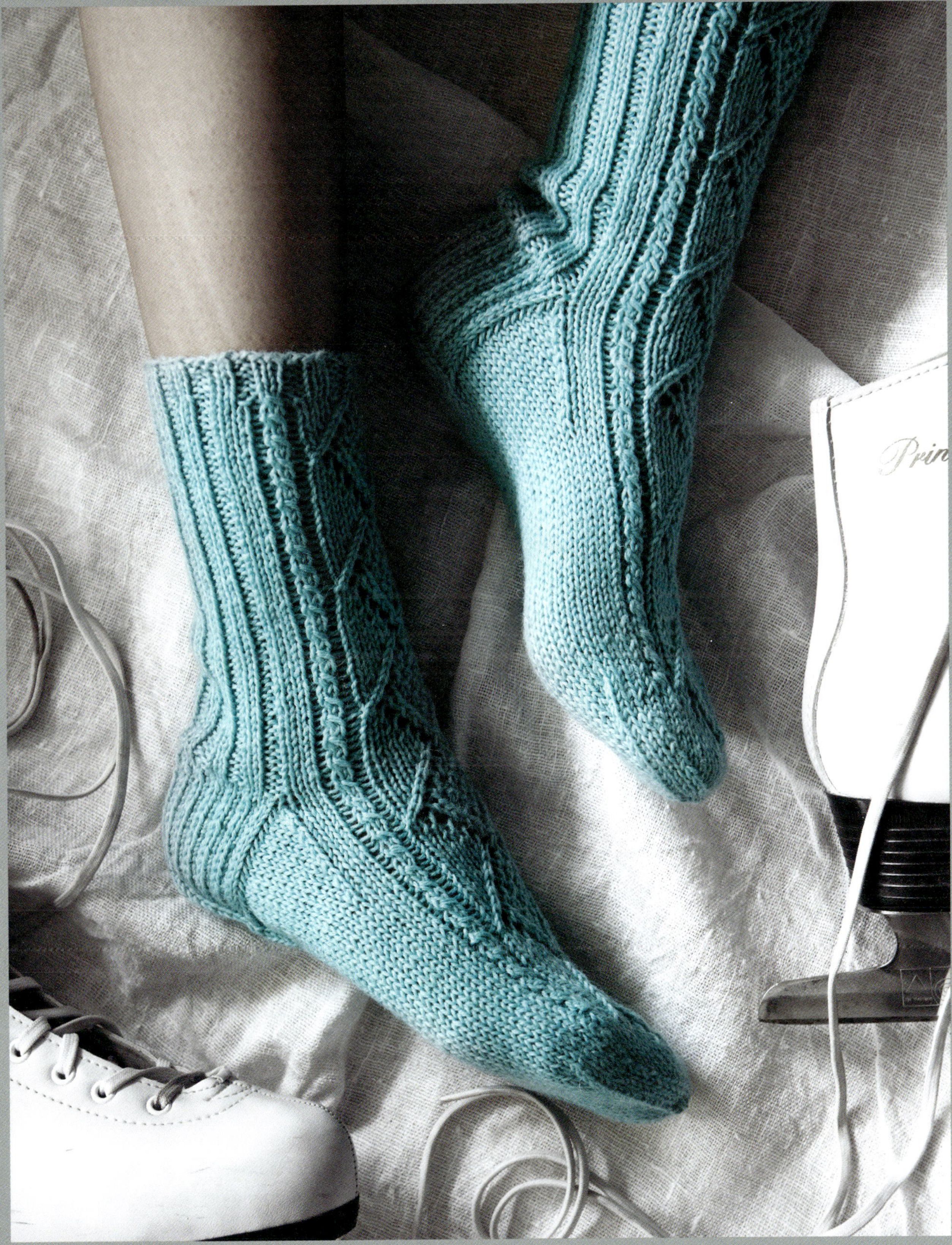

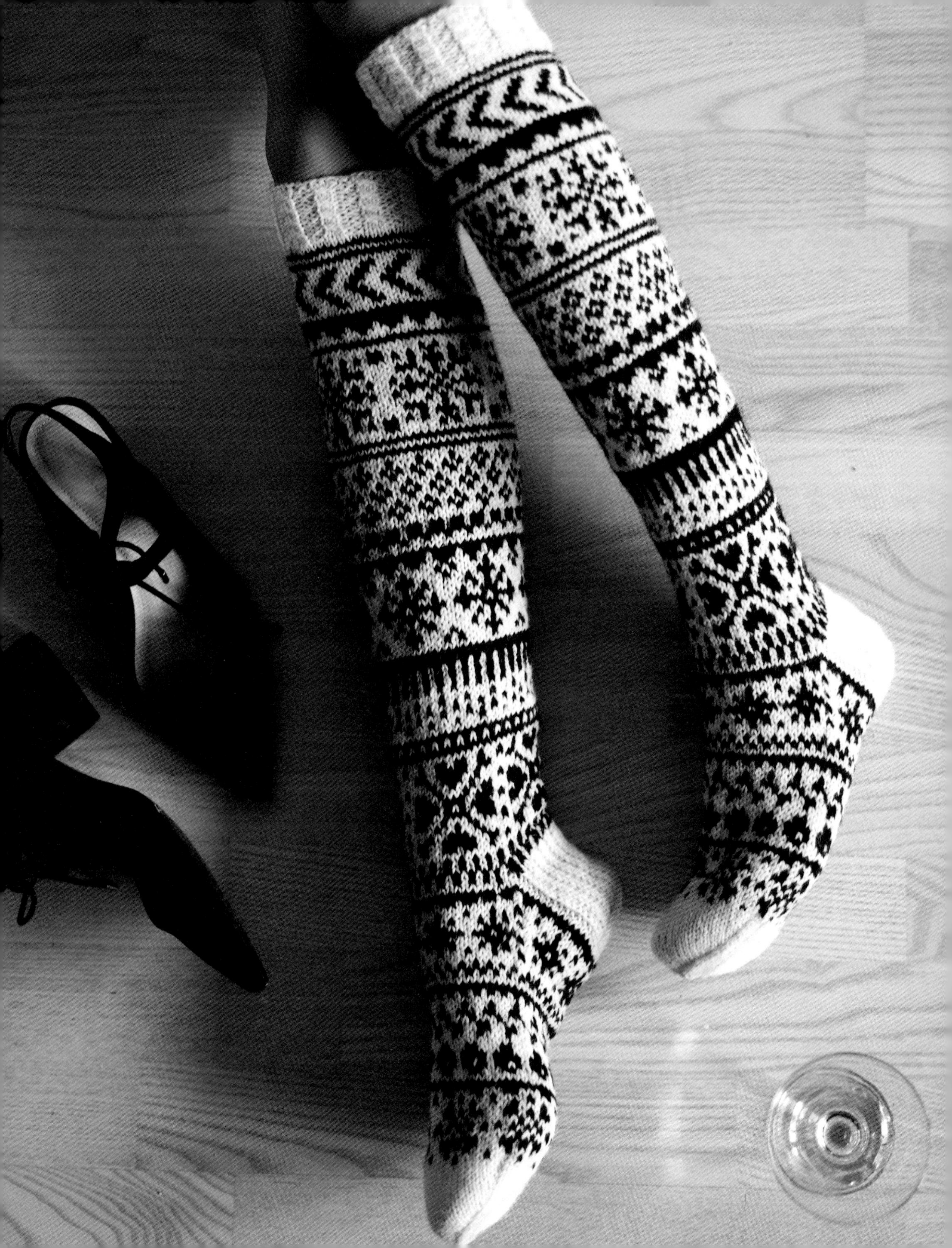

Die Annalena-Socken stehen für die Freundschaft und den Winter. Teilweise gibt es Abschnitte, die einfach und mühelos zu stricken sind, andere wiederum erfordern etwas mehr Konzentration. Alles in einem: Schneeflocken, Freude und Zusammengehörigkeit.

Annalena

Größe: 38/39

Wadenumfang: 33–38 cm

Garn: Novita Nalle, Naturweiß (Fb. 010) und Schwarz (Fb. 099)

Nadelspiel: Nr. 3, 1 Hilfsnadel

Garnverbrauch: 100 g Naturweiß, 60 g Schwarz

Maschenprobe: 25 M und 31 R = 10 cm × 10 cm

BEVOR SIE BEGINNEN

Damit das Bündchen besser sitzt, können Sie bei Bedarf Nadeln mit einer halben Nummer kleiner wählen.

Möchten Sie die Socken mit einem größeren Wadenumfang arbeiten, nehmen Sie für das Einstrickmuster Nadeln Nr. 3,5. Dann passt der Schaft für Waden mit einem Umfang von mehr als 40 cm.

SCHAFT

75 M anschlagen. Die M auf den Nd verteilen: 20-18-20-17. Das Bündchen laut Strickschrift A in Naturweiß beginnen und 13 Rd stricken.

Nach dem Bündchen mit dem Einstrickmuster in der 14. Rd der Strickschrift beginnen. Gleichzeitig auf der letzten Nd 1 M zunehmen, die M auf den Nd verteilen: 19-19-19-19. Den Schaft laut Strickschrift stricken, in den unten angegebenen Rd im Anfangsbereich der 1. Nd und im Endbereich der 4. Nd jeweils an passender Stelle abnehmen.
Abnahmerunden: 45, 59, 76, 88, 95, 100, 105 und 110. Es bleiben noch 60 M übrig.
Achtung: In der 82. Rd die Verteilung der M auf den Nadeln ändern: 20-15-15-20.

Wenn alle 114 Rd für den Schaft gestrickt sind, die M auf den Nd verteilen: 15-15-15-15.

FERSE

Mit der Fersenwand in der Grundfarbe beginnen, dazu die M der 1. Nd re auf die 4. Nd stricken (insg. 30 M). Die restlichen M bleiben ungestrickt.
Die Arbeit wenden, die 1. M li abheben, ohne sie zu stricken, die übrigen M li stricken.

1. R (Hin-R): Die Arbeit wenden, *1 M abheben, ohne sie zu stricken, 1 M re*, ab * bis R-Ende wdh.
2. R (Rück-R): Die Arbeit wenden, die 1. M li abheben, ohne sie zu stricken, die übrigen M li stricken.

Diese beiden R wdh., bis für die Fersenwand 30 R gestrickt und zuletzt 1 Rück-R gestrickt wurde.

Für die Käppchenabnahmen weiter verstärkt stricken. Auf der rechten Seite der Arbeit beginnen, bis noch 11 M auf der Nd sind. 1 Übz stricken, die Arbeit wenden. Auf der anderen Nd sind 9 M. 1 M li abheben, ohne sie zu stricken, linke M stricken, bis 11 M übrig sind. 2 M li zusammenstricken, die Arbeit wenden. 1 M re abheben, ohne sie zu stricken, verstärkt stricken, bis noch 10 M auf der Nd sind. 1 Übz stricken, die Arbeit wenden. 1 M li abheben, ohne sie zu stricken, li stricken, bis 10 M übrig sind. 2 M li zusammenstricken, die Arbeit wenden.
Auf diese Weise fortfahren, dabei werden die äußeren M in jeder R reduziert, die mittleren M bleiben gleich (10 M). Wenn die äußeren M aufgebraucht sind, die M der Fersenwand auf 2 Nd verteilen (5-5). 5 M re stricken, damit der Faden zwischen 1. und 4. Nd liegt.

FUSSTEIL

Mit der 1. Nd aus dem Fersenrand 17 M auffassen, mit der 4. Nd aus dem anderen Rand 17 M auffassen. Die Arbeit hat jetzt 74 M.

Mit dem Muster laut Strickschrift B ab der 1. Rd beginnen. Gleichzeitig mit der 3. Nd 1 M zunehmen. Die aus dem Fersenrand aufgefassten M re verschränkt stricken. Mit den Zwickelabnahmen beginnen: Am Ende der 1. Nd 2 M re zusammenstricken, am Anfang der 4. Nd in den Rd, die in der Strickschrift B angegeben sind, 1 Übz stricken (Rd 2, 4, 6, 8, 10, 12 und 14). Die grauen Karos der Strickschrift stellen keine M dar. Nach Ende der Zwickelabnahmen hat die Arbeit noch 61 M (15-15-16-15).

Weiter das Einstrickmuster laut Strickschrift arbeiten, dabei in der 32. Rd am Ende der 4. Nd 1 M abnehmen und die M auf den Nd verteilen: 15-15-15-15.

Wenn alle 41 Rd der Strickschrift gestrickt sind, die Socke in der Grundfarbe fertig stricken, dabei eine breite Bandspitze arbeiten:
Am Ende der 1. und 3. Nd jeweils 2 M re zusammenstricken, 1 M re. Am Anfang der 2. und 4. Nd jeweils 1 M re und 1 Übz stricken.

Die Abnahmen zunächst in jeder 2. Rd wdh. Wenn noch 40 M (10 M je Nd) übrig sind, in jeder Rd abnehmen.

Wenn noch 8 M übrig sind, den Faden abschneiden und durch die restlichen M ziehen. Die Fadenenden vernähen und die Socken leicht dämpfen.

keine M

re in Schwarz

re in Naturweiß

li

1 M auf eine Hilfsnadel vor die Arbeit legen, 2 M re, die 1 M von der Hilfsnadel re

1 M abheben, 1 M re, die abgehobene M über die gestrickte M ziehen (in Naturweiß)

1 M abheben, 1 M re, die abgehobene M über die gestrickte M ziehen (in Schwarz)

2 M re zusammenstricken in Naturweiß

2 M re zusammenstricken in Schwarz

Nadelverteilung

STRICKSCHRIFT A. SCHAFT

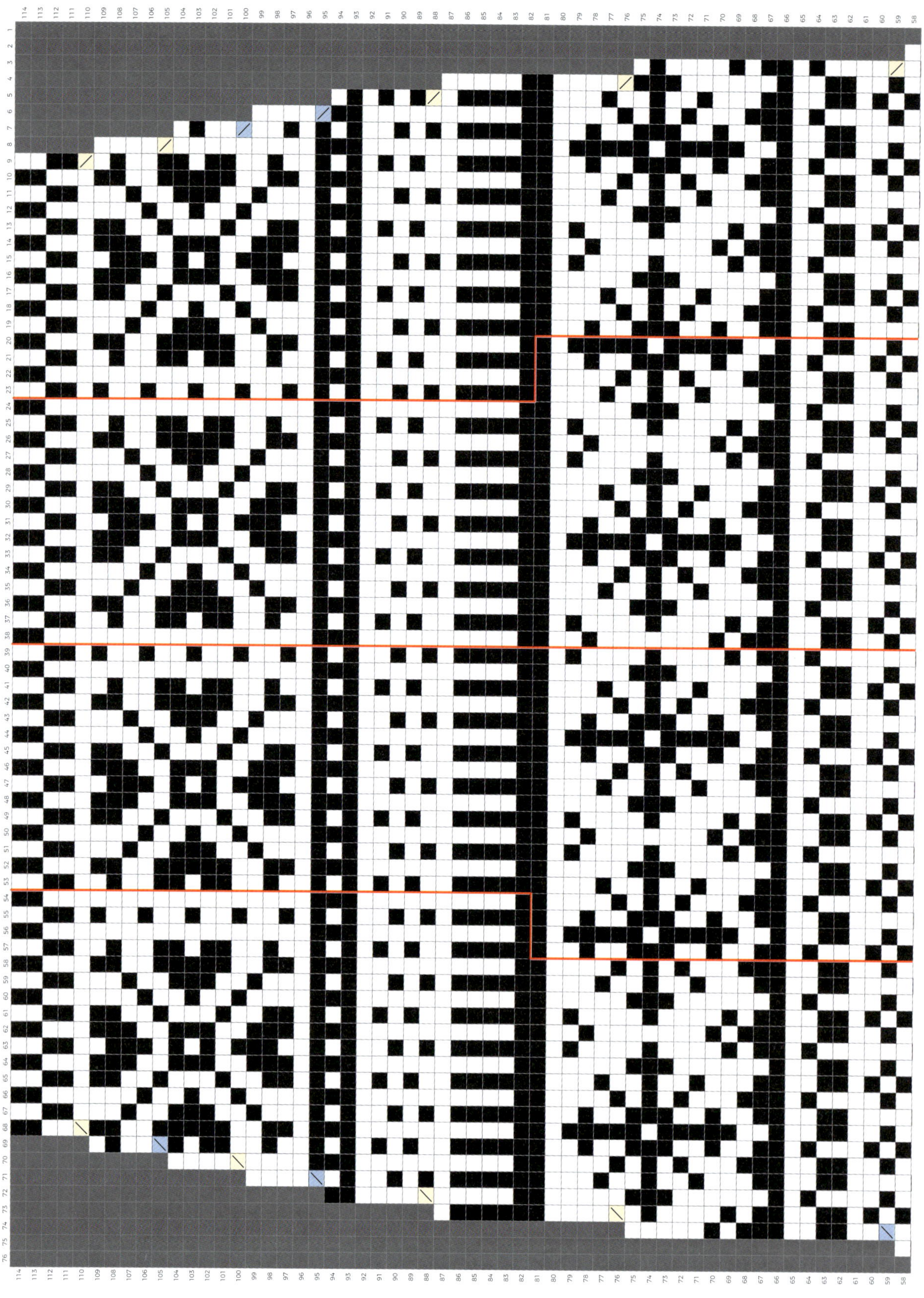

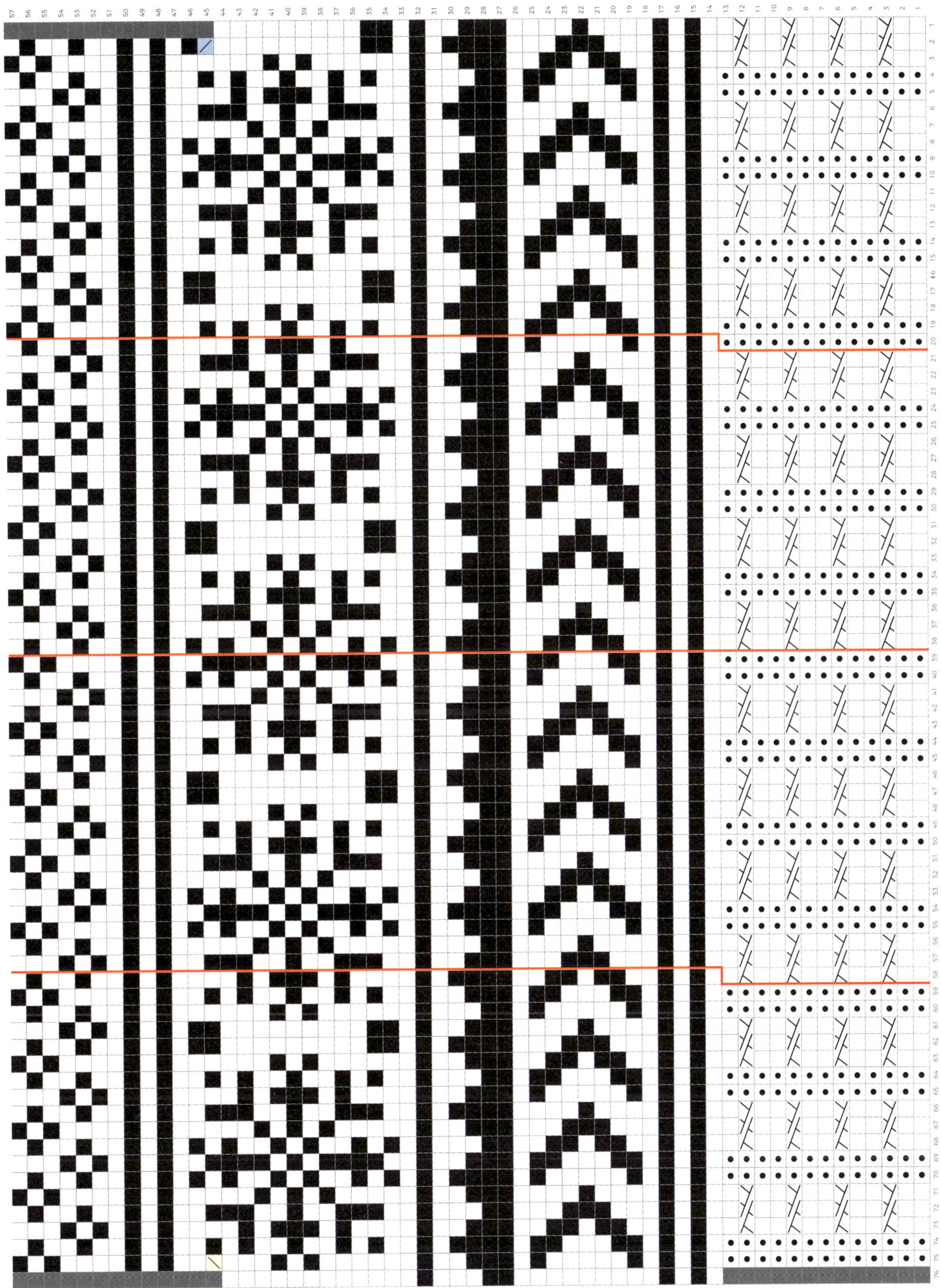

STRICKSCHRIFT B, FUSSRÜCKEN

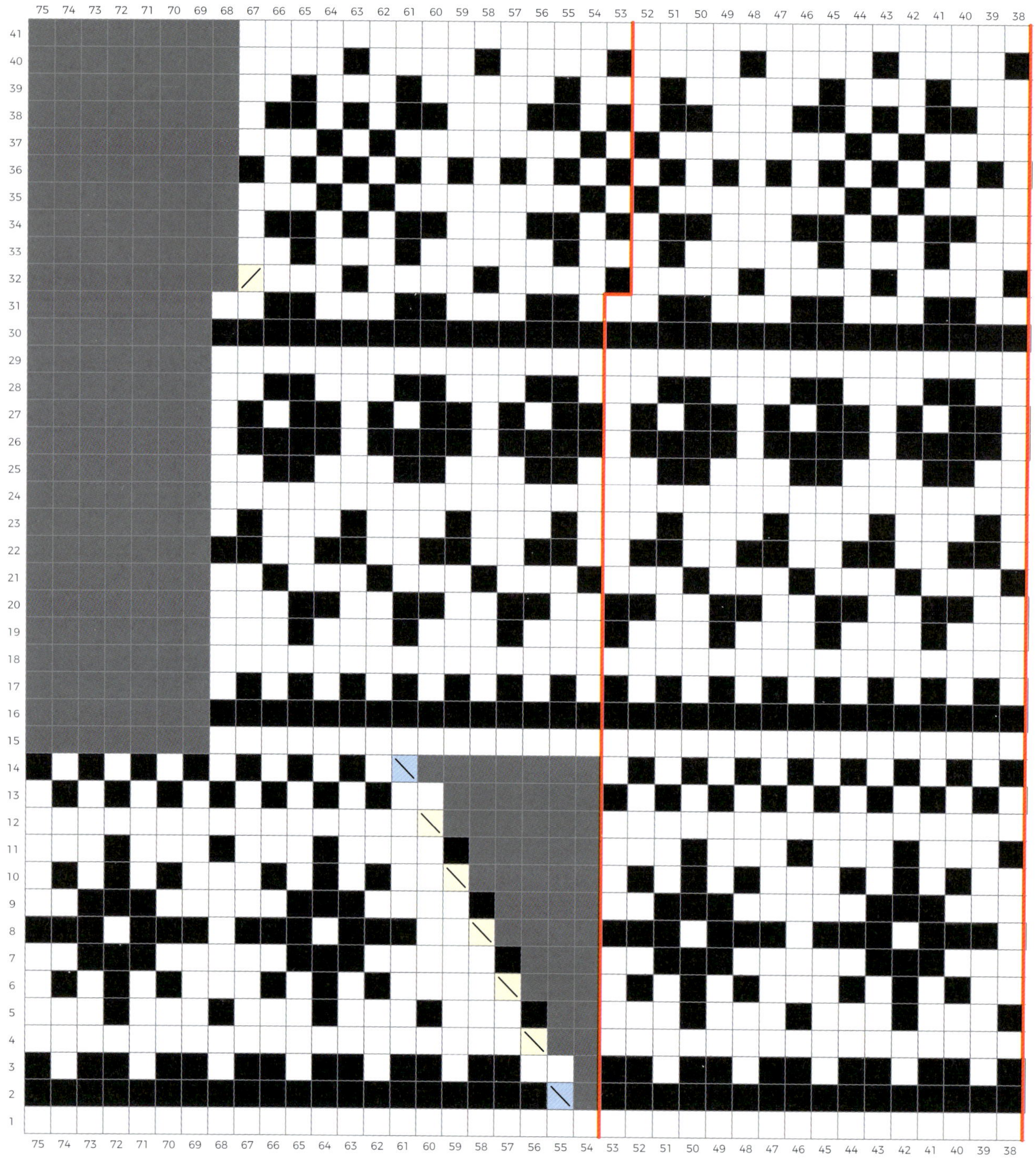

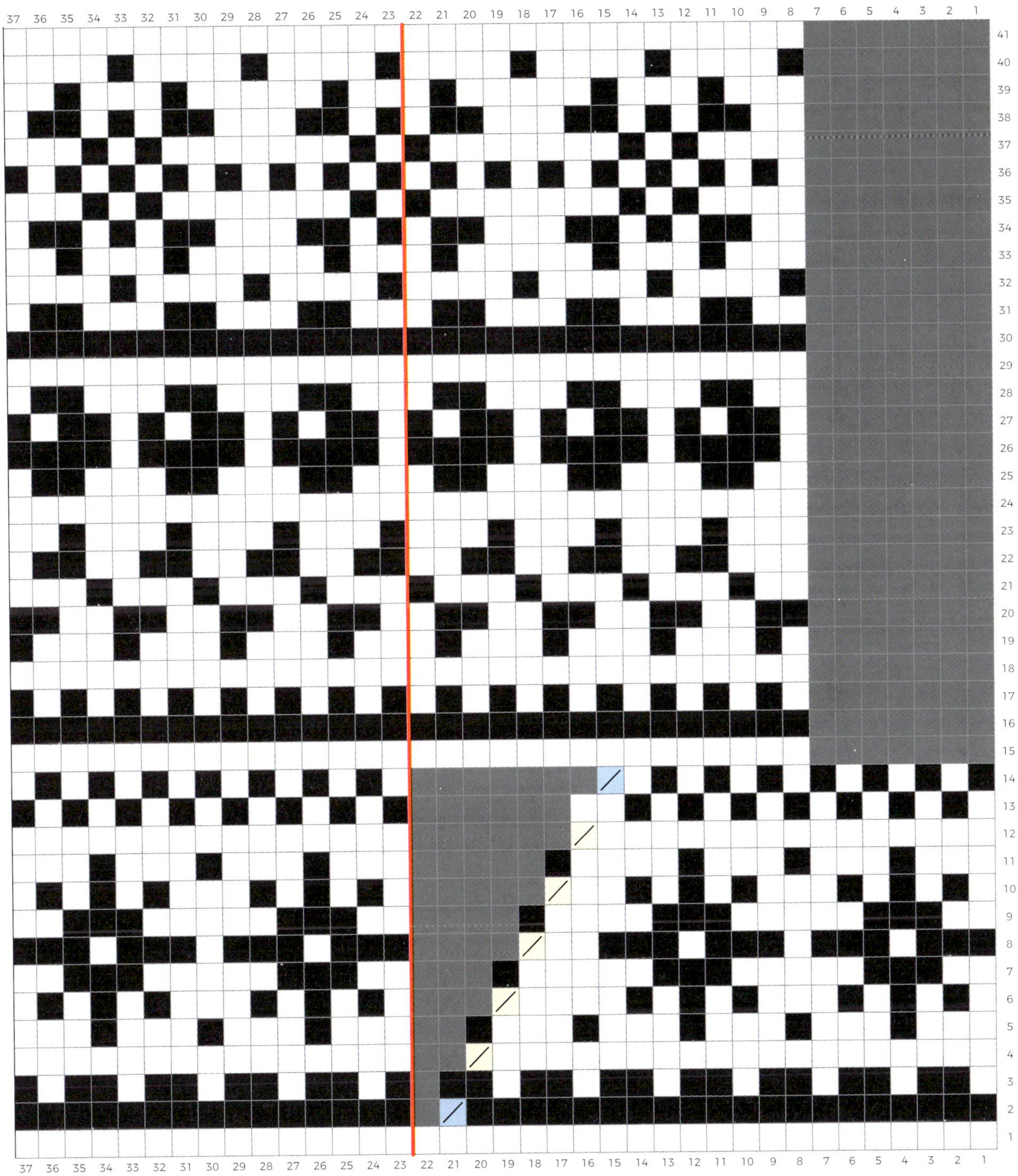

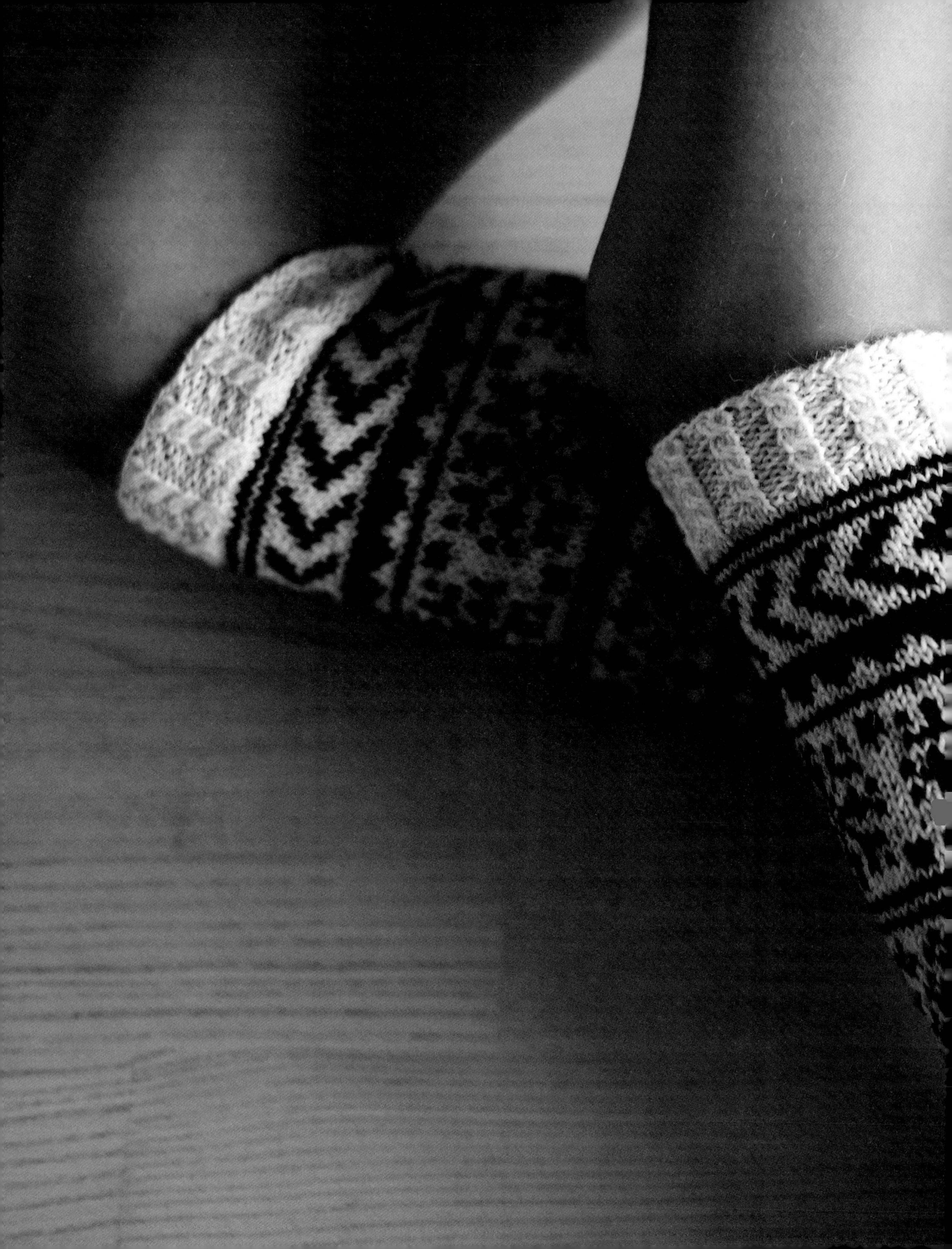

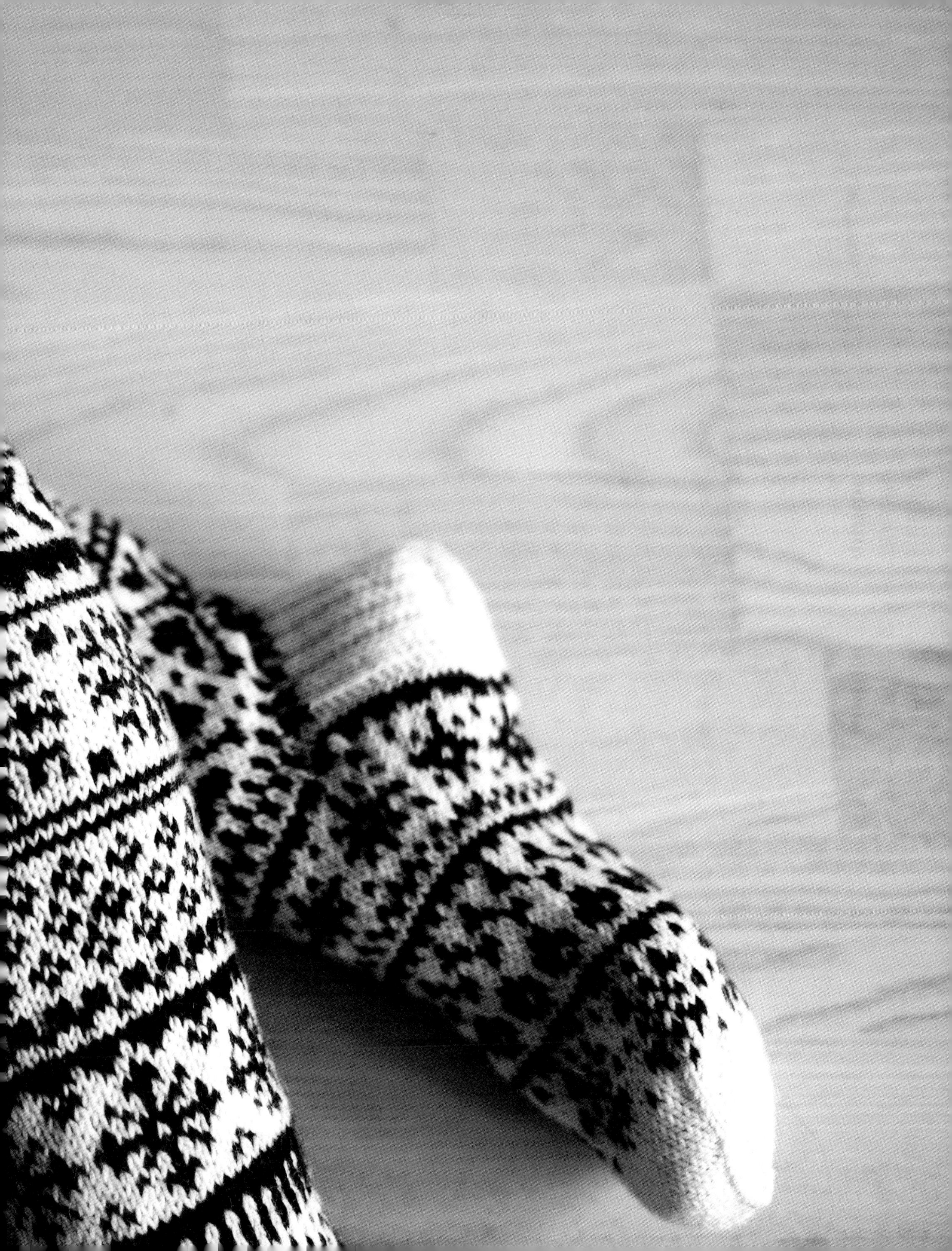

Noch mehr Strickbücher aus dem Stiebner-Verlag

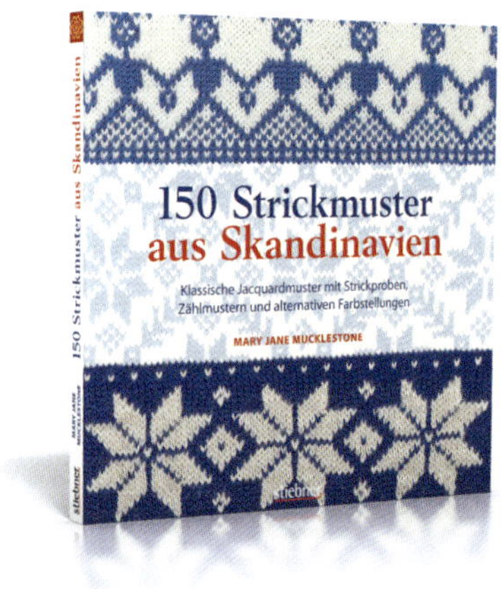

150 Strickmuster aus Skandinavien
€ 19,90
ISBN: 978-3-8307-0961-9

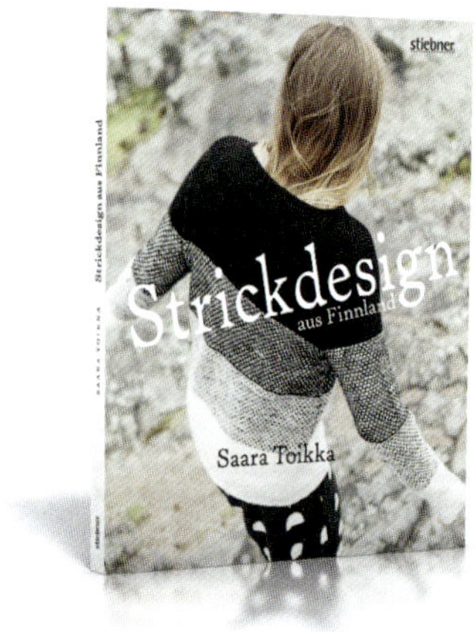

Strickdesign aus Finnland
€ 24,90
ISBN: 978-3-8307-0993-0

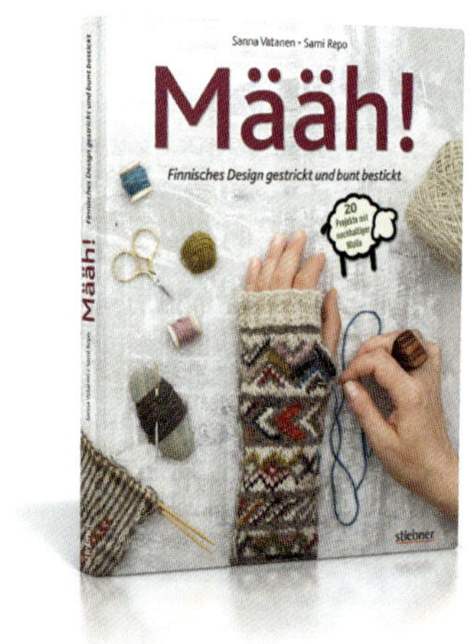

Määh! – Finnisches Design gestrickt und bunt bestickt
€ 22,–
ISBN: 978-3-8307-2078-2

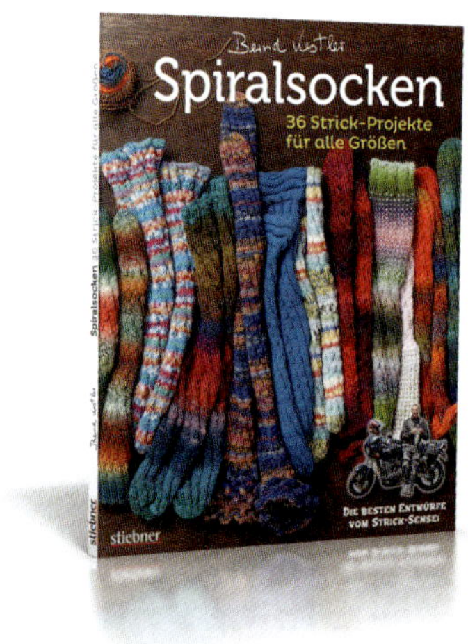

Spiralsocken – 36 Strick-Projekte für alle Größen
€ 19,90
ISBN: 978-3-8307-2057-7